지은이 옥한흠

제자훈련에 인생을 건 광인(狂人) 옥한흠. 그는 선교 단체의 전유물이던 제자훈련을 개혁주의 교회론에 입각하여 창의적으로 재해석하고 지역 교회에 적용한 교회 중심 제자훈련의 선구자다.

1978년 사랑의교회를 개척한 후, 줄곧 '한 사람' 목회철학으로 예수 그리스도를 닮은 평신도 지도자를 양성하는 데 사력을 다했다. 사랑의교회는 지역 교회에 제자훈련을 접목해 풍성한 열매를 거둔 첫 사례가 되었으며, 국내외 수많은 교회가 본받는 모델 교회로 자리매김했다. 1986년에 시작한 〈평신도를 깨운다 제자훈련 지도자 세미나〉(Called to Awaken the Laity, CAL세미나)는 제자훈련을 목회의 본질로 끌어안고 씨름하는 수많은 목회자에게 이론과 현장을 동시에 제공하는 탁월한 세미나로 인정받고 있다.

철저한 자기 절제가 빚어낸 그의 설교는 듣는 이의 영혼에 강한 울림을 주는 육화된 하나님의 말씀으로 나타났다. 50대 초반에 발병하여 72세의 일기로 생을 마감할 때까지 그를 괴롭힌 육체의 질병은 그로 하여금 더욱 더 하나님 말씀에 천착하도록 이끌었다. 삶의 현장을 파고드는 다양한 이슈의 주제 설교와 더불어 성경 말씀을 심도 있게 다룬 강해 설교 시리즈를 통해 성도들에게 하나님 말씀을 이해하는 지평을 넓혀준 그는, 실로 우리 시대의 탁월한 성경 해석자요 강해 설교가였다.

설교 강단에서뿐만 아니라 삶의 자리에서도 신실하고자 애썼던 그는 한목협(한국기독교목회자협의회)과 교갱협(교회갱신을위한목회자협의회)을 통해 한국교회의 일치와 갱신에도 앞장섰다. 그리하여 보수 복음주의 진영은 물론 진보 진영으로부터도 존경받는, 보기 드문 목회자였다.

1938년 경남 거제에서 태어났으며 성균관대학교와 총신대학원을 졸업했다. 미국의 캘빈신학교(Th. M.)와 웨스트민스터신학교에서 공부했으며, 동(同) 신학교에서 평신도 지도자 훈련에 관한 논문으로 학위(D. Min.)를 취득했다. 제자훈련 사역으로 한국교회에 끼친 공로를 인정받아 웨스트민스터신학교에서 수여하는 명예신학박사 학위(D. D.)를 받았다. 2010년 9월 2일, 주님과 동행한 72년간의 은혜의 발걸음을 뒤로하고 하나님의 너른 품에 안겼다.

교회 중심의 제자훈련 교과서인 《평신도를 깨운다》를 비롯해 《길》, 《안아주심》, 《고통에는 뜻이 있다》, 성경 강해 시리즈인 《로마서 1, 2, 3》, 《요한이 전한 복음 1, 2, 3》 등 수많은 스테디셀러를 남겼으며, 그의 인생을 다룬 책으로는 《열정 40년》, 《광인》 등이 있다.

옥한흠 전집 강해 01

로마서 2 아무도 흔들 수 없는 나의 구원

Romans John Acts Sermon on the Mount

로마서 2

아무도 흔들 수 없는 나의 구원

옥한흠 지음

국제제자훈련원

서문

설교자라면 누구나 한 번쯤은 로마서를 강해하고 싶은 마음이 들 것이다. 나 역시 예외는 아니었다. 1982년부터 그 이듬해까지 수요일 저녁 강단에서 로마서를 강해한 적이 있었지만, 스스로 만족하지 못했기에 늘 다시 해야겠다는 생각을 갖고 있었다. 그러던 중 건강이 나빠져 2년 동안 투병생활을 하면서 나 자신에게 무엇보다 시급한 것은 구원의 감격을 다시 회복하는 일임을 절감하게 되었다. 아마 이러한 영적 갈증이 다시금 강단에서 로마서를 펴게 하지 않았나 생각된다.

그동안 한국교회에서는 강해 설교를 대체로 저녁 예배 때 했다. 그러나 나는 주일 낮 예배 때 하기로 결심했다. 가급적이면 많은 청중에게 들려주어야겠다고 생각했기 때문이다. 주일 낮 예배의 설교는 길어야 40분을 넘지 못한다. 이렇게 짧은 시간을 이용하여 로마서의 심오한 진리를 효과적으로 전달하는 일은 결코 쉽지 않다. 한 절씩 설교하면 강해를 마치는 데 수년이 걸릴 것이고, 한 장씩 설교하면 너무 가볍게 다룰 위험이 따른다.

로마서를 일컬어 '교회 갱신의 성경'이라고 한다. 어거스틴으로부터 시작하여 루터, 웨슬리 등 교회를 새롭게 재건하는 일에 쓰임 받았던 거목들이 로마서를 통해서 주님의 음성을 들었기 때문이다.

지금도 교회가 새로워지고 그리스도인들이 또 한 번 거듭나기 위해서는 로마서 안에 담긴 우레 같은 주님의 음성을 들어야 한다.

놀랍게도 오늘날 교회 안에는 복음을 들어야 할 사람이 많다. 복음을 제대로 배우지 못한 이들, 구원의 감격을 한 번도 맛보지 못한 이들, 들어도 감각이 없는 이들, 심지어 잘못된 복음에 익숙해진 이들이 어디 한두 명인가? 이런 사람들은 모두 로마서를 펴 들고 자신의 죄인 됨을 실감 나게 볼 수 있어야 한다. 십자가에 달리신 예수 그리스도께 더 가까이 다가가 그분을 만나야 한다. 위대한 믿음의 능력을 발견해야 한다. 하나님의 무궁한 사랑에 자아가 온통 침몰하는 체험을 해야 한다. 성령께서 길어 올리시는 시원한 생수로 메마른 심령이 물 댄 동산처럼 바뀌어야 한다. 이러한 은혜가 없다면 답답하고 목이 타는 영혼이 어디서 힘을 얻을 수 있겠는가? 이 병든 세대를 무슨 방법으로 치료할 수 있겠는가?

앞으로도 한두 번은 더 로마서를 설교하고 싶다. 완전한 해설, 완전한 설교란 어느 시대에도 없었다. 우리는 모두 다 부분적으로 알고 부분적으로 말할 뿐이다. 그러나 불완전한 설교자의 부분적인 진리를 가지고도 기쁘게 일하시는 성령이 계신다. 우리의 기도를 온전케 하시려고 늘 탄식하시는 성령께서 나의 부족한 설교마저 하나님의 살아 있는 진리가 되게 하시려고 오늘도 탄식하고 계심을 감사한다. 무엇보다 독자들이 구원의 기쁨, 구원의 능력을 다시 회복하는 데 이 책이 일조할 수 있다면 더할 나위 없이 기쁠 것이다.

옥한흠

차례

	서문	4
19	죄에 거할 수 없는 이유(롬 6:1-11)	9
20	죄가 왕 노릇 하지 못하게 하라(롬 6:12-23)	31
21	율법과 나(롬 7:1-12)	53
22	오호라 나는 곤고한 사람이로다(롬 7:13-25)	73
23	정죄함이 없는 성령의 사람(롬 8:1-11)	95
24	성령의 사람은 성령으로 행한다(롬 8:12-17)	117
25	고난, 탄식, 영광(롬 8:18-25)	139
26	성령과 우리의 연약(롬 8:26-27)	159
27	모든 것을 합력하여 선을 이루시는 하나님(롬 8:28-30)	177
28	끊을 수 없는 하나님의 사랑(롬 8:31-39)	199
29	나만 구원받아 행복할까(롬 9:1-5)	221
30	야곱은 사랑하고 에서는 미워하고(롬 9:6-33)	239
31	잘못된 열심(롬 10:1-13)	261
32	전파하는 자가 없이 어찌 믿으리요(롬 10:14-21)	281
33	은혜로 남은 자(롬 11:1-10)	303
34	택함받았다고 교만할 수 없는 이유(롬 11:11-24)	323
35	이 신비(롬 11:25-26)	343
	성경구절 색인	365

19

죄에 거할 수 없는 이유

로마서 6장 1-11절

1 그런즉 우리가 무슨 말을 하리요 은혜를 더하게 하려고 죄에 거하겠느냐 2 그럴 수 없느니라 죄에 대하여 죽은 우리가 어찌 그 가운데 더 살리요 3 무릇 그리스도 예수와 합하여 세례를 받은 우리는 그의 죽으심과 합하여 세례를 받은 줄을 알지 못하느냐 4 그러므로 우리가 그의 죽으심과 합하여 세례를 받음으로 그와 함께 장사되었나니 이는 아버지의 영광으로 말미암아 그리스도를 죽은 자 가운데서 살리심과 같이 우리로 또한 새 생명 가운데서 행하게 하려 함이라 5 만일 우리가 그의 죽으심과 같은 모양으로 연합한 자가 되었으면 또한 그의 부활과 같은 모양으로 연합한 자도 되리라 6 우리가 알거니와 우리의 옛 사람이 예수와 함께 십자가에 못 박힌 것은 죄의 몸이 죽어 다시는 우리가 죄에게 종 노릇 하지 아니하려 함이니 7 이는 죽은 자가 죄에서 벗어나 의롭다 하심을 얻었음이라 8 만일 우리가 그리스도와 함께 죽었으면 또한 그와 함께 살 줄을 믿노니 9 이는 그리스도께서 죽은 자 가운데서 살아나셨으매 다시 죽지 아니하시고 사망이 다시 그를 주장하지 못할 줄을 앎이로라 10 그가 죽으심은 죄에 대하여 단번에 죽으심이요 그가 살아 계심은 하나님께 대하여 살아 계심이니 11 이와 같이 너희도 너희 자신을 죄에 대하여는 죽은 자요 그리스도 예수 안에서 하나님께 대하여는 살아 있는 자로 여길지어다

하나님의 진리는 너무나 깊고 오묘해서 우리가 제대로 이해하고 소화하는 데 한계가 있습니다. 광대한 하늘을 우리 가슴에 다 품을 수 없듯이 심오한 하나님의 진리를 모두 다 우리 마음에 담을 수는 없습니다. 그래서 무엇이나 분수에 넘치다 보면 잘못되기 쉬운 것처럼 우리가 이해하기에 너무 심오한 진리는 오해하기 쉬운 법입니다.

하나님의 사랑을 예로 들어봅시다. 하나님의 사랑은 크고 위대합니다. 그분의 사랑은 너무나 광대하기 때문에 이 세상 전부를 다 채우고도 오히려 남을 정도입니다. 그래서 간혹 이렇게 오해하는 사람이 있습니다. "하나님은 사랑이라고 했어. 그렇게 사랑이 많으신 분이 어떻게 우리를 벌할 수 있어? 하나님은 우리를 무조건 사랑하시기 때문에 지옥 같은 것은 만들지 않아. 하나님이 지옥을 만드셨다니 이것처럼 하나님의 사랑을 모욕하는 일이 어디 있어?" 이런 오해는 하나님의 사랑을 잘못 아는 데서 생겨납니다. 자기가 좋아하는 쪽으로만 생각한 것입니다.

하나님의 주권에 대해서는 어떻습니까? 하나님이 자신의 뜻대로 하시는 일에는 인간이 거들어야 할 것이 하나도 없다고 생각하는 사람들이 있습니다. 순종하고 노력해야 하는 인간의 책임을 회피하는 구실로 이용하는 것입니다. 이는 하나님의 주권을 부분적으로만 아는 데서 생기는 오해입니다. 이와 같이 우리는 성경이 말씀하시는 진리의 심오한 깊이를 다 헤아릴 수 없어서 이상한 말을 할 때가 한두 번이 아닙니다.

1권에서 우리는 로마서 5장 20절의 소중한 진리를 배웠습니다.

… 죄가 더한 곳에 은혜가 더욱 넘쳤나니.

이 말씀은 오해의 소지가 매우 큽니다. 왜 그렇습니까? 편중된 시각으로 보면 "이제부터 죄짓는 문제에 대해 고민할 필요가 없어. 죄가 많은 곳에 은혜도 많다고 했잖아. 은혜를 많이 받기 위해 죄짓는 거라면 나쁜 짓이 아니야"라고 곡해할 수 있기 때문입니다. 사실 논리적으로 따져보면 충분히 그런 오해를 할 수 있습니다.

그런데 하나님의 말씀을 공부하는 사람은 균형 감각을 잃어버리면 안 됩니다. 우리가 어떤 말씀에 지나치게 몰입하다 보면 균형을 잃기 쉽습니다. 로마서 5장 20절을 읽고 은혜를 받은 사람은 반드시 로마서 6장 23절도 깨달아야 합니다.

죄의 삯은 사망이요….

이 말씀은 5장 20절과 얼마나 대조적입니까? "죄가 더한 곳에 은혜가 더욱 넘쳤나니"라는 말씀이 있는가 하면 "죄의 삯은 사망이요"라고 준엄하게 경고하는 말씀이 있습니다. 그러므로 우리는 하나님의 말씀을 균형 있게 이해하는 감각을 가져야 합니다.

죄에 거할 수 없는 이유

사도 바울은 우리가 자칫하면 빠질 수 있는 오해의 소지를 막기 위해 6장을 기록한 듯합니다.

… 은혜를 더하게 하려고 죄에 거하겠느냐(1절).

죄에 거한다는 말이 무슨 뜻입니까? 계속해서 죄를 짓는다, 또는 죄를 끊지 못한다, 혹은 회개하지 않는다는 의미가 있습니다. "은혜를 더 받기 위해 계속 죄를 지어야 하겠습니까?"라는 질문에 2절이 대답하고 있습니다.

그럴 수 없느니라….

이것은 무섭게 칼로 자르듯 선언하는 말씀입니다. 대단히 강한 어투입니다. 일종의 막말이나 다름없습니다. "무슨 소리야? 말도 안 되는 소리 그만둬!"라는 식의 말입니다. 진리를 오해하고 악용하는 자에 대해서는 하나님이 이렇게 강경하고 단호한 어조로 말씀하신다는 것을 잊어서는 안 됩니다.

죄가 많은 곳에 은혜가 넘친다고 해서 죄를 자꾸 범해서는 절대로 안 됩니다. 우리가 죄에 거할 수 없는 이유가 있습니다. 그 이유는 2절 중간에 나옵니다.

… 죄에 대하여 죽은 우리가….

우리는 죄에 대하여 죽은 사람이기 때문에 죄 속에 거할 수 없다고 말합니다. 여기에서 말하는 죽음은 한 번 죽는 것이요, 이미 과거에 죽은 죽음을 의미합니다. 그래서 과거동사를 사용했습니다. 이것은 죄를 안 지으려고 날마다 죽어야 한다는 의미가 아닙니다. 그리고 앞으로 거룩하게 살기 위해 영적으로 계속 죽는 훈련을 해야 한다는 의미도 아닙니다. 바울이 고린도전서에서 고백했던 "나는 날마다 죽노라"(고전 15:31)라는 식의 죽음도 아닙니다. 과거에 단 한 번 죽었던 사건을 이야기하고 있습니다.

그러면 언제 어디서 우리가 죽었습니까? 그 대답을 본문 전체를 가지고 검토하기 전에 좀 더 기억하기 좋도록 한마디로 요약하고자 합니다. 11절 초두의 "이와 같이"를 주목해보십시오. 이것이 해답입니다. 이 말이 함축하고 있는 의미는 무엇입니까? 10절과 11절을 연결시켜보면 그 내용을 알 수 있습니다.

10절은 예수님의 죽음과 부활에 대해 설명하고 있습니다.

> 그가 죽으심은 죄에 대하여 단번에 죽으심이요 그가 살아 계심은 하나님께 대하여 살아 계심이니.

예수 그리스도가 죄에 대하여 단번에 죽으시고 하나님께 대하여 살아나신 것처럼, 우리도 죄에 대해 단번에 죽었고 예수 그리스도 안에서 다시 살아났다는 말입니다. 우리가 언제 죽었습니까? 예수 그리스도가 십자가에 못 박혀 돌아가실 때 우리도 죽었습니다. 우리가 언제 살아났습니까? 예수님 그리스도가 다시 살아나셨을 때 우리도 살아났습니다.

예수 그리스도가 세상에 오셨다는 것은 죄가 왕 노릇 하는 영역으로 들어오셨음을 의미합니다. 그분은 여자에게서 나셨고 율법 아래 매이셨습니다. 천사보다도 못한 처지에 놓이셨습니다. 하나님이신 그분이 죄의 권세가 미치는 자리에 오신 것입니다. 그리고 마치 죄인처럼 죄 사함을 받는 세례를 받으셨습니다. 그뿐입니까? 죄인처럼 마귀에게 시험을 받으셨습니다. 친구인 나사로의 죽음 앞에서 눈물을 흘리셨습니다. 심지어 하나님으로부터 완전히 버림받는 자리까지 가셨습니다. 십자가에서 "나의 하나님, 나의 하나님, 어찌하여 나를 버리셨나이까"(마 27:46) 하고 부르짖으시며 우리의 모든 허물과 죄악을 짊어지고 죽으셨습니다.

그런데 이 죽음은 단번에 죽은 것입니다. 단 한 번 죽은 것으로 끝났습니다. 그것으로 인해 예수님은 죄와 관계가 단절되었습니다. 예수님은 죄 때문에 괴로움을 당하는 영역에서 벗어났습니다. 죄의 세력에서 완전히 자유로워졌습니다. 죄가 더 이상 그분을 시험할 수 없습니다. 더 이상 그분께 슬픔을 안겨줄 수 없습니다. 그분이 죄와 완전히 단절되었기 때문입니다.

11절의 "이와 같이"는 예수님에게 일어난 사건이 그분를 믿는 우리에게 그대로 일어났다는 것을 한마디로 요약하는 말입니다. 예수님이 십자가에서 죽으실 때 우리도 죽었습니다. 죄에 이리저리 끌려 다니며 고통당하던 우리가 예수 그리스도와 함께 그 처절한 운명의 종지부를 찍어버린 것입니다.

또 예수 그리스도는 부활하셨습니다.

> … 이는 아버지의 영광으로 말미암아 그리스도를 죽은 자 가운데서 살리심과 같이…(4절).

'아버지의 영광'은 성령의 능력을 말합니다. 성령의 능력이 예수님을 죽음에서 일으켰습니다.

> 하나님께서 그를 사망의 고통에서 풀어 살리셨으니 이는 그가 사망에 매여 있을 수 없었음이라(행 2:24).

죽음은 예수님을 붙들어놓으려고 발악했습니다. 무지막지한 돌덩어리로 무덤을 인봉하고 힘센 파수꾼을 세우는 등 갖가지 방법을 동원했지만 전부 수포로 돌아가고 말았습니다. 예수님은 사망 권세를 이기고 다시 살아나셨습니다. 예수님이 부활하셨다는 것은 하나님께 대하여 사셨다는 것을 의미합니다.

> 이는 그리스도께서 죽은 자 가운데서 살아나셨으매 다시 죽지 아니하시고 사망이 다시 그를 주장하지 못할 줄을 앎이로라(9절).

바로 이것이 하나님께 대하여 살았다는 의미입니다. 이제 죽음이 예수님을 지배할 수 없고 해칠 수 없게 되었습니다. 그 이유는 본래 가졌던 영광을 회복하셨기 때문입니다. 그분이 이 세상에 오시기 전에 하나님으로 더불어 누렸던 영광을 다시 찾으신 것입니다. 요한복음 17장 5절을 보면 예수님이 기도하신 내용이 나옵니다.

> 아버지여 창세전에 내가 아버지와 함께 가졌던 영화로써 지금도 아버지와 함께 나를 영화롭게 하옵소서.

바로 이 기도가 성취된 것입니다. 주님은 죽음이 따라올 수 없는 생명의 영역, 의의 나라에 오르셨습니다. 죄와 사망을 심판하는 자리에 오르신 것입니다.

> … 볼지어다 이제 세세토록 살아 있어 사망과 음부의 열쇠를 가졌노니(계 1:18).

생명이 왕 노릇 하는 의의 자리에서 주님이 사망과 음부의 권세를 한 손에 쥐고 심판하는 자가 되신 것입니다. '이와 같이'의 원칙에 따라 우리도 하나님께 대하여 살았습니다. 주님의 부활이 우리의 부활이 되었습니다. 우리는 죄의 지배로부터 벗어났고 죽음의 철권(鐵拳)에서 해방되었습니다. 이제 우리는 주님과 함께 영광의 자리에 앉아 세상을 심판하는 의의 백성입니다.

이처럼 '이와 같이'라는 말이 담고 있는 엄청난 사실은 우리의 이성으로 납득하기 어려운 영역의 진리라 할 수 있습니다. 그러나 우리는 이미 앞 장에서 아담과 우리의 관계를 설명하는 말씀을 통해 비슷한 사실을 접했습니다. 아담이 죄를 지을 때 우리는 그 자리에 없었지만 함께 죄지은 자가 되었고, 그 결과 아담이 죽은 것처럼 우리도 함께 죽었다고 했습니다. 마찬가지로 예수 그리스도가 십자가에 못 박히실 때 우리가 현장에 없었지만 우리는 그분과 함께 죽었습니다. 예수님이 부활하실 때 우리가 영광의 현장을 목격하지 못했지만 우리는 그분과 함께 살아났습니다. 그렇게 해서 우리는 죄에 대하여 죽고 하나님에 대하여는 산 자가 되었습니다.

이것은 우리가 선택할 수 있는 문제가 아닙니다. 그렇다고 나와 상관없는 일이라고 해서도 안 됩니다. 오직 하나님께서 정하시고 다루시는 일입니다. 우리를 아담 안에서 부르신 것처럼 우리를 예수 안에서 부르시고 그분의 죽음과 부활을 우리의 죽음과 부활로 간주

하셨습니다. 이것은 전적으로 하나님이 결정하신 일입니다. 우리가 이해할 수 없다고 해서 거짓이거나 꾸민 말이 될 수 없습니다.

그리스도 예수 안에서

우리는 여기에서 중요한 질문을 던질 수 있습니다. "무엇에 근거해서 '이와 같이'의 원칙이 성립될 수 있습니까?" 그 대답은 11절 중간의 "그리스도 예수 안에서"라는 말 한마디에 집약되어 있습니다. 우리에게 '이와 같이'의 사건이 일어날 수 있는 근거는 바로 '그리스도 예수 안에서'입니다.

"그리스도 예수 안에서"는 바울서신의 가장 유명한 구절 중 하나입니다. 이 말은 가장 깊은 의미를 담고 있으며 가장 많이 애용되는 말이라 할 수 있습니다. 이 말이 헬라어로 몇 차례 사용되었느냐 하는 문제는 학자들마다 약간의 의견 차이가 있습니다. 원문 해석에 따라 조금 애매모호한 구절이 있기 때문입니다. 그러나 대략 164~200회 정도 사용되었다고 보면 틀림없습니다. 이렇듯 수치만 보아도 얼마나 자주 반복되는 말인지 알 수 있습니다. 그만큼 중요하기 때문입니다.

그렇다면 '그리스도 예수 안에서'라는 말은 무슨 뜻입니까? 본문 3절에서 9절까지의 내용이 이 말을 구체적으로 설명해줍니다. 바로 그리스도와 우리의 연합 관계를 의미합니다. 즉, 한 몸이 되었다고 이야기합니다. 더 실감 나게 이야기하자면 예수님과 우리가 결혼한 관계라는 것입니다. 이는 예수님 안에 내가 있고 내 안에 예수님이 계시는 관계를 말합니다.

이 관계가 언제부터 우리에게 시작되었습니까? 우리가 세례를 받을 때부터라고 말씀합니다.

> 무릇 그리스도 예수와 합하여 세례를 받은 우리는 그의 죽으심과 합하여 세례를 받은 줄을 알지 못하느냐(3절).
>
> … 그의 죽으심과 합하여 세례를 받음으로 그와 함께 장사되었나니…(4절).
>
> 만일 우리가 그의 죽으심과 같은 모양으로 연합한 자가 되었으면…(5절).

 3, 4절은 '합하여 세례를 받았다'고 했는데, 5절은 '같은 모양으로 연합했다'고 합니다. 같은 모양으로 연합했다는 말은 합하여 세례를 받았다는 말을 좀 더 구체적으로 해석해서 표현한 말입니다. 이것은 '접붙임'을 받았다는 의미를 가지고 있습니다. 우리는 예수 그리스도에게 접붙임을 받은 가지로 비유될 수 있습니다. 또 6절에는 이렇게 기록되어 있습니다.

> 우리가 알거니와 우리의 옛 사람이 예수와 함께 십자가에 못 박힌 것은….

 예수님의 죽음이 우리의 죽음이 되고 그분의 부활이 우리의 부활이 될 수 있었던 근거가 무엇입니까? 우리가 세례를 받았기 때문입니다. 세례를 통하여 우리 모두는 예수 그리스도 안에 거하게 된 것입니다.
 여기에서 말하는 세례는 일차적으로 물 세례를 가리킨다고 할 수 있습니다. 집례 목사가 "성부와 성자와 성령의 이름으로 세례를 주노라" 하고 성도의 머리에 물을 뿌리는 세례 의식을 본 적이 있을 것입니다. 세례의 의미는 예수 그리스도와 함께 죽었고 예수 그리스도와 함께 살았음을 고백하는 것입니다.

이런 관점에서 볼 때 머리에 물을 뿌리는 세례보다는 온몸을 물속에 폭 담그는 침례가 훨씬 더 실감 나지 않을까 생각합니다. 침례 의식을 본 적이 있습니까? 강으로 가서, 혹은 큰 목욕탕 같은 곳에서 목사가 성도를 물속에 완전히 담급니다. 그때 그는 예수님과 함께 죽은 것입니다. 조금 후에 목사가 그를 물속에서 일으킵니다. 그때 그는 예수님과 함께 살아난 것입니다. 훨씬 더 실감이 날 것 같지 않습니까?

그러나 우리가 유의해야 할 점이 있습니다. 물 세례라는 형식이 우리를 예수 그리스도와 연합하게 하는 것이라고 생각해서는 안 된다는 것입니다. 엄격히 말하면 물 세례를 받을 때 '그리스도 예수 안에서'의 연합이 이루어지는 것이 아닙니다. 물 세례는 믿음으로 죄사함을 받고 그리스도와 연합되었다는 사실을 공인하는 후속 절차에 지나지 않습니다.

좋은 예로 사도행전 10장을 들 수 있습니다. 베드로가 고넬료의 집을 방문하여 복음을 전하는데 갑자기 말씀을 듣는 모든 사람에게 성령이 임했습니다. 그때 베드로가 뭐라고 했습니까?

> 이에 베드로가 이르되 이 사람들이 우리와 같이 성령을 받았으니 누가 능히 물로 세례 베풂을 금하리요 하고(행 10:47).

고넬료의 집에 모여 있던 사람들은 물 세례를 받기 전에 이미 베드로의 설교를 들으면서 예수 그리스도를 믿었고 동시에 성령을 받았습니다. 믿음과 성령 세례가 먼저였고 그다음이 물 세례였습니다. 마찬가지로 우리를 예수 그리스도 안에 들어오게 하는 연합은 물 세례라는 의식 절차를 통해서 이루어지는 것이 아닙니다. 예수 그리스도를 진심으로 나의 주, 나의 하나님으로 고백하고 무릎을 꿇는 순간 그 영광스러운 사건은 일어납니다. 성령이 알게 모르게 우리의 마음을 감동시키고 새사람으로 만들어놓습니다. 그때 우리는 그리스도와 연합된 사람이 되는 것입니다. 이것이 성령 세례입니다. 우리는 성령 세례를 통해서 예수 그리스도와 하나 되는 놀라운 역사를 체험하게 됩니다.

> 우리가 유대인이나 헬라인이나 종이나 자유인이나 다 한 성령으로 세례를 받아 한 몸이 되었고 또 다 한 성령을 마시게 하셨느니라(고전 12:13).

예수와 함께 죽고, 예수와 함께 살고

그러면 그리스도와 함께 십자가에 못 박힌 나는 누구입니까? 6절에 그 답이 기록되어 있습니다.

> 우리가 알거니와 우리의 옛 사람이 예수와 함께 십자가에 못 박힌 것은…(6절).

우리의 옛 사람이 십자가에서 예수님과 함께 못 박혀 죽었습니다. 옛 사람이란 우리의 본성이나 기질을 말하는 것이 아닙니다. 우리 몸에 남아 있는 죄의 성향을 의미하는 것이 아닙니다. 옛 사람은 아담 안에서 함께 죄를 지었던 나입니다. 아담 안에서 함께 사형선고를 받았던 나입니다. 죽음의 노예가 되었던 나입니다. 그 옛 자아가 예수님과 함께 십자가에서 죽었다는 것입니다.

죽음은 대단한 파괴력을 가지고 있습니다. 일단 죽음이 오면 인간관계가 완전히 끊어집니다. 법적인 관계나 생존과 관련된 관계도 중단되어 버립니다. 만약 남편이 죽었다면 아내는 남편을 향해서 사랑을 요구할 수 없습니다. 심지어 빚쟁이도 채무자가 죽으면 손을 들 수밖에 없습니다. 법관도 죽은 자에게는 형을 선고하지 못합니다. 죽은 자는 완전히 자유로워지는 것입니다.

제가 미국에서 공부할 때의 이야기입니다. 장례를 집례하면서 알게 된 사실인데, 그 지방에는 장례 행렬에 특권을 인정해주었습니다. 장례 행렬이 거리를 지날 때는 교통신호의 제약을 받지 않았습니다. 유해가 장지까지 한 번도 신호등에 걸리지 않고 무사통과하는 것을 보았습니다.

이렇게 죽음은 우리를 모든 책임에서 벗어나게 하고, 모든 지배에서 벗어나게 하고, 자유롭게 만듭니다. 죽음 앞에서는 이 세상의 모든 힘이 무력해지고 맙니다. 마찬가지로 우리의 옛 자아가 십자가에서 못 박혀 죽자 우리는 죄와 완전히 단절되었습니다. 죄의 힘이 통제력을 잃었습니다. 우리는 완전히 자유로워졌습니다. 더 이상 죄의 지배를 받지 않게 된 것입니다.

4절은 우리도 '그와 함께 장사되었다'고 말합니다. '장사되었다'는 말은 완전히 죽었다는 뜻을 가지고 있습니다. 장례식은 사망 확인서와 같은 것입니다. 최근에 우리 사회에서 뇌사 문제가 다시금 뜨거운 쟁점으로 부각되고 있습니다. 이웃 나라 일본에서 뇌사를 법적으로 인정하려는 조짐이 보이기 때문에 법조계나 종교계, 의학계에서 논란이 일어나고 있는 것입니다.

뇌사가 무엇입니까? 뇌관을 포함한 전뇌의 기능 정지가 의학적으로 인정되면 심장이 뛰고 폐가 작동하고 있어도 사망으로 인정한다는 것입니다. 이것은 인정상 매우 어려운 일이라고 생각합니다. 뇌의 활동이 정지되었다는 진단이 나왔다 해도 심장 박동이 완전히 멈추지 않은 사람을 죽은 사람으로 취급한다는 것은 고려해볼 여지가 있는 문제입니다. 조금이라도 의심스러운 것이 보이면 장례식을 할 수 없습니다. 장례식은 확실한 죽음이 인정될 때 하는 것입니다.

성경을 보면 예수님의 죽음은 의심의 여지가 없었습니다. 그래서 어두워지기 전에 서둘러 장례를 치렀던 것입니다. 예수님의 죽음이 확실한 이상 우리 옛 사람의 죽음도 확실합니다. 장례식을 치르고 묻은 것처럼 우리 옛 사람은 완전히 죽었습니다. 이것은 죽어가고 있다거나 죽으려고 애쓸 필요가 없는, 완전한 죽음을 말합니다. 그 결과 우리는 죄의 통치로부터 자유를 얻었습니다.

> 우리가 알거니와 우리의 옛 사람이 예수와 함께 십자가에 못 박힌 것은 죄의 몸이 죽어 다시는 우리가 죄에게 종 노릇 하지 아니하려 함이니 이는 죽은 자가 죄에서 벗어나 의롭다 하심을 얻었음이라(6-7절).

우리의 옛 사람이 십자가에서 죽은 것은 죄에 매인 육체를 죽여서 다시는 죄의 종이 되지 않게 하기 위함이라고 말씀합니다. 죄에 끌려다니던 우리는 이미 십자가에서 죽었습니다. 이렇게 달라진 처지의 우리가 어떻게 은혜를 더 받으려고 죄를 지으면서 살 수 있겠습니까?

우리는 더 나아가 예수 그리스도와 함께 부활한 새사람이 되었습니다. 4절 말미를 주목하기 바랍니다.

> … 이는 아버지의 영광으로 말미암아 그리스도를 죽은 자 가운데서 살리심과 같이 우리로 또한 새 생명 가운데서 행하게 하려 함이라.

우리는 새 생명 가운데서 행하는 자가 되었습니다. 새 생활이 시작된 것입니다. 우리는 더 이상 죄와 죽음이 다스리는 어둠의 세계에 붙들려 있지 않습니다. 예수 그리스도가 다스리시는 의의 나라로 옮겨졌기 때문입니다.

> … 그와 함께 살 줄을 믿노니(8절).

이것은 미래형 동사로 쓰여 있어서 마치 미래에 일어날 일처럼 보입니다. 그러나 결코 미래의 사건이 아닙니다. 논리상 당연한 귀결을 말하는 것뿐입니다. 예수님이 다시 사셨기 때문에 그분과 함께 죽은 자는 틀림없이 산 사람이 된다는 것을 말하고 있습니다.

그러므로 우리는 예수님과 함께 죽고 예수님과 함께 산 새사람입니다. 우리는 은혜가 왕 노릇 하는 세계에서 살고 있습니다. 우리의 신분은 더 이상 죄의 종이 아닙니다. 우리는 의의 종입니다. 이렇게 새로운 신분이 된 사람이 어떻게 은혜를 더하게 하려고 죄에 머물 수 있겠습니까?

우리는 더 이상 죄의 종이 아니다

지금까지 우리는 '이와 같이'라는 원칙에 따라 예수님의 죽음이 내 죽음이 되고, 예수님의 부활이 내 부활이 되었다는 것을 배웠습니다. 그리고 '그리스도 예수 안에서' 이 사건이 가능했다는 것을 알았습니다. 그럼 이 사실을 확인한 우리는 어떻게 해야 합니까?

> 이와 같이 너희도 너희 자신을 죄에 대하여는 죽은 자요 그리스도 예수 안에서 하나님께 대하여는 살아 있는 자로 여길지어다(11절).

여기에서 "여길지어다"는 명령형입니다. '여기라'는 '믿으라'보다 강한 뜻을 가지고 있습니다. 깨닫든지 못 깨닫든지 체험과 상관없이 이미 일어난 사실로 받아들이라는 이야기입니다. 그러면 나는 아직도 습관적으로 죄를 짓고 있는데 어떻게 옛 사람이 죽었다고 말할 수 있는지 의문을 가지는 사람이 있을 것입니다.

똑똑히 알아두십시오. 자기 자신을 보면 실족합니다. 우리는 예수님을 보아야 합니다. 내가 죽었기 때문에 예수님이 죽으셨습니까, 예수님이 죽으셨기 때문에 내가 죽었습니까? 물을 필요 없이 예수님이 죽으셨기 때문에 내가 죽었습니다. 우리 자신을 보면 안 됩니다. 예수님이 죄에 대해 죽은 것이 사실이면 내 옛 사람은 죽은 것입니다. 예수님이 하나님에 대해 사신 것이 사실이면 나도 새사람으로 살아난 것이 분명합니다. 그러므로 당신이 죄를 짓고 있다 할지라도 그것을 문제 삼지 마십시오. 죄 용서를 받은 느낌이 있는가 없는가를 따지지 마십시오.

우리는 항상 주체의식을 분명히 해야 합니다. "네가 누구냐?"라는 질문에 "나는 예수님과 함께 산 새사람입니다"라고 대답할 수 있어야 합니다. "너는 어디에 사느냐" 하고 물을 때 "나는 예수 그리스도가 지배하는 의의 나라에 사는 사람입니다" 하고 분명히 대답할 수 있어야 합니다.

'출가외인'이라는 옛말이 있습니다. 옛날에는 오늘날과 다르게 여자가 일단 시집을 가면 친정에 자주 드나드는 것을 금기로 여겼습니다. 오죽하면 그 집 귀신이 되어야 한다는 말까지 했겠습니까? 가문의 명예를 생명처럼 중요시하던 유교시대에는 지체가 높은 집안일수록 딸에게 이런 사상을 철저히 주입시켜서 시집을 보냈습니다.

가령 이씨 집안의 딸이 김씨 집안으로 시집을 가면 그는 그 순간부터 출가외인이 됩니다. 그의 과거는 장사되고 김씨 집안 며느리로 다시 태어납니다. 처녀 시절의 행복했던 추억은 잊어야 합니다. 심지어 부모 형제에 대한 생각마저도 끊어야 합니다. 과거가 살아 있을수록 결혼생활이 힘들기 때문에 친정을 멀리하는 것을 미덕으로 여기는 악습이 있었습니다. 양식이 없어서 굶어 죽을 지경이 되어도 친정을 찾지 않는 여인이 부덕을 갖춘 아내와 며느리로 간주되었습니다. 딸을 시집보낸 부모도 완고한 사고방식을 가지고 있었습니다. 딸이 시집살이가 너무 힘들어서 친정을 찾아왔는데도 끝까지 대문을 열어주지 아니하고 도로 돌려보낸 이야기는 과거에 흔히 들을 수 있는 고담(古談)거리였습니다.

이것은 우리에게 좋은 교훈을 던져줍니다. 예수님을 믿는 순간 시집오기 전의 나는 이미 죽었습니다. '죄'(罪)씨 집안 사람이 죽은 것입니다. 예수님을 믿은 다음 '의'(義)씨 집안 사람으로 다시 태어났기 때문입니다. 따라서 우리는 주체의식을 분명히 가져야 합니다. 예수님을 나의 주, 나의 하나님으로 고백한 사람은 성령으로 세례를 받습니다.

그리고 물 세례를 통해 옛 사람은 죽고 새사람이 된 것을 공적으로 선언합니다. 이제부터 과거 생각을 하면 안 됩니다. 무슨 죄를 짓고 어떻게 방탕했는가를 들먹일 필요가 없습니다. 그런 생활을 하던 옛 자아가 무덤 속으로 들어가버렸기 때문에 지금은 죄의 종이 아닙니다. 우리는 이를 기정사실로 받아들여야 합니다.

아무도 흔들 수 없는 나의 구원

예수님과 함께 죽고, 함께 살았다는 연합 관계를 우리가 분명한 사실로 받아들이면 얼마나 큰 위로와 확신을 받게 되는지 모릅니다. 그 유익을 몇 가지로 말씀드리겠습니다.

첫째는 죄에 쉽게 끌려 들어가지 않는다는 것입니다. 죄의 지배를 받을 필요가 없다는 주체의식이 분명하기 때문에 쉽게 죄를 짓지 않습니다.

둘째는 죄에 빠져도 절망하지 않고 즉시 회개하고 돌아온다는 것입니다. 죄 속에 오래 머물지 않습니다. 왜냐하면 죄의 노예가 되었던 옛 자아가 죽었다는 것을 알기 때문입니다. 마치 남의 집에 간 사람이 오래 머물지 않고 금방 돌아오는 것과 같습니다.

셋째는 설혹 죄를 범했다고 해도 죄가 우리의 구원을 흔들지 못한다는 것입니다. 죄를 짓는다고 해서 구원의 확신이 흔들릴 수 없습니다. 우리는 죄를 지을 때마다 구원 문제를 놓고 의심하는 버릇이 있습니다. 예수 믿고 그리스도 안에 있는 자가 구원을 받았다, 못 받았다 하며 우왕좌왕하는 것은 있을 수 없는 일입니다.

한번 생각해보십시오. 자칫 부주의해서 문을 잠그지 않고 잤더니 밤중에 도둑이 들었습니다. 도둑이 집문서, 땅문서, 인감도장 등을 몽땅 털어서 나가려고 하니까 그 집주인이 너무나 낙담되어 "우리 집에 있는 재산을 당신이 다 가졌으니 난 어쩔 수가 없소. 이제부터 당신이 우리 아이들의 아버지가 되시오. 내 아내도 마음대로 하시오. 난 완전히 포기하겠소"라고 말하는 것이 가능할까요? 아무리 가진 재산을 다 빼앗긴다 해도 가장으로서의 자기 자리를 내놓는 천치 같은 사람은 없습니다.

마찬가지로 우리가 연약해서 죄를 용납할 수는 있지만 이것이 곧 구원받은 특권까지 포기함을 뜻하는 것은 절대 아닙니다. 어쩌다가 죄를 저지른 사람이 하나님의 자녀라는 신분까지 내놓고 "아이고 주님, 마음대로 하세요. 나는 이제 어쩔 수 없는 놈이에요. 구원을 포기하겠나이다" 하는 것은 어불성설이라는 말입니다.

평소에 예수님을 잘 믿는 훌륭한 신앙인이라 할지라도 임종할 때 이해할 수 없는 언동을 하는 분이 가끔 있습니다. 제 할머니가 그런 분이었습니다. 평생 예수님 안에서 살았던 분이 임종 3일 전부터 정신착란 증세가 일어나 마치 안 믿는 사람처럼 행동했습니다. 심지어 예수가 어디 있느냐고 고래고래 소리칠 정도로 본정신을 완전히 잃고 말았습니다.

그렇다고 할머니의 구원을 의심할 수 있습니까? 몸의 기능이 온전하지 못한 데서 오는 발작 행위 때문에 그의 영혼이 버림받았다고 말할 수는 없습니다. 흙으로 빚어진 우리 육신이 노쇠하면서 그 기능에 심각한 장애가 올 수 있습니다. 의학적으로 중추신경이나 순환기 계통에 장애가 오면 정신착란 증세가 일어날 수 있는 것입니다.

그러므로 할머니의 육체가 무너지는 순간을 이용하는 마귀는 틀림없이 그의 영혼을 끌어가려고 발악을 했을 것입니다. 그 틈에 할머니는 잠시 이상한 행동을 한 것일지도 모릅니다. 그렇다고 그의 영혼이 버림받았다고 할 수는 없습니다. 오래전부터 할머니는 예수님 안에 거하는 하나님의 자녀였기 때문입니다. 아무리 몸의 기능이 비정상으로 떨어진다 해도 예수님과 함께 죽고 예수님과 함께 산 그를 어둠의 세력이 끌고 갈 수는 없습니다.

우리는 예수님과 함께 다시 산 새 생명입니다. 우리는 예수님과 떨어질 수 없는 관계입니다. 그러므로 어떤 죄를 지었다 해도 죄 속에 거하지 않습니다. 죄를 범해도 즉시 회개하고 돌아옵니다. 그리고 구원의 확신도 흔들리지 않습니다. 이것은 하나님이 주신 크나큰 복입니다.

이토록 큰 복을 받은 우리가 어떻게 은혜를 더하게 하려고 죄에 머물 수 있겠습니까? 다음 말씀을 외워둡시다. 가슴에 새기면 새길수록 큰 능력을 체험할 수 있습니다.

이와 같이 너희도 너희 자신을 죄에 대하여는 죽은 자요 그리스도 예수 안에서 하나님께 대하여는 살아 있는 자로 여길지어다(롬 6:11).

20

죄가 왕 노릇 하지 못하게 하라

로마서 6장 12-23절

12 그러므로 너희는 죄가 너희 죽을 몸을 지배하지 못하게 하여 몸의 사욕에 순종하지 말고 13 또한 너희 지체를 불의의 무기로 죄에게 내주지 말고 오직 너희 자신을 죽은 자 가운데서 다시 살아난 자같이 하나님께 드리며 너희 지체를 의의 무기로 하나님께 드리라 14 죄가 너희를 주장하지 못하리니 이는 너희가 법 아래에 있지 아니하고 은혜 아래에 있음이라 의의 종 15 그런즉 어찌하리요 우리가 법 아래에 있지 아니하고 은혜 아래에 있으니 죄를 지으리요 그럴 수 없느니라 16 너희 자신을 종으로 내주어 누구에게 순종하든지 그 순종함을 받는 자의 종이 되는 줄을 너희가 알지 못하느냐 혹은 죄의 종으로 사망에 이르고 혹은 순종의 종으로 의에 이르느니라 17 하나님께 감사하리로다 너희가 본래 죄의 종이더니 너희에게 전하여준 바 교훈의 본을 마음으로 순종하여 18 죄로부터 해방되어 의에게 종이 되었느니라 19 너희 육신이 연약하므로 내가 사람의 예대로 말하노니 전에 너희가 너희 지체를 부정과 불법에 내주어 불법에 이른 것같이 이제는 너희 지체를 의에게 종으로 내주어 거룩함에 이르라 20 너희가 죄의 종이 되었을 때에는 의에 대하여 자유로웠느니라 21 너희가 그때에 무슨 열매를 얻었느냐 이제는 너희가 그 일을 부끄러워하나니 이는 그 마지막이 사망임이라 22 그러나 이제는 너희가 죄로부터 해방되고 하나님께 종이 되어 거룩함에 이르는 열매를 맺었으니 그 마지막은 영생이라 23 죄의 삯은 사망이요 하나님의 은사는 그리스도 예수 우리 주 안에 있는 영생이니라

요사이 기독교가 무력하다는 말을 자주 듣게 됩니다. 성경적인 표현을 빌자면 예수님을 믿는 사람들이 점점 짠맛을 잃어간다는 말입니다. 이런 말을 들을 때마다 우리는 가슴이 찢어지는 아픔을 느껴야 합니다.

무엇이 교회를 무력하게 만듭니까? 하나님의 자녀인 우리가 말씀을 알기만 하고 실천하지 않는 데에 그 원인이 있다고 생각합니다. 우리는 주일이 되면 교회에 와서 설교를 듣습니다. 그리고 교회마다 조금씩 다르겠지만 주중에 몇 번은 성경공부를 합니다. 또 개인적으로 성경을 읽는 시간을 가집니다. 이와 같이 말씀을 많이 듣고 배우고 읽는 반면에 우리의 삶은 알맹이가 없다는 데 문제가 있는 것입니다.

하나님의 진리를 단지 자기의 지적 호기심을 충족시키는 수단으로 생각하는 것만큼 영적으로 해로운 일이 없습니다. 알기만 하고 실천이 따르지 않는 지식은 그 사람을 형식주의에 빠지게 하고 교만하게 만듭니다. 결국은 말로만 떠드는 추악한 위선자로 전락시켜 버립니다. 이런 사람들이 교회 안에 늘어간다면 예수님을 믿는 자와 안 믿는 자를 구별할 수 없는, 혼탁한 시대를 막지 못할 것입니다. 적신호가 켜진 오늘을 살고 있는 우리를 위해 본문은 매우 중요한 교훈을 주고 있습니다. 성령께서 귀를 열어주시도록 기도하면서 말씀을 살펴보아야 할 것입니다.

본문은 "그러므로"라는 말로 시작됩니다. 이 '그러므로' 가 얼마나 큰 비중을 차지하는지 주목해야 합니다. 앞에서 우리는 6장 1절부터 11절까지를 검토해보았습니다. 그 내용이 무엇입니까? 우리가 예수 그리스도 안에서 예수님과 하나 되었다는 것입니다. 주님이 죽으심으로 우리는 죄의 속박에서 벗어났습니다. 주님이 살아나심으로 우리는 새로운 신분이 되었습니다. 우리는 이제 죄의 지배를 받지 않습니다. 왜냐하면 우리가 의의 종이 되었기 때문입니다.

그런데 이것은 교리입니다. 신앙의 이론적 체계인 것입니다. 만일 우리가 교리를 배우는 것만으로 만족한다면 우리의 영혼은 병들고 말 것입니다. 교리를 배우는 것은 실천이라는 집을 세우기 위해서 터를 닦는 일이라 할 수 있습니다. 12절의 '그러므로'는 이제 터가 닦였으니 말씀을 실천하는 집을 세워야 한다는 의미를 담고 있습니다.

12, 13절을 보십시오. 하지 말라는 명령과 하라는 명령이 나란히 나오고 있습니다. 하나님의 말씀을 배운 만큼 실천에 옮기도록 노력해야 한다는 것을 교훈합니다. 실천은 항상 긍정적인 면과 부정적인 면이 병행합니다. 하나님께서 하라고 명령하시는 일은 우리가 해야 하고, 하지 말라고 명령하시는 일은 하지 말아야 합니다.

하나님의 말씀을 실천하는 문제는 우리의 자유의사에 달려 있습니다. 우리는 실천할 수도 있고 안 할 수도 있는 자유가 있는 반면에 자기의 행동에 대해서는 책임을 져야 합니다. 하나님은 우리에게 책임을 반드시 요구하십니다. 순종할 수 있는 만반의 준비를 하나님의 편에서 다 해주셨기 때문에 책임을 요구하시는 것입니다. 한번 생각해봅시다. 우리의 모든 죄가 용서받은 것은 예수님이 죽으셨기 때문입니다. 우리가 죄와 죽음의 권세를 벗어날 수 있었던 것은 주님이 부활하셨기 때문입니다. 우리가 한 것은 하나도 없습니다. 우리는 단지 믿음으로 그것을 받아들일 뿐입니다. 우리를 죄에서 해방시킨 분도 하나님이요 죄의 지배를 받지 않도록 새로운 자리에 옮겨놓으신 분도 하나님입니다. 죄가 왕 노릇 하지 못하도록 하나님의 자녀라는 신분으로 세워주신 분도 하나님입니다. 하나님이 다 마련해놓으셨습니다. 이와 같이 하나님이 우리가 순종할 수 있도록 모든 준비를 해놓으셨기 때문에 우리를 향해 하라, 하지 말라 하고 명령하시는 것입니다.

일반적으로 아이는 태어난 지 1년에서 1년 반 정도가 되면 걷기 시작합니다. 아이가 걷기까지 어머니는 온갖 헌신을 아끼지 않습니다. 아이에게 필요한 것은 다 해줍니다. 그러다가 때가 되면 엄마는 아이에게 요구합니다. "아가야, 이제 걸을 때가 되었어. 일어나 걸어봐. 어서!" 아이가 일어나든 안 일어나든 그의 자유입니다. 그렇지만 못 일어나면 아이에게 책임이 있습니다. 필요한 것을 엄마가 다 해주었는데도 아이가 엄마의 요구에 응하지 못한다면 엄마는 매우 실망할 것입니다. 아이는 쓰러지는 한이 있어도 엄마가 보는 앞에서 발을 뗄 수 있어야 합니다. 이것이 자기를 위해 수고한 엄마에게 마땅히 해야 할 도리입니다.

하나님이 우리에게 요구하시는 것도 마찬가지입니다. "내가 너를 위해 다 준비해주지 않았니? 이제 걸음을 떼어봐. 배운 대로 실행에 옮겨봐!"라고 말씀하실 때 우리가 순종해야만 하나님을 기쁘시게 할 수 있습니다. 이것이 '그러므로'입니다. 참으로 중요하고 진지한 의미가 담겨 있습니다. 우리 모두에게 이 '그러므로' 의 은혜가 항상 넘칠 수 있기를 간절히 기도합니다.

죄로 왕 노릇 못하게 하라!

먼저 우리가 해서는 안 될 것부터 검토해보겠습니다. 12-13절을 주목합시다.

> 그러므로 너희는 죄가 너희 죽을 몸을 지배하지 못하게 하여 몸의 사욕에 순종하지 말고 또한 너희 지체를 불의의 무기로 죄에게 내주지 말고….

죄가 우리 몸을 지배하도록 내버려두지 말라는 말씀입니다. 만약 이 말씀대로 하지 않으면 우리는 어떻게 됩니까? 악한 정욕에 사로잡히기 쉽습니다. 결국 우리 지체를 죄에 '불의의 무기'로 주는 꼴이 되고 맙니다.

우리 지체를 불의의 무기로 주지 말라는 하나님의 명령에 순종하기 위해서는 다음 세 가지 사실을 알아둘 필요가 있습니다.

첫째, 죄는 여전히 살아 있습니다. 우리가 죄에 대해서 죽은 것이지 죄가 우리에 대해서 죽은 것이 아닙니다. 예수님이 십자가에서 죽으실 때 우리도 함께 죽었기 때문에 죄는 더 이상 우리를 지배할 수 없습니다. 그렇다고 해서 죄의 힘이 사라졌다거나 죄가 행동을 멈추었다고 생각하면 큰 오산입니다. 죄는 여전히 활동하고 있습니다. 그 힘은 아직도 막강하여 이 세상을 끔찍한 악의 소굴로 만들고 있습니다. 죄는 여전히 살아 있습니다. 우리는 죄의 실체를 똑바로 보아야 합니다.

둘째, 죄는 우리 몸에 아직 자리를 잡고 있습니다. 여기서 '죽을 몸'은 언젠가는 죽어서 흙으로 돌아갈 육체를 가리킵니다. 우리 몸, 'body'를 13절에서는 '지체'라는 말로 표현하고 있습니다. 그러면 왜 몸을 자꾸 거론하는 것입니까? 우리가 거듭난 것은 우리의 영혼이지 몸은 아닙니다. 거듭난 내 속사람은 죄의 지배로부터 자유로워졌지만 내 몸은 그렇지 않습니다. 우리 몸이 살아 있는 한, 죄가 몸 안에서 활동할 수 있습니다. 우리 모두가 이 연약성을 지니고 있습니다. 우리 속에는 죄의 영향에 쉽게 넘어갈 수 있는 부패성이 자리 잡고 있습니다.

그러므로 몸이 살아 있는 한 죄가 우리 몸에 자주 들어와 활동할 수 있다는 것을 알아야 합니다. 우리 몸에는 본능이 있습니다. 이 본능은 이미 부패된 성향을 지니고 있기 때문에 죄로부터 유혹을 받기 쉽습니다. 죄의 유혹을 받아들이면 악한 정욕으로 돌변합니다. 이것을 본문에서는 "몸의 사욕"이라고 했습니다. 예수 믿고 중생을 받은 자라도 자기의 사욕에 이리저리 끌려다닐 수 있습니다. 우리의 몸과 본능은 옛날 그대로 남아 있기 때문이며 이것을 마귀가 이용하는 것입니다.

좋은 예로 에베소 성도들을 들 수 있습니다. 그들은 예수님을 잘 믿어서 칭찬을 받던 사람들이었습니다. 그러나 에베소서 4장을 보면 기막힌 권면이 나옵니다.

> 그런즉 거짓을 버리고 각각 그 이웃과 더불어 참된 것을 말하라 … 도둑질하는 자는 다시 도둑질하지 말고…(엡 4:25, 28).

왜 이와 같은 충고를 했겠습니까? 그들이 거짓말을 예사로 했기 때문입니다. 예수님을 믿으면서도 도둑질을 아무렇지 않게 하니까 이와 같은 권면이 필요했던 것입니다. 마귀가 에베소 성도들의 몸에 남아 있는 죄성을 이용해서 그들로 하여금 거짓말하게 하고 도둑질하게 만들고 음행하게 하고 나쁜 짓만 골라 가면서 하도록 했기 때문에 그래서는 안 된다는 것을 분명히 경고하고 있습니다. 예수님을 잘 믿어도 이와 같은 죄에 빠질 수 있다는 사실을 알아야 합니다.

몸은 다양한 지체로 구성되어 있습니다. 손이나 발처럼 눈에 보이는 지체도 있습니다. 그렇지만 겉으로 보이는 것만이 아니라 힘이나 기능, 성향, 재능, 상상력처럼 보이지 않는 정신세계까지 지체에 포함됩니다. 마귀는 죄의 힘을 이용해서 우리의 본능을 충동질하여 죄를 범하게 만듭니다. 가서는 안 될 곳으로 가게 하고, 해서는 안 될 일을 하게 하려고 덤빕니다. 그러다 여의치 않으면 이차적으로 보이지 않는 우리의 정신세계를 공격합니다. 우리의 상상, 공상의 세계로 침입해 들어옵니다. 손 하나 까딱하지 않고 발 하나 움직이지 않고도 상상으로 추악한 죄를 범하게 만듭니다. 이것이 우리 몸이 가진 약점입니다. 우리가 경험적으로 잘 알고 있지 않습니까? 겉으로는 죄짓는 사람이 아닌 것처럼 보이지만 우리의 생각 속에는 무수한 죄들이 쌓일 수 있다는 것을 인정해야 합니다. 마귀가 우리의 몸을 이용할 때 이와 같이 간교한 짓을 할 수 있습니다.

셋째, 우리가 범죄하면 우리의 지체는 불의의 무기가 됩니다. 본문 13절에 나오는 "무기"는 군인의 손에 들려 있는 것을 말합니다. 다른 말로 바꾸면 '도구'라고 할 수 있습니다. 죄가 마음대로 사용하는 도구가 된다는 말입니다. '드린다'에는 '원하는 대로 하게 내버려 둔다'라는 의미가 있습니다. 우리 지체를 불의의 무기로 드린다는 말은 죄에게 우리 자신을 "마음대로 하십시오" 하고 갖다 바치는 것과 같습니다.

13절을 계속 읽어보면 "죄에게 내주지 말고"와 "하나님께 드리며"라는 말이 동시에 나옵니다. 둘 다 드린다는 면에서 의미가 같습니다. 우리 몸을 죄에 드리거나 하나님께 드리는 것입니다. 다시 말해 우리 몸을 죄짓도록 내버려두면 마치 우리 몸을 하나님께 헌신하는 것과 같이 죄에 헌신하는 꼴이 된다는 이야기입니다. 얼마나 무서운 일입니까?

**우리 몸을 죄의 도구로
사용할 수 없는 이유**

우리 몸이 죄의 도구로 사용되도록 허용해버리면 우리는 매우 심각한 자기모순에 빠집니다. 아울러 영적으로 대혼란을 겪게 됩니다. 왜 그런지 압니까? 16절이 말씀하는 것처럼 우리가 순종하는 대상에 따라 그의 종이 되기 때문입니다. 만약 죄가 원하는 대로 우리 몸을 내어준다면 우리는 죄의 종이 됩니다. 그러나 이제는 우리 신분이 달라졌습니다. 우리가 다시금 죄의 종으로 돌아가는 것은 불가능합니다. 왜 그렇습니까?

> 하나님께 감사하리로다 너희가 본래 죄의 종이더니 너희에게 전하여 준 바 교훈의 본을 마음으로 순종하여 죄로부터 해방되어 의에게 종이 되었느니라(17-18절).

우리는 절대로 다시 죄의 종이 될 수 없는 신분입니다. 죄가 하는 대로 우리 몸을 내맡기는 일은 예수님을 믿기 전에 하던 버릇입니다. 또한 중생받지 못한 채 교회를 드나들 때 하던 짓입니다.

우리가 예수님을 몰랐을 당시에는 19절의 말씀처럼 "전에 너희가 너희 지체를 부정과 불법에 내주어" 불법에 이르는 짓만 했습니다.

> 너희가 죄의 종이 되었을 때에는 의에 대하여 자유로웠느니라(20절).

그때는 의를 행해야 할 어떤 책임도 우리에게 따르지 않았습니다. 하나님께 순종해야 할 책임이 없었다는 이야기입니다.

> 너희가 그때에 무슨 열매를 얻었느냐 이제는 너희가 그 일을 부끄러워하나니 이는 그 마지막이 사망임이라(21절).

그때는 우리에게 못된 열매만 있었습니다. 그 열매의 결국은 죽음입니다. 죽음밖에 남을 것이 없는 바보짓을 한 셈입니다. 그렇지만 이제는 우리의 입장이 다릅니다. "이제는"이라는 말이 19, 21, 22절에 연속해서 나오는 것을 주목합시다. 먼저 19절을 보겠습니다.

> … 이제는 너희 지체를 의에게 종으로 내주어 거룩함에 이르라.

지금 우리는 의의 종이 되었습니다. 또 21절을 봅시다.

> … 이제는 너희가 그 일을 부끄러워하나니 이는 그 마지막이 사망임이라.

지금 우리는 죄의 종이 아니기 때문에 더 이상 옛날처럼 부끄러운 행동을 할 수 없습니다. 이어지는 22절을 봅시다.

> 그러나 이제는 너희가 죄로부터 해방되고 하나님께 종이 되어 거룩함에 이르는 열매를 맺었으니 그 마지막은 영생이라.

우리는 지금 거룩한 삶을 살아야 하는 위치에 놓여 있습니다. 그런데도 우리의 몸을 죄에 드려 죄가 마음대로 사용할 수 있도록 한다면 우리는 대혼란에 빠질 수밖에 없습니다. 우리가 죄를 짓는 것은 죄의 종으로 다시 돌아가는 것이요, 죄의 도구로 자기를 바치는 것이 되기 때문입니다. 이것은 우리를 구원하신 하나님의 계획에 정면으로 대적하는 일입니다.

> 하나님의 뜻은 이것이니 너희의 거룩함이라…(살전 4:3).

하나님은 우리를 거룩하게 하려고 구원하셨습니다. 그러므로 죄를 짓는 것은 하나님께 정면으로 도전하는 행위가 됩니다. 우리가 이런 엄중한 사실을 깨닫는다면 함부로 죄를 범할 수 없습니다.

예를 들어 정직성을 놓고 생각해봅시다. 흔히 도덕성의 척도는 정직성 여부에 달려 있다고 말합니다. 사회 구성원들이 얼마만큼 정직한가에 초점을 두고 조사하면 그 나라의 도덕성을 측정할 수 있다고 합니다. 좋은 예로 몇 년 전에 서울대 박모 교수가 2만 7천여 명을 대상으로 실시한 설문조사를 들 수 있습니다. "세계에서 가장 정직한 국민을 꼽는다면 어느 나라 국민이라고 생각합니까?"라는 질문에 응답자의 73퍼센트가 일본인이라고 대답했습니다. 아마 여기에는 이의가 없는 것 같습니다.

그러면 한국 사람은 어떠한지 물었습니다. 거기에 대한 답은 제가 하지 않겠습니다. 너무 불쾌해서 말할 수 없습니다. 경악할 만한 것은 "우리 사회에서 정직하면 잘살 수 없다고 생각합니까?"라는 질문에 무려 73퍼센트가 동의를 했다는 사실입니다. 더구나 73퍼센트의 응답자 중에서 십대, 이십대가 차지하는 비율이 80퍼센트를 넘었습니다. 이 자료를 통해 우리 젊은이들이 얼마나 깊이 병들어 있는지 여실히 알 수 있습니다. 정의와 진리 앞에서 꿋꿋하게 앞날을 설계해야 할 젊은이들이 그릇된 가치관을 안고 패배감에 젖어 있는 것을 보면 비참한 생각마저 듭니다.

일본에는 그리스도인이 전 국민의 0.5퍼센트도 안 됩니다. 그런 나라가 세계에서 가장 정직한 국민이라는 평가를 받습니다. 우리나라는 인구의 4분의 1이 그리스도인이라고 하는데도 스스로를 정직하지 못하다며 낙인찍고 있습니다. 저는 외국에 나갔을 때 우리나라에 천만 성도가 있다는 말을 좀처럼 안 합니다. 부끄러워서 못 하겠습니다. 우리 교회를 가리켜 대형 교회라는 말을 하는데 저는 우리 교회 성도 수를 쉽게 밝히지 않습니다. 질문을 받기 전에는 제 입으로 말하지 않습니다. 부끄러워서 못 하겠습니다. 지금 우리 사회에는 적당한 거짓말을 하지 못하면 바보라는 사고방식이 상식처럼 통하고 있습니다. 정직해야 한다는 양심의 소리가 희미해짐으로써 사회 전반이 심장마비를 일으킬 지경이 되고 말았습니다.

자동차 정비업을 하시는 분이나 관공서에 근무하시는 분들은 용서하고 들으시기 바랍니다. 절대로 다 그렇다는 말이 아닙니다. 자동차에 대해 아무것도 모르는 분들이 정비소에 가면 쓸 만한 부품도 교체해야 한다고 어거지를 쓰거나 수리비를 부풀리는 경우가 있습니다. 관공서에 가면 법적으로 하자가 없는데도 안 된다고 으름장을 놓는 경우가 있습니다. 처음에는 될 것처럼 말을 하다가 나중에는 안 된다고 거짓말을 합니다. 이것은 우리 사회가 안고 있는 뿌리 깊은 병폐 중 하나일 뿐입니다.

거짓말은 죄악입니다. 안타깝게도 소위 하나님의 자녀라는 사람들이 거짓말을 공공연히 하는 것을 봅니다. 절대 그래서는 안 됩니다. 거짓말은 자기의 입을 죄의 도구로 바치는 격이 되기 때문에 거짓말을 해서는 안 됩니다. 성경을 보면 거짓은 다른 죄와 구별되는 특징이 있습니다. 마귀가 하와를 죄짓게 만든 무기가 무엇이었습니까? 거짓입니다. 마귀는 하와를 유혹할 때 거짓말을 했습니다. 열매를 먹어도 절대 죽지 않는다고 거짓말한 것을 우리가 잘 알고 있습니다. 그러므로 예수님은 요한복음 8장 44절에서 다음과 같은 기막힌 말씀을 하셨습니다.

… 거짓을 말할 때마다 제 것으로 말하나니….

거짓을 말하는 것이 마귀의 본성임을 알 수 있습니다. 거짓말은 마귀의 전용물입니다. 그렇기 때문에 세상 사람을 가리켜 마귀의 자식이라고 할 때 그 말의 이면에는 거짓말쟁이라는 뜻이 숨어 있는 것입니다.

… 사람은 다 거짓되되 오직 하나님은 참되시다‥(롬 3:4).

하나님과 사람을 딱 잘라서 한마디로 구별해보십시오. 세상 사람은 다 거짓말쟁이요, 반면에 하나님은 진실하신 분이라고 말씀하고 있습니다. 우리가 거짓을 말하면 마귀의 자식이 됩니다. 죄의 종으로 돌아가는 것입니다. 거짓말하는 입을 죄의 도구로 내어주기 때문에 우리 스스로 마귀의 대변인이 되는 것입니다.

우리는 이제 죄의 종이 아닙니다. 새사람으로 살아야 할 의무가 있습니다. 어떤 흑인에게 "노예처럼 행동하지 마" 하고 말한다면 그를 모욕하는 언사가 됩니다. 이미 노예가 아닌 사람에게 노예처럼 행동한다고 말하는 것은 큰 모욕입니다. 다 큰 자녀를 보고 "어린애같이 무슨 짓이야?" 하고 말하면 자녀의 표정이 어두워집니다. 어린애가 아닌 사람을 보고 어린애 같은 짓을 한다고 하니까 자녀가 모욕감을 느끼는 것입니다. 만약 우리가 "죄의 종처럼 거짓말하지 마" 하고 꾸중을 듣는다면 벌써 우리는 모욕을 당하고 있다는 점을 알아야 합니다. 죄의 종이 아닌 사람을 보고 죄의 종같이 행동한다고 하는 것은 가장 큰 모욕이기 때문입니다.

우리 지체를 의의 무기로

다음으로 하나님이 우리에게 명령하시는 내용을 살펴봅시다.

… 오직 너희 자신을 죽은 자 가운데서 다시 살아난 자같이 하나님께 드리며 너희 지체를 의의 무기로 하나님께 드리라(13절).

예수님이 십자가에서 죽으신 목적은 무엇입니까? 고린도후서 5장 15절이 말씀하고 있습니다.

그가 모든 사람을 대신하여 죽으심은 살아 있는 자들로 하여금 다시는 그들 자신을 위하여 살지 않고 오직 그들을 대신하여 죽었다가 다시 살아나신 이를 위하여 살게 하려 함이라.

주님이 죽으시고 다시 사신 것은 우리를 하나님께 헌신하는 자로 만들기 위해서입니다. 그러므로 우리의 손, 발, 머리, 재능, 감정, 어느 것 하나도 자기 자신을 위해 써서는 안 됩니다. 오직 하나님의 영광을 위해 바치는 의의 도구가 되어야 합니다. 우리 지체를 하나님께 의의 병기로 드리기 위해서는 우리가 성결해야 합니다. 우리 지체를 죄짓는 데 사용하는 한, 하나님께 헌신할 수 없습니다. 왜 우리 입을 가지고 범죄하지 않으려고 합니까? 하나님을 찬양하고 주님의 복음을 전하는 데 사용해야 하기 때문입니다. 헌신하려면 성결해야 합니다. 성결의 목적은 헌신에 있습니다. 하나님께 우리 자신을 헌신하면 참으로 놀라운 복이 따라옵니다. 자기 자신을 하나님께 드리는 자에게는 놀라운 약속이 기다리고 있습니다. 그 약속은 14절에 나타나 있습니다.

죄가 너희를 주장하지 못하리니 이는 너희가 법 아래에 있지 아니하고 은혜 아래에 있음이라.

우리가 말씀에 순종하기만 하면 죄가 이기지 못하는 것을 알게 된다고 말합니다. 이 약속을 믿고 실천해보십시오. 죄가 우리를 절대 이기지 못할 것입니다.

갈라디아서 5장 16절에도 비슷한 말씀이 있습니다.

내가 이르노니 너희는 성령을 따라 행하라 그리하면 육체의 욕심을 이루지 아니하리라.

죄가 우리를 주관하지 못한다는 약속의 말씀을 실제로 체험하려면 두 가지 길이 있습니다. 첫째는 우리 몸을 하나님이 기뻐하시는 도구로 드리는 것입니다. 우리는 죄짓지 않는 것으로 만족하면 안 됩니다. 죄를 안 지을 뿐 아니라 자신의 몸을 하나님을 위해 기쁘게 드리는 경지까지 나아가야 합니다.

에베소교회 안에 있는 도둑질하는 사람을 향해서 바울이 무엇이라 권면했습니까?

> 도둑질하는 자는 다시 도둑질하지 말고 돌이켜 가난한 자에게 구제할 수 있도록 자기 손으로 수고하여 선한 일을 하라(엡 4:28).

도둑질하던 사람이 도둑질만 안 하면 됩니까? 배가 고프면 또 죄를 지을 수 있습니다. 그렇기 때문에 도둑질도 하지 말아야 하지만 그 몸을 갖고 부지런히 일해야 합니다. 자신의 의식주 문제를 해결하기 위해 열심히 일할 뿐 아니라 나아가 다른 사람을 도울 수 있도록 힘써야 합니다. 이것이 인간답게 사는, 차원 높은 생활입니다.

신경정신과 의사의 말에 의하면 정신병원에 입원하는 환자들 중에는 남자보다 여자가 많다고 합니다. 아마 더 예민하기 때문에 그런지도 모르겠습니다만 진짜 이유는 그게 아닌 것 같습니다. 여자들 중에서도 시간적으로 여유가 많은 사람이 정신질환에 걸리는 확률이 더 높다고 합니다. 아이를 하나만 낳아 키우는 주부는 자녀가 어느 정도 성장하고 나면 가슴 한 모퉁이가 허전한 느낌이 들기 시작합니다. 아이를 위해서 부지런히 뛰어야 할 일이 줄어들다 보니 마음이 공허해지는 것입니다. 그래서 이리 기웃 저리 기웃하다가 별 재미가 없으면 좋았던 옛 시절을 생각합니다. 애틋하게 헤어진 첫

애인을 떠올리기도 하고 행복하게 지냈던 학창 시절을 그리워하기도 합니다. 그래서 기분을 푼답시고 카페에 가서 술도 마셔보고 이상한 곳에 가서 춤을 추기도 합니다. 처음에는 심심풀이로 시작했던 일이 나중에는 대단히 심각한 자리로 빠져 들어갑니다. 급기야 가정이 깨어질 위기에까지 이르게 됩니다. 이 지경에 이른 부인들이 찾아가는 데가 바로 정신병원이란 곳입니다.

이것은 좀 극단적인 이야기 같지만 물질 만능의 풍조에 젖어 있는 소위 유한마담들에게서 흔히 볼 수 있는 일입니다. 애를 키우고 나서 좀 더 보람 있는 일에 자기의 여가를 사용했다면 그렇게 병들지 않았을 것입니다. 병원에 들어오는 부인들 중에서 애를 다섯 이상 낳은 사람이 없다고 의사가 말했습니다. 정신없이 애들을 키우다 보면 딴생각할 틈이 없다는 것입니다. 문제는 할 일이 없어서 일어나는 것입니다.

하나님께서 우리에게 헌신하라고 하시는 이유도 바로 여기에 있습니다. 바쁘게 뛰다 보면 죄를 지을 정신적, 시간적 여유가 없습니다. 우리는 죄를 안 짓는 것으로 만족하면 안 됩니다. 더 나아가 주님을 위해 우리 몸을 헌신해야 합니다. 우리 몸을 전도하는 일에 바쳐야 합니다. 이웃을 사랑하고 구제하는 일에 우리 마음을 쏟아야 합니다. 그리스도인은 바쁩니다. 주일마다 교회 앞에서 교통 안내 봉사를 하는 분들을 보십시오. 주방에서 교우들을 위해 음식을 장만하는 분들을 보십시오. 주일학교 교사들이 새벽부터 나와서 수고하는 것을 보십시오. 순장들이 얼마나 정신없이 뛰는지를 보십시오. 찬양대원들이 시간을 쪼개어 연습에 몰두하는 모습을 보십시오. 우리는 주님의 영광을 위해서 열심히 뛰어야 합니다. 이렇게 헌신할 때 죄가 우리를 지배하지 못합니다.

은혜 아래 있는 우리

둘째로, 우리가 법 아래 있지 아니하고 은혜 아래 있다는 사실을 알고 행동할 때 죄가 우리를 지배하지 못합니다. 14절을 보십시오.

… 너희가 법 아래에 있지 아니하고 은혜 아래에 있음이라.

여기에서 말하는 "법"은 율법뿐만 아니라 우리가 알고 있는 일반적인 법을 통칭하는 것입니다. 하나님은 구약시대에는 '하지 말라'는 법을 주셨으나 신약시대에는 '내가 하겠나이다'라고 자원하는 은혜를 주셨습니다.

우리는 지금 하나님의 이상과 인간의 삶의 실체가 은혜 안에서 조화를 이루는 시대에 살고 있습니다. 파스칼이 의미 깊은 말을 했습니다. "율법은 줄 수 없는 것을 요구하지만 은혜는 요구하는 모든 것을 준다." 은혜는 우리에게 감격을 안겨줍니다. 은혜는 자원하는 심령을 불러일으킵니다. 은혜는 하나님의 영광을 위해서라면 생명이라도 내어놓게 만듭니다. 은혜는 우리를 진정한 자유인으로 만듭니다. 어거스틴은 "우리는 하나님을 사랑하는 자유밖에 없다"라고 말했습니다. 하나님을 사랑하는 자유밖에 없는 자유인, 이것이 바로 은혜받은 사람입니다.

흔히 사람들은 법의 구속이 없어지고 은혜 안에서 자유인이 되면 오히려 방종하기 쉽다고 생각합니다. 방종이 죄를 더 지을 수 있게 만드는 구실이 되나요? 천만의 말씀입니다. 그것은 은혜의 능력을 몰라서 하는 말입니다.

> 그런즉 어찌하리요 우리가 법 아래에 있지 아니하고 은혜 아래에 있으니 죄를 지으리요 그럴 수 없느니라(15절).

은혜를 아는 사람은 강합니다. 죄가 덤빌 때에 겁을 내거나 도망을 가지 않습니다. 은혜가 충만한 심령은 기꺼이 죄와 싸울 준비를 합니다.

시골에서 살아보신 분들은 잘 알 것입니다. 시골에는 집집마다 개를 많이 키웁니다. 개중에는 사나운 놈들이 더러 있습니다. 낯선 사람이 지나가면 얼마나 짖어대고 덤비던지요. 저는 하도 혼이 나서 개와 싸우는 데는 이력이 난 사람입니다. 만약 개가 짖으며 가까이 올 때 겁을 먹고 도망간다면, 그놈은 기고만장해서 쫓아옵니다. 그렇게 하면 안 됩니다.

개를 이기는 삼 단계 전투법이 있습니다. 첫째, 버티고 서서 노려보는 것입니다. 그러면 개가 멈칫합니다. 쉽게 덤비지 못합니다. 다음으로 좋은 방법이 있습니다. 개처럼 땅에 쭈그리고 앉는 것입니다. 그러고는 개처럼 웅얼거리면 더 효과적입니다. 어디 한번 해보자는 식으로 대들면 아주 효과가 좋습니다. 그다음으로 아주 좋은 방법이 있습니다. 개처럼 쭈그리고 앉아서 손에 돌이나 막대기를 하나 쥐는 것입니다. 그러면 더 이상 싸울 필요가 없습니다. 전쟁은 끝났습니다. 백전백승입니다.

저는 그렇게 해서 한 번도 져본 일이 없습니다. 참 재미있는 것은 험상궂게 생긴 놈일수록 쉽게 도망을 간다는 것입니다. 앙칼지게 짖어대는 놈일수록 쉽게 무너지는 것을 제가 보았습니다. 그러니 개의 겉모양만 보고 지레 겁을 집어먹는다면 어리석은 사람이 아닐 수 없습니다.

죄를 이기는 삼 단계 전투법이 있습니다. 다시 한번 거짓을 예로 들겠습니다. 죄가 거짓말을 하도록 유혹해올 경우 어떻게 해야 합니까? 첫째, 정면으로 맞서는 것입니다. 야고보서 4장 7절에 나와 있는 대로 마귀를 대적하는 것입니다. "마귀를 대적하라 그리하면 너희를 피하리라."

죄에 대해서 죽고 하나님에 대해서 산 사람을 마귀가 함부로 할 수 없습니다. "이 마귀야, 어디 한번 해볼래" 하면서 정면으로 마주 보면 아무리 간악한 마귀라도 멈칫하고 덤비지 못합니다.

두 번째는 엎드리는 것입니다. 우리는 마귀처럼 엎드리면 안 됩니다. 하나님의 자녀답게 엎드려야 합니다. 엎드린다는 것은 곧 기도를 가리킵니다. "유혹에 빠지지 않게 기도하라"(눅 22:40). 기도하는 사람에게는 마귀가 힘을 쓰지 못합니다.

은혜를 위해 기도하라

세 번째로 아주 좋은 방법이 있습니다. 기도하면서 은혜의 막대기를 손에 쥐는 것입니다. 은혜의 막대기를 쥔다는 것이 무슨 뜻일까요?

사도 요한의 제자인 폴리캅이 복음을 전하다가 끌려갔습니다. 재판장은 폴리캅에게 예수를 욕하며 모른다고 하면 석방하겠다고 했습니다. 폴리캅은 그 소리를 듣고 코웃음을 쳤습니다. 그러고는 담대하게 말했습니다. "내가 팔십 평생을 살도록 주님이 한 번도 나를 섭섭하게 하신 적이 없는데 이제 와서 내가 살아남겠다고 마음에도 없는 소리를 해? 있을 수 없어. 절대로 그렇게 할 수 없어!" 오직 은혜의 막대기를 손에 쥔 사람만이 할 수 있는 말입니다.

하나님이 우리를 얼마나 사랑하십니까? 자격이 전혀 없는 우리를 불러서 선하냐 악하냐를 따지지 않으시고, 예수 그리스도로 말미암은 의의 옷을 입혀주시고, "너는 내 아들이야" 하고 끌어안아 주셨습니다. 가끔은 우리가 넘어질 때도 있고 못된 짓을 할 때도 있지만 하나님은 우리를 끝까지 버리지 않으십니다. 그 주님을 우리가 어떻게 배반합니까? 우리의 지체를 주님을 위해 드려야지 마귀에게 줄 수 있습니까? 우리 생각을 주님께 드려야지 죄짓는 데 바칠 수 있습니까?

"내가 손해를 보아도 좋아. 아무리 손해를 보아도 주님이 좋아하시지 않는 것을 내가 할 수 없어. 나는 주님 때문에 살아난 사람이야. 나는 주님 때문에 구원받은 사람이야." 이것을 깨닫고 죄에 대항하며 끝까지 양보하지 않는 사람이 은혜의 막대기를 손에 쥔 사람입니다. 은혜는 강합니다. 은혜 충만한 사람은 죄가 절대로 지배하지 못합니다.

우리 교회의 어느 집사님이 쓴 시를 소개합니다. 은혜받은 사람의 특징을 잘 나타내는 시입니다.

> 내가 주께 무엇을 드릴 수 있다면 좋겠네
> 육신의 정욕, 안목의 정욕, 이생의 자랑 가득 자란 들 말고
> 자꾸 울어도 마르지 않는 눈물의 샘 드리고 싶네.
>
> 내가 주께 무엇을 드릴 수 있다면 좋겠네
> 쫓고 쫓기다 넘어지고 피 흘리어 패자의 공물 같은 율법 말고
> 자꾸 불러도 쉼 없이 솟는 사랑의 노래 드리고 싶네.

사랑하는 형제자매 여러분, 14절 말씀을 외워두기 바랍니다.

죄가 너희를 주장하지 못하리니 이는 너희가 법 아래에 있지 아니하고 은혜 아래에 있음이라.

옳습니다. 우리는 이제 죄의 종이 아니므로 죄가 절대로 우리를 주관하지 못합니다. 우리 지체를 죄에게 내주어서는 안 된다는 것을 다시 한번 명심합시다. 우리 지체를 하나님의 영광을 위해 거룩하게 구별하여 헌신합시다.

우리가 은혜 안에서 살면 죄가 우리를 지배하지 못합니다. 은혜 받은 자는 강합니다. 은혜 안에 삽시다. 당신은 은혜의 능력을 알고 있습니까? 우리의 삶이 깨끗해지고 거룩해질 수 있는 길은 은혜 안에서 사는 것입니다.

21

율법과 나

로마서 7장 1-12절

1 형제들아 내가 법 아는 자들에게 말하노니 너희는 그 법이 사람이 살 동안만 그를 주관하는 줄 알지 못하느냐 2 남편 있는 여인이 그 남편 생전에는 법으로 그에게 매인 바 되나 만일 그 남편이 죽으면 남편의 법에서 벗어나느니라 3 그러므로 만일 그 남편 생전에 다른 남자에게 가면 음녀라 그러나 만일 남편이 죽으면 그 법에서 자유롭게 되나니 다른 남자에게 갈지라도 음녀가 되지 아니하느니라 4 그러므로 내 형제들아 너희도 그리스도의 몸으로 말미암아 율법에 대하여 죽임을 당하였으니 이는 다른 이 곧 죽은 자 가운데서 살아나신 이에게 가서 우리가 하나님을 위하여 열매를 맺게 하려 함이라 5 우리가 육신에 있을 때에는 율법으로 말미암는 죄의 정욕이 우리 지체 중에 역사하여 우리로 사망을 위하여 열매를 맺게 하였더니 6 이제는 우리가 얽매였던 것에 대하여 죽었으므로 율법에서 벗어났으니 이러므로 우리가 영의 새로운 것으로 섬길 것이요 율법 조문의 묵은 것으로 아니할지니라 7 그런즉 우리가 무슨 말을 하리요 율법이 죄냐 그럴 수 없느니라 율법으로 말미암지 않고는 내가 죄를 알지 못하였으니 곧 율법이 탐내지 말라 하지 아니하였더라면 내가 탐심을 알지 못하였으리라 8 그러나 죄가 기회를 타서 계명으로 말미암아 내 속에서 온갖 탐심을 이루었나니 이는 율법이 없으면 죄가 죽은 것임이라 9 전에 율법을 깨닫지 못했을 때에는 내가 살았더니 계명이 이르매 죄는 살아나고 나는 죽었도다 10 생명에 이르게 할 그 계명이 내게 대하여 도리어 사망에 이르게 하는 것이 되었도다 11 죄가 기회를 타서 계명으로 말미암아 나를 속이고 그것으로 나를 죽였는지라 12 이로 보건대 율법은 거룩하고 계명도 거룩하고 의로우며 선하도다

우리는 로마서 6장에서 우리 옛 사람이 죄에 대해 죽었다는 사실을 배웠습니다. 우리 중에서 자기가 죄에 대해 죽었다는 사실을 바로 깨닫는 사람이 얼마나 있을지 궁금합니다. 이는 참으로 이해하기 어려운 진리입니다.

7장에서는 말을 바꾸어 우리가 율법에 대하여 죽었다는 사실을 설명합니다. '율법에 대하여 죽었다'는 말씀은 따지고 보면 '죄에 대하여 죽었다'는 말씀과 같은 의미라고 할 수 있습니다. 예수 그리스도가 십자가에서 죽으신 까닭은 우리의 죄 때문이었습니다. 우리가 율법을 범했기 때문에 예수님이 십자가에서 죽으신 것입니다.

죄에 대하여 죽었다는 말씀처럼 '율법에 대하여 죽었다'는 말씀 역시 이해하기 어려운 진리입니다. 그렇지만 하나님의 말씀은 공중에 떠 있는 구름이 아닙니다. 아무리 어려운 말씀이라도 성령께서 깨닫게 하시는 자는 그 진리를 이해할 수 있습니다. 글자를 전혀 모르는 문맹자라 할지라도 성령께서 그의 영안을 밝혀주시면 죄에 대해 죽었다는 말이 무엇인지, 또 율법에 대해 죽었다는 것이 무슨 의미인지를 깨달을 수 있습니다.

잠깐 눈을 돌려 로마서 6장 14절을 다시 보겠습니다.

> 죄가 너희를 주장하지 못하리니 이는 너희가 법 아래에 있지 아니하고 은혜 아래에 있음이라.

우리는 '법 아래 있지 아니하다'는 말씀을 주목해야 합니다. 사실 7장 초반부의 내용은 이 짧은 구절을 설명하기 위해 기록된 것입니다. 예수님을 믿는 우리는 더 이상 율법에 매여서 살지 않습니다. 왜냐하면 죄 아래 있지 않기 때문입니다. 이것을 구체적으로 설명하는 내용이 오늘 본문입니다. 이제 우리는 율법에 매여서 사는 사람이 아닙니다. 그 사실을 증명하기 위해 바울은 재미있는 예를 하나 들었습니다. 그는 부부관계를 들어 우리에게 설명하고 있습니다. 그것이 1절부터 3절까지의 내용입니다.

흔히 결혼을 인륜대사라고 하지 않습니까? 혼인 예식 때 남녀는 부부의 신의를 다하고 평생 정조를 지키며 백년해로하겠다는 서약을 합니다. 이 서약으로 말미암아 두 사람은 결혼과 함께 서로 구속을 받게 됩니다. 서로 매이게 된다는 말입니다. 남편이라고 자기 마음대로 하지 못합니다. 아내 역시 남편의 의사를 무시하고 제멋대로 행동하지 못합니다. 남편은 아내에게 매이고 아내는 남편에게 매이는 것입니다. 하나님의 말씀에 비추어 볼 때 가정을 꾸린 부부는 평생 동고동락하는 멍에를 져야 합니다. 그러므로 결혼은 신중하게 결정해야 합니다. 두 사람의 한평생을 결정짓는 중대사가 아닌가 합니다. 결혼생활을 하다 보면 아무리 이해심이 많은 부부라 할지라도 가끔은 서로 의견 충돌이 일어납니다. 아주 극단적인 경우에는 이혼을 하기도 합니다.

성경에서 이혼을 허용하는 경우는 극히 드뭅니다. 비록 결혼생활이 불행하다 할지라도 믿음을 가진 사람은 쉽게 이혼하지 않습니다. 고통을 감수할지언정 가정을 깨지 않으려고 몸부림을 칩니다. 그러나 배우자가 죽는 경우에는 문제가 달라집니다. 남편이 죽으면 아내는 자유롭게 됩니다. 남편이 죽고 난 뒤에는 부인이 재혼을 해도 잘못이 아닙니다. 법적으로 자유로워집니다. 마찬가지로 아내가 죽으면 남편은 자유로워집니다. 얼마든지 재혼할 수 있습니다.

요즈음 세태를 보면 상처한 남자가 얼마 지나지 않아 재혼하는 것이 다반사인 것 같습니다. 부인이 죽은 지 1년이 지나도록 혼자 살고 있으면 대단히 양호한 편입니다. 개중에는 2개월도 채 넘기지 않고 재혼하는 낯 두꺼운(?) 사람도 있으니까요. 뭐가 그리 급한지 알 수 없지만 하여튼 우리 주변에 그런 사람이 적지 않은 것 같습니다. 그러나 그의 행동을 나무랄 수는 없습니다. 배우자가 죽으면 재혼할 수 있는 자유가 성경의 법으로 보장되기 때문입니다. 여기서 우리가 배울 점이 있습니다. 죽음은 부부 간의 서약을 무효로 만든다는 사실입니다. 더 이상 서약의 책임을 지지 않아도 되는 것입니다.

우리 한국인은 정이 많은 사람들이라 이런 이야기를 들으면 대단히 언짢아합니다. 특히 아내들이 그런 것 같습니다. 대부분의 기혼여성은 아내가 죽자마자 곧장 재혼하는 남자 이야기가 나오면 가만히 있지 못합니다. "세상에 그런 짐승 같은 인간이 어디 있어? 정말 죽은 사람만 불쌍해" 하며 마치 자기 일처럼 화를 냅니다. 솔직히 이런 말을 하는 것도 결코 무리가 아니라고 생각합니다.

우리가 잘 알다시피 신혼부부가 신접살림을 시작할 때는 대부분 가난하게 마련입니다. 빠듯한 월급으로 하루하루를 살면서도 차근차근 꿈을 키워나갑니다.

많은 부부가 처음에는 사글세로 시작합니다. 사글세에서 전세로, 전세를 살다가 작은 집을 사고, 작은 집에서 큰 집으로 옮겨가고… 이런 식으로 살림을 키워가지 않습니까? 부부가 허리띠를 졸라매고 고생해야 합니다. 이렇게 해서 40대 후반이나 50대 초반이 되면 그럭저럭 생활이 안정되는 것을 봅니다.

그런데 이제 좀 살 만하다고 느끼는 때가 되면 의외로 인생의 복병이 나타나는 보게 됩니다. 우리 주변을 보아도 40~50대에 질병이나 뜻밖의 사고로 목숨을 잃는 사람이 왕왕 있지 않습니까? 그래서 40대, 50대 부인들이 모여 앉으면 진담 반, 농담 반으로 이런 이야기를 곧잘 합니다. "이제 겨우 살 만한데 내가 죽으면 어떡하지? 저 아이들은 누가 돌보지? 남편은 재혼하겠지. 그러면 나만 손해야. 지금까지 나는 지지리 고생만 했는데…. 누구 좋은 일 시키려고?" 어느 부인은 '악착같이 안 죽기' 캠페인을 벌여야 한다고 기염을 토하는 것을 본 적이 있습니다.

물론 뜻대로 안 되는 일이지만 그들의 말에 동정이 가는 것은 사실입니다. 아무리 잉꼬처럼 금슬이 좋은 부부라도 죽음 앞에서는 비참해질 수밖에 없습니다. 아무리 깨소금이 됫박으로 쏟아지는 사이라도 죽음은 그들을 허무하게 만듭니다. 그러나 냉정하게 따지면 부부 중 어느 한쪽이 죽었을 때 다른 한쪽은 자유롭게 됩니다. 사망이 두 사람의 모든 관계를 말소시켜버리기 때문입니다. 이것은 아무도 부인할 수 없는 사실 중의 사실입니다.

바울은 누구나 알고 있는 이 사실을 들어서 율법과 우리의 관계를 설명하고 있습니다. 율법과 우리를 놓고 볼 때, 율법은 어떤 면에서 남편의 위치라고 할 수 있습니다. 왜냐하면 더 강하기 때문입니다. 반면에 우리는 부인의 위치에 있다고 할 수 있습니다. 율법과 우리는 마치 결혼한 사이처럼 떼어놓을 수 없는 불가분의 관계입니다.

그런데 율법은 우리에게 너무나 무서운 상대입니다. 항상 우리를 향해 "해라", "하지 말아라" 하고 명령을 합니다. 만약 우리가 그 명령에 순종하지 않으면 우리를 사정없이 다룹니다. 그래서 우리는 어떻게 하면 율법의 지배를 받지 않고 살 수 있을까 고심합니다. 해결점은 오직 하나밖에 없습니다. 누군가 한쪽이 죽어야 합니다. 율법이 죽든지 우리가 죽든지 죽어야 하는 것입니다. 그 외에는 다른 길이 전혀 없습니다. 마치 불행하면서도 갈라질 수 없는 부부 같습니다. 그러나 율법은 죽지 않습니다. 율법은 하나님의 법이기 때문에 절대 없어지지 않습니다.

> 이로 보건대 율법은 거룩하고 계명도 거룩하고 의로우며 선하도다(12절).

율법이나 계명은 같은 것입니다. 율법은 거룩하고 의로운 하나님의 법이기 때문에 절대 없어질 수 없습니다.

그러면 누가 죽어야 합니까? "너희도 그리스도의 몸으로 말미암아 율법에 대하여 죽임을 당하였으니"(4절). 우리가 죽어야 합니다. 그러니까 앞에 나온 예와 상반되는 것을 알 수 있습니다. 1-3절에서는 약한 부인이 살고 남편이 죽는 것으로 나와 있는데 여기서는 거꾸로 약한 내가 죽고 율법이 사는 것으로 나와 있습니다. 어떻게 이렇게 바뀔 수 있나 혼란스러울 수 있습니다.

그러나 그것은 별로 문제가 되지 않습니다. 사도 바울이 부부의 예를 든 것은 어느 쪽이 죽었는가를 밝히는 데 그 목적이 있지 않습니다. 그는 죽음이 둘 사이의 모든 관계를 끊어놓는다는 것을 말하고 있습니다. 또한 하나가 죽으면 둘 다 서로의 관계에서 완전히 자유롭게 됨을 이야기하려는 것입니다. 율법과 우리의 관계에서 죽음과 자유라는 두 개념이 주는 교훈이 대단히 중요하기 때문입니다.

> 그러므로 내 형제들아 너희도 그리스도의 몸으로 말미암아 율법에 대하여 죽임을 당하였으니…(4절).

이것은 매우 중요한 말씀입니다. 우리가 언제 율법에 대하여 죽었습니까? 예수 그리스도께서 십자가에서 자기 몸을 버려 죽으실 때 죽었습니다. 이미 여러 번 설명한 적이 있지만 예수님이 세상에 오셨다는 것은 율법 아래 태어나셨음을 의미합니다. 그는 죄가 전혀 없을 뿐만 아니라 율법을 지킬 의무도 없는 분이었습니다. 그럼에도 우리를 대신하여 율법을 지켜야 할 자리에 서셨습니다. 그는 이 세상에 태어나서 십자가에서 죽으실 때까지 율법의 영향권 안에서 사셨습니다. 그러다가 결국 우리의 죄 때문에 십자가에서 죽으셨습니다 우리는 죄를 범했기 때문에 죽을 수밖에 없는 운명입니다. 그러나 예수님이 우리가 당할 저주와 형벌을 십자가에서 혼자 담당하심으로 우리 대신 율법의 요구를 충족시키셨습니다.

그러므로 예수님의 죽음은 곧 우리의 죽음이 되었습니다. 예수님이 십자가의 죽음을 통해서 율법과 완전히 관계를 끊은 것처럼 예수님과 함께 죽은 우리도 율법의 지배에서 벗어났습니다. 율법이 더 이상 우리를 정죄할 수 없고 다스릴 수 없게 되었습니다. 이것은 주님이 우리를 위해 해주신 일입니다. 내가 스스로 죽은 것이 아닙니다. 주님이 십자가에서 죽으셨기 때문에 내가 죽은 것입니다. 그 결과 우리 모두는 율법의 속박에서 완전히 자유롭게 되었습니다.

예수님과 연합한 우리

> 그러므로 내 형제들아 너희도 그리스도의 몸으로 말미암아 율법에 대하여 죽임을 당하였으니 이는 다른 이 곧 죽은 자 가운데서 살아나신 이에게 가서 우리가 하나님을 위하여 열매를 맺게 하려 함이라(4절).

"이는"이라는 단어에 주목해야 합니다. 이 말은 우리를 율법에서 벗어나게 한 목적이 무엇인지 설명하기 위해 사용된 접속사입니다. 어떤 사람들은 이런 말을 합니다. "나는 율법에서 벗어난 사람이야. 이제 계명을 안 지켜도 상관없어. 지키든 안 지키든 상관없이 나는 구원받아. 계명을 좀 범하면 어때? 이미 다 용서받았는데…" 이런 식으로 율법 무용론, 율법 폐기론을 들고 나오는 경우를 볼 수 있습니다. 그러나 이것은 잘못된 생각입니다.

하나님이 우리를 율법에서 벗어나게 하신 목적이 있습니다. 이 목적을 4절이 설명해줍니다.

> … 다른 이 곧 죽은 자 가운데서 살아나신 이에게 가서….

여기서 "다른 이"가 누구입니까? 예수 그리스도입니다. 예수님은 율법에서 벗어나 부활하심으로 승리자가 되셨습니다. 우리는 그분과 함께 죽은 다음 부활하신 예수님과 결혼했습니다.

로마서 6장에서 말씀한 대로 예수님과 우리는 한 몸이 되었습니다. 이것을 일컬어 '죽은 자 가운데서 살아나신 이에게 갔다', '결혼했다', '한 몸이 되었다'고 말하는 것입니다. 우리를 율법에서 벗어나게 해서 예수님과 결혼하게 만든 목적이 무엇입니까? 우리 마음대로 살게 하려고 그렇게 하셨나요? 아닙니다.

> … 우리가 하나님을 위하여 열매를 맺게 하려 함이라(4절).

하나님을 위하여 열매 맺는 삶을 살도록 하기 위한 것입니다. 열매 맺는 삶이 무엇입니까? 두 가지 의미가 있는데, 하나는 성결한 삶을 산다는 것입니다. 다른 하나는 우리가 하나님을 위해 헌신한다는 의미가 있습니다.

우리는 이 땅에서 성결하게 살면서 하나님이 기뻐하시는 일을 해야 합니다. 또 우리는 자신을 거룩한 제물로 하나님께 드려야 합니다. 이런 의미에서 예수 믿는 사람에게 방종이란 있을 수 없습니다. 율법에서 벗어났기 때문에 죄를 지어도 괜찮다고 생각하면 절대로 안 됩니다. 죄를 함부로 범하면 자기의 성결을 지킬 수 없습니다. 성결하지 못하면 우리의 몸을 하나님이 기뻐 받으시는 제물로 드릴 수 없습니다.

우리가 율법의 노예가 되어 살 때는 자원하여 성결한 생활을 하지도 못했고, 자원하여 헌신하지도 못했습니다.

> 우리가 육신에 있을 때에는 율법으로 말미암는 죄의 정욕이 우리 지체 중에 역사하여 우리로 사망을 위하여 열매를 맺게 하였더니(5절).

우리가 율법에 매여서 종살이할 때는 죽을 짓만 했습니다. 우리가 예수님을 모르고 살 때는 율법이 충동질해서 생긴 죄의 욕망이 우리 안에서 작용하여 사망의 열매만 맺었기 때문입니다.

율법은 우리에게 어떤 역할을 합니까? 우리의 욕망을 부채질하여 죄를 범하게 합니다. "율법으로 말미암는 죄의 정욕이 우리 지체 중에 역사"한다는 말은 율법이 우리 마음에 충동질을 하여 죄를 범하게 한다는 말입니다. 죄가 율법을 이용합니다.

우리에게는 하지 말라고 하면 더 하고 싶어 하는 못된 본성이 있습니다. 선을 그어놓고 들어가지 말라고 하면 사람들은 더 들어가고 싶어 합니다. 어린아이들에게 높은 선반에 얹어놓은 물건을 손대지 말라고 일러두면 어떻게 해서라도 들여다보고 싶어 합니다.

죄는 율법을 가지고 우리를 부추깁니다. "우상을 숭배하지 말라는 계명이 있지? 그러나 조상숭배는 괜찮은 거야. 한번 해봐." 이런 식으로 충동질합니다. 여기에 걸려 넘어지면 죄에 질질 끌려다닐 수 있습니다. 그러다가 결국은 죽음에 이르는 열매를 맺게 됩니다. 우리가 예수님을 믿기 전에는 그렇게 살았습니다. 그러나 이제는 예수님과 결혼해서 의의 열매를 맺는 놀라운 신분이 되었습니다.

> 이제는 우리가 얽매였던 것에 대하여 죽었으므로 율법에서 벗어났으니 이러므로 우리가 영의 새로운 것으로 섬길 것이요 율법 조문의 묵은 것으로 아니할지니라(6절).

예수님과 함께 당한 죽음은 우리를 율법에서 해방시켰습니다. 우리는 자유인입니다. 우리가 율법에 매여서 종살이할 때는 '율법 조문의 묵은 것으로' 섬기는 자들이었습니다. 그러나 이제는 율법에서 벗어났기 때문에 영의 새로운 것으로 섬기는 자가 되었습니다.

율법 조문의 묵은 것으로 섬겼다는 말이 무슨 뜻입니까? 유대 사람들은 율법에 기록된 항목 하나하나를 지키려고 발버둥 쳤습니다. 우리도 과거에 은혜를 받지 못했을 때는 율법에 매여 종살이를 했습니다. 율법 조문은 기록된 계명을 가리킵니다. 돌이나 종이에 기록된 율법을 '율법 조문의 묵은 것'이라고 합니다. 유대 사람들은 이것을 지켜보려고 얼마나 애를 썼는지 모릅니다. 그들은 600개가 넘는 규칙을 지키느라 도무지 정신을 차리지 못했습니다. 복음서에 나오는 바리새인들은 일주일에 한 번 금식하고 수입의 십일조를 바치고 안식일을 지키는 것 등을 철칙으로 알았습니다.

과거 우리 조상들은 귀신에 매여 사느라 고생했지만 유대인들은 율법에 매여 사느라 고생했습니다. 미신을 숭상했던 우리 조상들이 얼마나 어리석은 짓을 많이 했습니까? 이사를 아무 날짜에 갈 수 있었나요? 결혼 날짜를 자유롭게 정할 수 있었나요? 방 안에 못 하나를 마음놓고 박을 수 있었나요? 무엇을 하든 잡귀신 앞에서 벌벌 떨며 살았습니다. 우리 조상이 우상에 매여 살았듯이 유대 사람들은 율법에 매여 살았던 것입니다.

그러나 예수 그리스도와 연합하여 율법에서 벗어난 사람은 더 이상 율법과 씨름하지 않습니다. 그는 더 좋은 것을 얻게 됩니다. 바로 "영의 새로운 것", 즉 '성령'입니다. 예수 믿는 사람에게는 하나님이 그의 마음에 성령을 부어주십니다. 옛날에는 율법이 밖에 있었지만, 예수님을 믿고 중생한 사람에게는 마음에 새겨져 있습니다. 따라서 훨씬 지키기 쉬우며, 하나님에 대하여 거룩한 열매를 맺을 수 있습니다. 성령께서 하나님의 말씀을 우리 마음에 새겨주셨기 때문에 우리는 하나님이 무엇을 원하시는지 본능적으로 알게 됩니다. '우리 주님이 이것을 원하시지 않을까? 내가 이 일을 해서 주님을 기쁘게 해드려야지'라고 마음으로 느껴지는 것이 있습니다. 그래서 우리는 하나님이 기뻐하시는 성결한 생활을 할 수 있습니다. 하나님이 원하시는 헌신을 할 수 있습니다. 마음에 계명을 새기고 사는 우리는 돌에 새겨진 율법을 가지고 사는 유대인보다 훨씬 더 수준 높은 경건 생활을 할 수 있게 되었습니다.

율법에서 자유를 얻었다는 사실이 마음에 깊이 와닿지 않을 수 있습니다. 그런 사람들은 분명히 율법에서 벗어난 자유의 기쁨을 아직 느끼지 못할 것입니다. 왜 그렇습니까? 율법을 피상적으로 알고 있기 때문이 아닌가 합니다. 호랑이한테 한번 혼이 난 사람은 그놈이 얼마나 무서운 맹수인지 잘 압니다. 반면에 호랑이를 그림으로만 봐서 피상적으로 알고 있는 사람은 호랑이가 얼마나 무서운지 실감할 수 없습니다.

율법도 마찬가지입니다. 율법에 대해 잘 모르는 사람은 자기가 율법에서 자유로워졌다는 사실을 깨닫기 어렵습니다. 누가 율법을 잘 알 수 있습니까? 유대인처럼 그것을 지키느라 씨름한 사람입니다. 율법을 지키려고 조금이라도 애를 써본 사람은 거기서 자유했다는 사실이 얼마나 감격스러운 것인지 잘 압니다. 율법을 아는 것만큼 은혜는 넘친다고 할 수 있습니다.

율법의 기능

우리는 예수님을 믿고 난 뒤 성경을 통해서 율법이 무엇인지 알게 되었습니다. 모세오경이 율법이요, 그 핵심적인 내용이 십계명에 들어 있다는 것도 잘 압니다. 그런데 우리는 믿음으로 구원받는다는 복음을 강조하기 때문에 자칫 율법을 과소평가하는 실수를 범할 수 있습니다.

율법을 모르면 복음을 잘 깨닫지 못합니다. 그러나 유대인들을 보면 율법을 바로 이해한다는 것이 얼마나 어려운지를 짐작할 수 있습니다. 유대인들은 누구보다도 율법을 잘 안다는 긍지를 가지고 있었습니다. 하지만 실제로는 율법에 무식한 자들이었습니다. 예수님이 그 사실을 분명히 지적하셨습니다.

> 예수께서 대답하여 이르시되 너희가 성경도, 하나님의 능력도 알지 못하는 고로 오해하였도다(마 22:29).

유대인들은 율법을 바로 알지 못했습니다. 그러니까 쉽게 오해했습니다. 예수님께서 바리새인들을 향해 신랄하게 꾸중하신 말씀을 보면 이 사실을 더 잘 알 수 있습니다.

> 화 있을진저 너희 바리새인이여 너희가 박하와 운향과 모든 채소의 십일조는 드리되 공의와 하나님께 대한 사랑은 버리는도다 그러나 이것도 행하고 저것도 버리지 말아야 할지니라(눅 11:42).

바리새인들은 율법의 정신을 알지 못했습니다. 하나님은 유대인들이 하나님의 선민답게 정직하고 공의롭게 살기를 원하십니다. 그러나 그들은 정의를 행하고 하나님과 이웃을 사랑하는 것은 안중에 두지 않고 사람 눈에 보이는 몇 가지 규칙만 지키는 것으로 잘난 체를 했습니다.

율법에는 독특한 기능이 있습니다. 첫째, 우리의 죄가 무엇인지 알게 합니다.

> … 율법으로 말미암지 않고는 내가 죄를 알지 못하였으니 곧 율법이 탐내지 말라 하지 아니하였더라면 내가 탐심을 알지 못하였으리라(7절).

율법은 우리 마음속에 숨어 있는 죄를 알게 합니다. '탐내지 말라'는 것은 10계명 중 열 번째 계명입니다. 유대 사람들은 탐내지 말라는 말을 남의 재산을 훔치지 말라거나 욕심 내서 자기 것으로 만들지 말라는 의미로만 생각했습니다. 그들은 겉으로 드러나는 행동에만 집착하여 남의 것을 빼앗아 오지 않으면 계명을 잘 지키는 것으로 여겼습니다.

그러나 이 계명이 가르쳐주는 근본정신은 그것이 아닙니다. 마음속의 탐심을 누가 깨울 수 있습니까? 율법이 깨웁니다. 우리는 탐심이 죄라는 것을 율법을 통해서 알 수 있습니다. 율법을 깨닫지 못하면 자기의 마음속에 있는 탐심이 죄라는 것을 잘 모릅니다. 유대인들의 마음속에는 탐심이 가득했지만 그들은 그것이 죄인 줄 모르고 살았습니다. 우리가 율법을 잘 깨닫지 못한다면 이런 잘못을 범할 수 있습니다.

둘째, 율법은 마음속의 욕구를 충동질합니다.

> 그러나 죄가 기회를 타서 계명으로 말미암아 내 속에서 온갖 탐심을 이루었나니…(8절).

죄가 율법으로 기회를 틈타서 내 속에 온갖 탐심을 일으켰다는 말입니다. 이 말은 11절에도 나오는데 죄가 율법, 즉 계명을 도구로 삼아 우리의 마음속에 각종 탐욕이 생겨나도록 충동질한다는 말입니다. 만약 간음하지 말라는 계명이 없었다면 성적 범죄의 충동을 느끼지 못할 수도 있습니다. 자녀에게 "야, 너는 고3인데 공부는 안 하고 여자친구랑 전화 통화만 하니? 그러고도 대학에 갈 수 있겠어?" 하고 다그치면 도리어 그 아이의 마음속에는 은근한 반발심이 생길 수 있습니다. 엄마가 거듭 꾸중할수록 아이는 엄마 몰래 여자친구와 더 가깝게 지내고 싶은 충동을 느끼게 됩니다. 벌써 마음으로 죄를 짓는 것입니다. 이처럼 율법은 우리를 충동질하여 범죄를 저지르게 합니다.

셋째, 우리를 속이는 도구가 됩니다.

> 죄가 기회를 타서 계명으로 말미암아 나를 속이고…(11절).

죄가 율법을 도구로 삼아서 우리를 속이는 것입니다. 죄는 율법을 가지고 하와를 찾아가서는 선악과를 따 먹어도 절대 죽지 않는다고 속였습니다. 유대인들은 율법을 잘 이해하지 못해서 속고 살았습니다. 그중에서도 가장 치명적인 것은 율법을 지킴으로 구원받을 수 있다고 믿은 것입니다.

성경에 보면 율법을 가지고 구원 얻을 사람이 하나도 없다고 했습니다.

> … 율법의 행위로써는 의롭다 함을 얻을 육체가 없느니라(갈 2:16).

그럼에도 그들은 율법을 지키는 것으로 구원받았다고 착각했으니까 속은 것입니다. 죄가 그들을 속였습니다. 율법은 우리의 숨은 죄를 드러냅니다. 율법은 우리 마음속에 있는 본능을 충동질해서 죄에 대한 탐욕을 갖게 합니다. 율법은 우리를 속여서 스스로 의로운 체하게 만듭니다.

은혜를 알게 하는 율법

바울도 율법을 바르게 깨닫지 못한 때가 있었습니다. 본문 9절을 살펴봅시다.

전에 율법을 깨닫지 못했을 때에는…

이때는 바울이 예수님을 믿기 이전이라고 말하는 학자도 있습니다. 바울은 율법을 잘 아는 사람이었습니다. 그는 율법에 능통한 선생이었습니다. 그리고 율법을 완벽하게 지키려고 노력했습니다. 그는 빌립보서 3장 5-6절에서 스스로 "율법으로는 바리새인이요", "율법의 의로는 흠이 없는 자"라고 자부했습니다.

그런데 사실은 바울이 율법을 피상적으로 알았기 때문에 그렇게 말했던 것입니다. 율법을 깨닫지 못하면 내가 살아납니다. 그 대신 죄가 죽어버립니다. 율법을 잘 깨닫고 있는지 그렇지 않은지 테스트해볼 수 있는 방법이 있습니다. 율법을 앞에 놓고 내가 살아나는가 아니면 죄가 살아나는가를 확인하는 것입니다. '나는 괜찮은 수준이야. 죄의식을 느낄 일도 별로 없잖아. 이 정도로 살면 됐지 뭐.' 이렇게 생각하는 사람은 문제가 심각합니다. 왜냐하면 자기가 살아 있기 때문입니다. 반대로 '내가 죄가 너무 많아. 정말 큰일이구나' 하는 가책을 받으면 죄가 살아나고 자기는 죽어버린 사람입니다. 누가 율법을 바로 알고 있습니까? 후자입니다. 죄가 너무 많은 것을 알자 의롭다고 하던 자기는 죽어버리고 죄만 살아 넘치는 기막힌 꼴을 보게 됩니다.

어떤 부자가 예수님께 찾아와 어떻게 하면 영생을 얻을 수 있느냐고 질문했습니다. "네가 계명을 아나니 간음하지 말라, 살인하지 말라, 도둑질하지 말라, 거짓 증언 하지 말라, 네 부모를 공경하라"(눅 18:20)라고 주님이 말씀하셨습니다. 부자는 그 계명을 어려서부터 다 지켰다고 말했습니다. 그는 그것이면 충분한 줄로 착각했습니다. 그때 예수님이 재차 말씀하셨습니다. "네게 아직도 한 가지 부족한 것이 있으니 네게 있는 것을 다 팔아 가난한 자들에게 나눠 주라"(눅 18:22). 그 말을 들은 부자는 너무 놀라 절망하고 근심하면서 돌아갔습니다.

부자는 율법을 바로 깨닫지 못했습니다. 그의 마음속에는 무서운 탐욕이 자리 잡고 있었지만 그것이 죄가 되는지 몰랐습니다. 예수님 앞에 나와서야 비로소 탐욕이 죄인 줄 알았습니다. 드디어 죄는 살아나고 그 사람은 죽어버린 것입니다. 그렇다면 지체할 것 없이 예수님을 믿음으로 붙들어야 하지 않겠습니까? 그러나 그는 그렇게 하지 않았습니다.

우리는 부자가 범했던 잘못을 보면서 교훈을 얻어야 합니다. 무엇보다 율법에 대해 눈이 다시 열려야 합니다. 그러면 내가 얼마나 무서운 죄인인지 발견할 수 있습니다. 성경을 공부하면서 하나님이 나에게 무엇을 요구하시는지 깨달으면 깨달을수록 내 안에 있는 무서운 죄를 발견하게 됩니다. 과거에 하나님 앞에 범한 죄, 예수님을 믿고 나서 범한 죄가 얼마나 무섭고 흉측한 것인지 알게 됩니다. 이때 나는 죽어버리고 죄가 살아나는 것입니다. 이것은 하나님이 주시는 특별한 은혜입니다.

우리나라의 역사에서 이와 같은 은혜는 8·15 광복 이후 일부 교회에서 강하게 나타났습니다. 한번 성령의 역사가 일어나면 어떤 사람들은 깊은 죄의식을 감당하지 못해서 기절하며 땅바닥에 쓰러지는 일까지 있었습니다. 그런데 안타깝게도 요즘 교회 안에는 이와 같이 율법을 깨닫는 은혜가 희박해졌습니다.

옛날에 우리 선배들은 율법에 대해서 깨닫는 은혜가 많았습니다. 제가 어릴 때 예배당에 가서 보면 기도하면서 우는 사람이 아주 많았습니다. 눈물을 흘릴 일이 그렇게 많은지 기도할 때마다 웁니다. 부정적인 시각으로 보면 잘못되었다고 할 수도 있습니다. 그때는 '예배당은 울기 위해 모이는 곳', '우는 것이 은혜', '통곡이 없으면 은혜 못 받은 자'로 통할 만큼 지나친 면도 많았습니다. 그러나 그들의 참된 죄의식과 회개는 우리가 본받아야 할 유산입니다. 그들이 복음과 함께 깊고도 진지한 영혼의 고통을 내세운 점은 진실로 옳았습니다.

존 버니언은 《죄인의 괴수에게 넘치는 은혜》라는 책에서 자기가 거의 18개월 동안 얼마나 무서운 죄의식의 고뇌 속에 사로잡혔던지 들에서 먹이를 찾고 있는 기러기가 부러워 보일 정도였다고 토로했습니다. 또한 차라리 사람으로 태어나지 않았다면 더 나을 뻔했노라고 했습니다. 율법을 새삼스럽게 깨달은 것입니다. 죄는 살아나고 나는 죽어버리는 이 가공할 만한 죄책감, 이것은 성령이 주시는 특별한 은혜입니다. 이것은 성령받은 사람만이 아는 은혜입니다. 십자가 앞에 서는 자만이 아는 은혜입니다. 율법을 바로 깨달은 자만이 아는 은혜입니다.

그러나 오늘날 현대 교회를 보십시오. 정반대의 병리 현상이 판을 치고 있습니다. 죄인은 많은데 죄의식은 희박합니다. 많은 성도가 가슴속의 묵은 땅을 갈려고 하지 않습니다. 마음속에 있는 가시덤불을 뽑아내려고 하지 않습니다. 우리는 죄의 감각을 상실하고 사는 때가 많습니다. 그러므로 율법의 정신을 바로 깨달아야 합니다. 죄는 살아나고 나는 죽어버리는 은혜를 체험해야 합니다. 그래야만 우리를 율법에서 해방시키신 예수 그리스도의 은혜가 너무 좋아 춤을 추며 감사할 수 있습니다.

문간에 서 있는 손님이 험상궂으면 험상궂을수록 어린 딸아이는 엄마 치맛자락을 바짝 끌어안습니다. 율법 안에서 나의 죄가 얼마나 무서운가를 보면 볼수록 우리는 예수님을 바짝 끌어당깁니다. 율법 앞에서 자기가 얼마나 절망적인 존재인가를 보면 볼수록 그 사람은 십자가 앞으로 가까이 나아갑니다. 오직 예수님의 십자가만이 유일한 피난처인 것을 율법이 깨닫게 하기 때문입니다.

그러므로 우리가 신앙생활을 더 잘하기 위해서는 율법 가까이 있어야 합니다. 십자가의 은혜를 더 깊이 깨닫기 위해서 율법을 보는 눈이 열려야 합니다. 성경을 볼 때마다 율법을 통해서 나를 살피는 영의 눈이 있어야 합니다. 우리는 구원받았기 때문에 율법이 더 필요합니다. 율법이 있기 때문에 우리는 죄를 더 회개할 수 있습니다. 율법이 있기 때문에 우리는 십자가의 은혜가 더 고마운 줄 압니다. 율법이 있기 때문에 구원받은 감격을 안고 하나님이 기뻐하시는 삶을 살 수 있습니다.

당신은 어떤 사람입니까? 나 자신은 죽어버리고 죄가 살아나는 은혜를 아는 사람입니까? 그렇다면 당신은 율법에서 자유로운 사람입니다. 얼마나 놀라운 은혜입니까? 율법에서 자유케 하신 하나님의 은혜에 보답하기 위해서 더 성결하게 살며, 자신을 더 기쁘게 헌신할 수 있는 우리 모두가 되기를 주님의 이름으로 축원합니다.

22

오호라 나는 곤고한 사람이로다

로마서 7장 13-25절

13 그런즉 선한 것이 내게 사망이 되었느냐 그럴 수 없느니라 오직 죄가 죄로 드러나기 위하여 선한 그것으로 말미암아 나를 죽게 만들었으니 이는 계명으로 말미암아 죄로 심히 죄 되게 하려 함이라 14 우리가 율법은 신령한 줄 알거니와 나는 육신에 속하여 죄 아래에 팔렸도다 15 내가 행하는 것을 내가 알지 못하노니 곧 내가 원하는 것은 행하지 아니하고 도리어 미워하는 것을 행함이라 16 만일 내가 원하지 아니하는 그것을 행하면 내가 이로써 율법이 선한 것을 시인하노니 17 이제는 그것을 행하는 자가 내가 아니요 내 속에 거하는 죄니라 18 내 속 곧 내 육신에 선한 것이 거하지 아니하는 줄을 아노니 원함은 내게 있으나 선을 행하는 것은 없노라 19 내가 원하는 바 선은 행하지 아니하고 도리어 원하지 아니하는 바 악을 행하는도다 20 만일 내가 원하지 아니하는 그것을 하면 이를 행하는 자는 내가 아니요 내 속에 거하는 죄니라 21 그러므로 내가 한 법을 깨달았노니 곧 선을 행하기 원하는 나에게 악이 함께 있는 것이로다 22 내 속사람으로는 하나님의 법을 즐거워하되 23 내 지체 속에서 한 다른 법이 내 마음의 법과 싸워 내 지체 속에 있는 죄의 법으로 나를 사로잡는 것을 보는도다 24 오호라 나는 곤고한 사람이로다 이 사망의 몸에서 누가 나를 건져내랴 25 우리 주 예수 그리스도로 말미암아 하나님께 감사하리로다 그런즉 내 자신이 마음으로는 하나님의 법을 육신으로는 죄의 법을 섬기노라

가끔 서점에 들러 로마서 관련 도서가 진열된 서가에서 한두 권을 뽑아 훑어볼 때면, 가장 먼저 찾아보는 내용이 있습니다. 바로 7장 13절 이하 말씀을 다룬 부분입니다. 저는 저자가 이 본문을 어떻게 해석했는지 살펴봅니다. 왜냐하면 거기에 따라 그 책의 배경에 깔린 신학적 흐름을 알 수 있기 때문입니다. 그리고 로마서 전체를 어떻게 다루고 있는지 대체적인 윤곽을 잡을 수 있습니다. 그만큼 이 본문은 로마서 중에서 해석하기가 대단히 어려운 내용입니다. 그래서 아직도 학자들 사이에 논쟁이 계속되고 있습니다.

본문에서 논쟁의 초점이 되는 두 가지 질문이 있습니다. 먼저 본문에 등장하는 '나'는 누구인가의 문제입니다. 그 주인공이 바울이냐, 아니면 다른 사람이냐를 놓고 의견이 대립되고 있습니다. 또 다른 하나는 이야기가 '언제'의 경험인가 하는 문제입니다. 만약 바울이 자기의 경험을 이야기하는 것이라면 그가 예수님을 믿기 전에 체험한 것이냐, 아니면 예수님을 믿고 나서 체험한 것이냐, 아니면 특별한 상황에서 체험했던 이야기냐를 놓고 또다시 의견이 대립되고 있습니다.

참 어려운 문제라고 생각합니다. 그가 예수님을 믿기 전에 체험한 이야기를 쓴 것이라는 사람들의 말을 들으면 그 주장이 옳은 것 같습니다. 반면에 그가 중생받은 다음의 심정을 말한다고 주장하는 사람들의 말을 들으면 또 나름대로 일리가 있는 것 같습니다. 따라서 설교자는 먼저 자기의 입장을 분명히 정해야 할 줄로 압니다.

이 본문을 가지고 설교를 하기 전에 저의 입장부터 밝히는 것이 좋을 것 같습니다. 사실 저는 한동안 방황을 하고 있었습니다. 본래는 이 본문을 중생받은 자의 체험으로 알았습니다. 그러나 유학 시절 저를 지도해주신 교수님은 저와 반대되는 견해를 가지신 분이었습니다. 그 교수님은 바울이 중생받기 전에 겪었던 영적 갈등을 이야기하는 것이라고 주장했습니다.

그의 말은 그 나름대로의 설득력 있는 근거와 논리를 가지고 있었습니다. 저는 한 학기 동안 갈등하면서 연구를 계속하던 중 교수님의 입장이 매우 매력적임을 알게 되었습니다. 성령의 사람은 7장에 기록된 영적 패배를 절대로 당하지 않는다는 것이었으니 매력을 느끼지 않을 수 없었습니다. 게다가 제가 이 본문을 중생자의 갈등으로 생각하는 자체가 성령 충만을 알지 못해서 생긴 부정적인 시각이라는 논리였으니 기가 죽지 않을 수 없었습니다. 그래서 교수님의 입장에 동의하기로 마음먹었습니다.

그러나 사랑의교회를 개척하고 10여 년이 넘도록 목회를 해오는 과정에서 저의 생각은 다시 옛날로 돌아가고 말았습니다. 이 본문은 중생받은 사람의 영적 갈등을 이야기하는 것이 틀림없다는 확신을 갖게 된 것입니다. 믿음이 좋은 분들은 신앙생활의 과정에서 이런 체험이 따라다니는 것을 수없이 보았기 때문입니다. 또한 저의 실제적인 경험을 통해서도 이것은 남의 이야기가 아니라는 것을 부인할 수 없기 때문입니다. 그래서 본래의 입장으로 되돌아왔습니다. 바울이 이 본문에서 자기가 중생받은 다음 몸소 체험한 내적 모순과 갈등을 이야기했다고 보는 것이 저의 견해입니다.

은혜의 통로로서의 율법

하나님의 자녀가 은혜를 받고 율법이 얼마나 거룩하고 선한가에 눈이 열리기 시작하면 자기는 죽어버리고 죄가 살아납니다.

전에 율법을 깨닫지 못했을 때에는 내가 살았더니 계명이 이르매 죄는 살아나고 나는 죽었도다(롬 7:9).

13절은 조금 더 자세히 말씀합니다.

… 오직 죄가 죄로 드러나기 위하여 선한 그것으로 말미암아 나를 죽게 만들었으니 이는 계명으로 말미암아 죄로 심히 죄 되게 하려 함이라.

우리가 율법의 거룩함을 알기 전에는 우리 속에 있는 죄가 조그맣고 대수롭지 않게 보입니다. 그러나 율법을 알고 나서는 죄가 더 크게, 더 검게, 더 악해 보입니다. 이럴 때 자기라는 것이 살아남을 수 없습니다.

율법 앞에서 자기의 죽음을 맛보는 사람은 자기 속에 다른 일면이 있음을 알게 됩니다. 19절에 "내가 원하는 바 선"이라는 말이 나옵니다. 율법의 거룩함을 깨달은 사람은 그 말씀대로 행하고 싶어

하는 마음이 생깁니다. 선이 무엇인가를 알게 되므로 자연히 그것을 행하고 싶다는 소원이 생기는 것입니다. 행해야 할 선이 무엇이며 행치 말아야 할 악이 무엇인가를 분별하는 지식을 얻게 됩니다.

21절에도 똑같은 말씀이 나옵니다.

> 그러므로 내가 한 법을 깨달았노니 곧 선을 행하기 원하는 나에게 악이 함께 있는 것이로다.

그뿐 아닙니다. 더 좋은 것이 있습니다. 22절을 보십시오.

> 내 속사람으로는 하나님의 법을 즐거워하되.

이는 참으로 놀라운 은혜입니다. 하나님의 계명을 생각할 때마다 너무 좋아서 그 율법을 즐거워한다는 말입니다. '즐거워한다'라는 말은 '인정한다'는 것보다 월등히 강한 의미가 있습니다. 율법을 마음에 늘 되새기면서 하나님을 찬송한다는 의미가 담겼습니다. 시편 1편 2절과 같습니다. "오직 여호와의 율법을 즐거워하여 그의 율법을 주야로 묵상하는도다."

우리가 율법에 눈을 뜨면 이런 사람이 될 수 있습니다. 얼마나 좋은 일입니까? 결론적으로 말해서 율법을 알면 알수록 우리는 죽고 죄가 살아나는 경험을 할 수 있습니다. 선과 악을 분명히 분별하게 될 뿐 아니라 선을 행하고 싶어 하는 사람이 될 수 있습니다. 이것은 율법이 얼마나 거룩한가를 새삼스럽게 깨달은 자만이 받을 수 있는 은혜입니다.

종종 보면 율법에 대해 아주 위험한 오해를 하는 사람들이 있습니다. "예수 믿는 사람은 율법에서 해방되었어. 이제 율법은 필요가 없어졌어. 우리는 은혜 시대에 살고 있어. 그러므로 율법에 부담을 느낀다는 것 자체가 잘못된 거야." 이렇게 율법을 경시하는 사람들이 가끔 있습니다. 그들은 큰 오해를 하고 있는 것입니다. 우리가 율법에서 자유를 얻었다는 말은 결코 그런 의미가 아닙니다. 그것은 우리가 율법을 지킴으로써가 아니라 믿음으로 구원 얻는 사람이 되었다는 의미입니다. 설혹 율법을 지키지 못한다 해도 그것 때문에 멸망당하지 않는다는 말입니다. 그러므로 율법을 안 지켜도 된다거나 지킬 필요가 없다는 말이 절대 아닙니다. 예수님은 이렇게 말씀하셨습니다.

> 나의 계명을 지키는 자라야 나를 사랑하는 자니 나를 사랑하는 자는 내 아버지께 사랑을 받을 것이요 나도 그를 사랑하여 그에게 나를 나타내리라(요 14:21).

여기서 '계명'은 복수 명사로 율법에 들어 있는 계명들을 가리킵니다. 주님은 나를 사랑하려면 반드시 계명을 지켜야 한다고 분명히 말씀하셨습니다. 그러므로 율법이 필요 없다고 하는 말은 크게 잘못된 것입니다.

다시 말씀드립니다. 성령을 받은 사람의 마음에는 세 가지 은혜가 뒤따라옵니다. 영의 눈이 열려 주의 법을 아는 은혜, 선을 간절히 행하고 싶어 하는 은혜, 율법을 즐거워하는 은혜입니다. 7장에 나오는 '나'라는 주인공은 바로 이런 은혜를 체험하고 있는 사람입니다. 그러므로 그는 중생받은 사람이 틀림없다고 할 수 있습니다.

중생받은 자의 세 가지 모순

그런데 참 안타까운 사실이 하나 있습니다. 율법을 통해 은혜를 받은 사람의 마음속에서 늘 선을 사모하고 즐거워하는 일만 생기는 것은 아니라는 점입니다. 이전에 알지 못했던 이율배반적인 모순이 자기 속에 자리 잡고 있는 것을 보며 갈등에 빠지는 경우가 많습니다. 율법을 알면 알수록 이런 갈등이 더 거세게 일어날 수 있습니다. 선을 행하고 싶은 욕망이 생기면 생길수록 우리 속에 이런 갈등이 더 강하게 느껴질 수 있습니다. 우리가 율법을 즐거워하려고 마음먹으면 먹을수록 이런 갈등이 쉽게 느껴질 수 있습니다. 참으로 이율배반적인 모순입니다. 이 모순이 무엇인지 바울의 경우를 들어서 구체적으로 살펴봅시다. 그는 지금 이 모순에 대해 솔직한 자기 심정을 이야기하고 있습니다.

자기가 원하는 대로 행치 않는 모순

첫째, 자기가 원하는 대로 행하지 않는 모순입니다.

> 내가 행하는 것을 내가 알지 못하노니 곧 내가 원하는 것은 행하지 아니하고 도리어 미워하는 것을 행함이라(15절).

바울은 자기가 원하는 것은 못 하고 도리어 원하지 않는 것을 행한다고 합니다. 악한 성향이 선한 성향보다 더 강하다는 말입니다. 바울은 이와 같은 모순을 자기 안에서 발견했습니다.

> 내 속 곧 내 육신에 선한 것이 거하지 아니하는 줄을 아노니 원함은

내게 있으나 선을 행하는 것은 없노라(18절).

내가 원하는 바 선은 행하지 아니하고 도리어 원하지 아니하는 바 악을 행하는도다(19절).

얼마나 기가 막힌 자기모순입니까?

새사람과 옛 사람이 공존하는 모순

둘째, 한 지붕 밑에서는 살 수 없는 판이한 두 개의 소원, 성향, 법이 자기 안에 공존하는 모순입니다. 두 개의 자아라고 말할 수도 있습니다. 어떤 의미에서는 자아라고 하기보다 서로 다른 두 개의 원리라고 하는 것이 더 정확할지 모르겠습니다. 판이하게 다른 두 개의 성향 혹은 원리가 공존한다는 것은 무서운 갈등을 불러일으킬 수 있는 소지를 안고 있는 것과 같습니다.

이제는 그것을 행하는 자가 내가 아니요 내 속에 거하는 죄니라(17절).

이 말씀에서 우리는 '나' 와 '내 속에 거하는 죄'가 서로 상반된 두 개의 존재라는 것을 알 수 있습니다. '내 속'이라는 말은 좋은 의미로도 사용하고, 나쁜 의미로도 사용합니다. 그러나 바울은 이것을 18절의 '육신'과 23절의 '지체' 그리고 24절의 '사망의 몸'이라는 말과 같은 의미로 쓰고 있습니다. 쉽게 말해 우리의 몸을 가리키는 말입니다.

우리의 몸은 연약합니다. 부패성이 남아 있습니다. 그러므로 우리 몸에 죄가 쉽사리 자리 잡을 수 있는 것입니다. 어떤 성경학자는 "우리 몸은 죄의 작업장과 같다"라는 말을 했습니다. 옳습니다. 우리 몸은 죄가 활동하는 장소입니다. 그렇기 때문에 "내 속에 거하는 죄니라"라고 말씀하는 것입니다.

이때 '내 속'은 '내 영혼'도 아니요 '내 새로운 자아'도 아닙니다. 그것은 부패성을 가지고 있는 우리 몸입니다. 연약한 육체입니다. 이 속에 죄가 거하고 있는 것입니다. 이 죄는 초대받은 손님이 아닙니다. 월세를 내는 세입자도 아닙니다. 그는 무단 거주자입니다. 도무지 쫓아낼 수 없는 무법자입니다. 아무도 환영하지 않는 불청객입니다. 이 죄가 우리 몸에 거하고 있는 것입니다. 이 불청객 때문에 25절에서 바울은 아주 이해하기 어려운 말을 하고 있습니다.

> … 그런즉 내 자신이 마음으로는 하나님의 법을 육신으로는 죄의 법을 섬기노라.

이 말씀에는 서로 대조되는 두 존재가 나옵니다. 하나는 마음이요 하나는 육신입니다. 하나는 중생받은 새사람인 우리 자신이고 다른 하나는 옛 사람의 흔적이라고 할 수 있는 몸을 말합니다.

그렇다면 이 말씀이 뜻하는 바가 무엇입니까? 하나님의 법도 섬기고 죄의 법도 섬기는 이중생활을 하고 있다는 말입니까? 다시 말해 하나님을 순종하는 것이 당연한 일이듯이 죄를 짓는 것은 당연하다는 의미입니까? 그렇지 않습니다. 하나님 앞에 의롭다 함을 받고 성령으로 중생함을 얻은 새사람은 이중생활을 정상으로 받아들일 수 없습니다. 그러나 사도 바울은, 몸을 입고 사는 동안은 죄가 노크하면 쉽게 문을 열어줄 수 있는 육신의 연약함을 평생 벗어던질 수 없는 고민이라고 이야기하고 있습니다.

이것은 아무도 부인할 수 없는 진실입니다. 우리에게는 이렇게 상반된 두 실존의 모습이 있습니다. 이것을 보면 참 괴롭습니다. 갈등을 느끼게 됩니다. 갈라디아서 5장 17절은 이 갈등을 너무나 생생하게 묘사하고 있습니다.

> 육체의 소욕은 성령을 거스르고 성령은 육체를 거스르나니 이 둘이 서로 대적함으로 너희가 원하는 것을 하지 못하게 하려 함이니라.

육체의 소욕과 성령의 소욕은 서로 대적합니다. 그렇기에 번번이 우리가 원하는 순종을 하지 못하게 됩니다. 육체의 소욕에 패배하는 것입니다. 자기 안에 이렇게 두 성향의 갈등이 있다는 것은 참으로 괴로운 일이 아닐 수 없습니다. 바울은 지금 자기 안에서 일어나는 갈등의 처절함을 보고 있는 것입니다.

죄를 범하는 모순

셋째, 악한 소욕에 굴복하는 패배를 맛보는 모순입니다. 죄의 소원에 따라 결국 죄를 범하고 마는 모순을 바울이 자기 안에서 보고 있습니다.

> 내 지체 속에서 한 다른 법이 내 마음의 법과 싸워 내 지체 속에 있는 죄의 법으로 나를 사로잡는 것을 보는도다(23절).

우리의 몸에는 죄를 짓고 싶어 하는 소욕이 있습니다. 이것을 '내 지체 속에서 한 다른 법'이라고 합니다. 또 우리 마음에는 하나님의 말씀대로 순종하고 율법을 즐거워하고자 하는 소욕이 있습니다. 이것을 '내 마음의 법'이라고 합니다. 이 둘이 서로 싸웁니다. 그런데 번번이 내 몸에 있는 죄의 소욕이 이깁니다. 영적으로 패배하는 것입니다. 다시 말해서 우리가 본의 아니게 죄를 짓게 되는 것입니다.

이상에서 보는 바와 같이 바울은 자기 안에 심각한 모순을 안고 있습니다. 이것은 참으로 부끄럽고 고통스러운 실존의 모습이 아닐 수 없습니다. 중생받은 사람으로서 이럴 수가 있느냐고 탄식하지 않을 수 없는 자기모순입니다. 로마서 5장 1절은 무엇이라 말씀하고 있습니까?

> 그러므로 우리가 믿음으로 의롭다 하심을 받았으니 우리 주 예수 그리스도로 말미암아 하나님과 화평을 누리자.

어찌 믿음으로 의롭다 함을 받고 하나님과 화평을 누리는 우리에게 이런 모순이 있을 수 있습니까? 옛 사람이 죽어서 이제 더 이상 죄의 종이 될 수 없는 우리에게 어찌 이런 모순이 있을 수 있단 말입니까?

> 이제는 우리가 얽매였던 것에 대하여 죽었으므로 율법에서 벗어났으니 이러므로 우리가 영의 새로운 것으로 섬길 것이요 율법 조문의 묵은 것으로 아니할지니라(롬 7:6).

어찌 율법에서 벗어나 성령의 사람이 된 우리에게 이런 모순이 있을 수 있습니까? 정말 수긍하기 괴로운 이야기입니다.

'오호라'의 탄식

바울은 자기 안에서 일어나는 이런 모순을 보며 얼마나 괴로워했는지 모릅니다. 결국 그는 자기가 구원받은 사람이 아닐지도 모른다는 절망감에 빠질 정도가 되었습니다. 그는 14절에서 기막힌 탄식을 하고 있습니다.

> 우리가 율법은 신령한 줄 알거니와 나는 육신에 속하여 죄 아래에 팔렸도다.

이 구절은 7장에서 가장 해석하기 어려운 부분이라고 할 수 있습니다. 여기서 "죄 아래에 팔렸도다"는 현재동사로 쓰여 있습니다. 우리말 성경은 과거처럼 번역되어 있지만 원문은 그렇지 않습니다. 분명히 현재 시제입니다.

어떻게 바울이 이런 말을 할 수 있습니까? 앞 장에서 바울이 무엇이라고 역설했나요? 하나님의 자녀는 다시는 죄의 종이 될 수 없다고 했습니다. 그런데 바울은 지금 자기가 죄 아래 팔렸다고 말합니다. 그러면 바울이 죄의 노예가 되었다는 말입니까? 그가 용서받지 못한 죄인의 자리로 돌아갔다는 말입니까? 그가 하나님과 원수된 자리로 원상복귀했다는 말입니까? 그런 일은 절대로 있을 수 없습니다.

그렇다면 어떻게 이런 말을 할 수 있습니까? 아무도 쉽게 설명할 수 없는 난해한 구절입니다. 저도 퍽 난처합니다. 뜻을 명확하게 알기 위해서는 겸손하게 성령의 인도를 받으면서 기다려야 한다고 생각합니다. 그러나 저는 나름대로 이렇게 이해하고 있습니다. 사실적인 표현이 아니라 감정적인 표현이라고 보는 것입니다. 우리는 바울이 모순투성이인 자기 내면을 보면서 절망감을 느꼈다는 것을 쉽게 짐작할 수 있습니다.

이 본문은 바로 이 절망감을 감정적으로 묘사한 것이라고 생각합니다. '나의 꼴이 죄에 다시 팔려 간 사람과 다른 것이 무엇인가?'라는 뜻으로 해석해야 한다고 봅니다. 23절도 감정적인 표현이 들어 있는 구절로 볼 수 있습니다.

> 내 지체 속에서 한 다른 법이 내 마음의 법과 싸워 내 지체 속에 있는 죄의 법으로 나를 사로잡는 것을 보는도다.

그는 실제로 죄를 범했습니다. 그런데 아무리 큰 죄를 범했다고 할지라도 그는 절대로 다시 죄의 종이 될 수 없습니다. 그러므로 이 구절은 바울이 죄를 짓고 나서 자기 내면을 들여다봤을 때 마치 죄의 종으로 질질 끌려가는 듯한 모습을 보며 느낀 절망감을 묘사한 것으로 보아야 합니다.

누가복음 15장에는 탕자의 비유가 나옵니다. 아버지께 유산을 받아 멀리 도망가서는 허랑방탕한 생활 끝에 거지가 되어 돌아온 둘째 아들의 이야기입니다. 그는 거지꼴이 된 자기 자신이 부끄럽고 한심했는지 아버지께 다음과 같이 간청했습니다.

> 지금부터는 아버지의 아들이라 일컬음을 감당하지 못하겠나이다 나를 품꾼의 하나로 보소서 하리라 하고(눅 15:19).

아들의 말을 사실로 받아들일 수 있습니까? 아닙니다. 어디까지나 감정적인 표현입니다. 그가 무슨 말을 한다고 해도 아들이지 품꾼일 수는 없습니다. 똑같은 맥락으로 14절을 보아야 한다고 생각합니다. 바울이 무슨 말을 할지라도 그는 중생받은 하나님의 자녀이지 죄의 종이 될 수는 없습니다. 그가 자기 안에 있는 모순을 보면서 견디다 못한 심정으로 그렇게 표현한 것뿐입니다. 내면의 이중성을 보고 탄식하지 않을 자가 어디 있겠습니까?

오호라 나는 곤고한 사람이로다 이 사망의 몸에서 누가 나를 건져내랴(24절).

정말 놀랍습니다. 바울은 어쩌면 이렇게 솔직할 수 있을까요? 그가 한 번도 대면한 적이 없는 로마 성도들 앞에 이토록 자기의 약하고 부족한 부분을 송두리째 털어놓을 수 있다는 사실이 놀랍기만 합니다. 이를 통해 우리는 그가 위대한 인격의 소유자임을 다시 한 번 확인할 수 있습니다.

우리는 어떻습니까? 우리에게는 바울이 보았던 자기모순이 없습니까? 이것은 바로 우리 자신의 이야기입니다. 우리가 예수 믿고 중생받은 사람이라면 "이것은 바울의 이야기가 아니라 바로 내 이야기입니다"라고 고백할 수 있어야 합니다. 내적 모순과 갈등 없이 이 세상을 살 수 있는 사람은 아무도 없습니다. 아무리 기도를 많이 하는 사람이라도, 아무리 말씀에 해박한 사람이라도, 아무리 신앙생활을 오래한 사람이라도 마찬가지입니다. 우리가 죄의 작업장이라고 할 수 있는 몸을 가지고 이 세상을 사는 이상, 원하는 대로 행하지 못하는 모순을 보게 됩니다.

또한 육체의 소욕과 성령의 소욕 간의 갈등을 봅니다. 가끔 죄를 짓는 영적 패배를 완전히 면할 수는 없습니다. 그렇기 때문에 우리는 의인이면서 죄인인 것입니다. 믿는 것을 보면 하나님 앞에 의인 된 것이 틀림없는데, 하는 꼴을 보면 죄인처럼 보일 때가 많다는 것입니다. 우리 모두는 이렇게 이중적인 실존을 가지고 있습니다.

이런 의미에서 '오호라'의 탄식은 긍정적인 것입니다. 오히려 이 탄식이 없는 신앙생활이 비정상이라고 말할 수 있습니다. '오호라'의 탄식은 우리가 가끔 체험해야 할 불가피한 은혜라고 생각합니다. 여기에는 분명한 이유가 있습니다. '오호라'는 우리가 죄를 범했을 때 터져 나오는 탄식입니다. 이는 우리가 말씀대로 살지 못했을 때 생겨나는 갈등과 가책과 고통과 회개의 눈물을 의미합니다.

우리 몸에는 죄가 거하고 있습니다. 이 죄가 처음에는 며칠간 머물다 떠나는 방문객처럼 보일 수도 있습니다. 이때는 죄가 우리 속에 있기는 하지만 힘을 쓰지 못합니다. 그러나 우리가 조금만 방심하거나 믿음이 약해지면 갑자기 죄가 주인 행세를 하려 듭니다. 불행하게도 그의 무서운 손아귀에 꽉 잡히면 영락없이 끌려갑니다. 우리 중에 그 누구도 스스로 죄짓는 것을 원하는 사람은 없습니다. 그러나 육신을 입고 있는 이상 죄에 끌려갈 수 있는 약점을 누구나 지니고 있습니다. 하루에도 수없이 '오호라' 하고 탄식할 만한 일들이 일어날 수 있습니다.

'오호라'의 은혜

그렇기 때문에 '오호라'의 탄식이 없는 신앙생활은 문제가 있는 것입니다. 만약 오호라가 전혀 없다면 그는 거짓 믿음을 가졌거나 버림을 받은 사람일지도 모릅니다. 당신에게 말씀대로 살지 못하는 안타까움이 있습니까? 원하는 대로 행하지 못하는 모순이 있습니까? 성령의 소욕과 육체의 소욕으로 갈등합니까? 당신에게 이와 같은 갈등이 있다면 "오호라 나는 곤고한 사람이로다" 하는 탄식이 있어야 옳습니다. 이 탄식은 하나님이 주시는 은혜입니다. 중생받지 못한 사람에게서는 들을 수 없는 탄식입니다. 회개는 하나님께서 도와주셔야 할 수 있습니다. 회개는 자기의 의지대로 만들어내는 제품이 아닙니다. 우리 속에 큰 모순이 있는데도 '오호라'의 탄식이 없다면 우리는 무엇인가 크게 잘못된 사람이 아닐 수 없습니다.

'오호라'의 탄식이 은혜라는 사실을 증명할 수 있는 이유가 또 하나 있습니다. '오호라'의 탄식은 죄를 범해서만 나타나는 현상이 아니라는 것입니다. 이것은 앞에서 설명한 이유와 정반대가 됩니다. 죄를 범해서가 아니라 하나님 앞으로 더 가까이 나아가는 성결한 생활을 하면서 터지는 탄식일 수 있기 때문입니다. 그 대표적인 예로 이사야를 들 수 있습니다.

이사야는 하나님 보좌의 환상을 보았습니다. 그는 하나님을 보자마자 이렇게 소리쳤습니다.

> … 화로다 나여 망하게 되었도다 나는 입술이 부정한 사람이요 나는 입술이 부정한 백성 중에 거주하면서 만군의 여호와이신 왕을 뵈었음이로다…(사 6:5).

이것은 하나님의 거룩하심을 목격하고 나서 터져 나오는 탄식이요 고통입니다.

그러면 이사야가 죄를 지어서 그렇게 탄식했나요? 아닙니다. 하나님의 영광을 가까이에서 보았기 때문에 상대적으로 자기 내면의 더러움이 더 뚜렷이 드러나서 탄식한 것입니다. 그러므로 이 탄식은 은혜입니다. 그렇다고 선지자만이 이런 은혜를 체험하는 것이 아닙니다. 영적으로 상당한 성숙의 단계에 들어선 믿음의 선배들에게서도 '오호라'의 탄식을 들을 수 있습니다. 하나님이 얼마나 거룩하며 하나님의 계명이 얼마나 선한가를 더 깊이 깨달을수록 '오호라'의 탄식이 터져 나오는 것입니다.

제가 존경하는 고 박윤선 박사님은 신구약 66권을 주석하고 제자들을 가르치는 일에 평생을 바친 분입니다. 날마다 성경 속에 파묻혀 지내다시피 하시는 분이 무슨 죄를 범하겠습니까? 그럼에도 노년에 그분의 설교나 기도 중에, 또 사석에서 말씀하시는 내용 가운데 자주 이런 말씀을 들을 수 있었습니다. "내 속에 선한 것이 하나도 없어. 인간이 이토록 악할 수가 있나? 썩고 냄새나는 무덤과 같아." 우리는 그분이 죄를 많이 지었나 보다 하고 오해할 수 있습니다. 그러나 결코 죄를 많이 범했다는 이야기가 아닙니다. 하나님의 거룩하심을 깊이 깨달으면 깨달을수록 자기 안에 있는 더러움과 모순이 크게 보이기 때문에 터져 나올 수 있는 탄식입니다.

이런 의미에서 이 '오호라'의 탄식은 은혜입니다. 이것은 중생하지 못한 사람의 체험이 아닙니다. 하나님의 자녀만이 아는 은혜입니다. 이와 같은 탄식은 신앙생활을 건강하게 하는 데 필수불가결한 은혜가 아닐 수 없습니다. 그러므로 로마서 7장을 건너뛰어서 성급하게 8장으로 들어가려는 태도는 바람직하지 않다고 봅니다. 일부 성경학자들이 7장을 괄호 안에 넣어야 할 부수적인 본문처럼 보는 시각은 옳지 못하다고 생각합니다.

한편 본문에서 또 하나 놀라운 사실을 발견할 수 있습니다. 24절에서 25절로 넘어가는 과정에서 극적 전환을 볼 수 있습니다.

오호라 나는 곤고한 사람이로다 이 사망의 몸에서 누가 나를 건져내랴 우리 주 예수 그리스도로 말미암아 하나님께 감사하리로다(24-25절).

어떻습니까? 엉엉 울던 아이가 금방 히히 하고 웃는 것 같지 않습니까? '오호라' 하고 탄식하던 바울이 어떻게 금방 '감사하리로다' 하고 소리칠 수 있습니까? 중간에 접속사도 하나 없습니다. 이와 같은 급작스러운 전환이 가능할 수 있습니까?

여기에는 큰 진리가 숨어 있다고 생각합니다. 그것은 '오호라' 하고 탄식하는 자리에 오래 머무르지 말라는 것입니다. 하나님의 자녀는 자기의 모순을 보며 갈등하고 괴로워합니다. '오호라' 하고 탄식하며 회개하고 고통합니다. 그러나 그 탄식의 자리에 너무 오래 머무르면 안 됩니다.

우리 믿음의 선조들은 탄식의 자리에 오래 머무는 것을 은혜로 알았습니다. 제가 어릴 때만 해도 "천부여 의지 없어서 손 들고 옵니다" 하고 찬송을 부르면서 많이들 울었습니다. 눈물을 많이 흘려야 은혜받은 줄 알았으니까요. 물론 회개하는 것은 좋습니다. 그러나 날마다 울다가 끝나는 신앙생활이라면 얼마나 비정상적입니까? '오호라'는 분명 하나님이 주신 은혜입니다. 그러나 '오호라'의 탄식은 짧아야 합니다. 우리의 갈등, 탄식, 회개의 눈물이 구원의 수단은 아니지 않습니까? 아무리 탄식을 많이 한다 해도 그 탄식이 우리를 구원하는 조건이 되지는 못합니다.

그러므로 우리는 '오호라' 하고 탄식할 때마다 재빨리 예수님을 보아야 합니다. 하나님의 자녀는 죄 때문에 고통스러워하고 괴로워하다가도 금세 일어나서 예수 그리스도를 바라보아야 합니다. 그리고 기뻐하며 할렐루야를 외쳐야 합니다. 우리의 상한 마음을 싸매고 눈물을 씻겨주시는 분이 예수님 외에 누가 있습니까? 우리의 약함과 허물을 용서하시고 하나님 앞에 떳떳하게 나아갈 수 있도록 문을 활짝 열어주시는분이 예수님 외에 누가 있습니까? 우리가 어떤 죄를 범해도 용서받을 수 있도록 의의 옷으로 감싸주시는 분이 예수님 외에 누가 있습니까? 한 번 범한 죄를 다시 범하지 않도록 성령으로 우리를 무장시키고 하나님의 능력으로 우리를 새롭게 다시 세워주시는 분이 예수님 외에 누가 있습니까?

그러므로 우리는 울다가도 즉각 주님을 보아 합니다. 괴로워하는 자리에 오래 머물면 안 됩니다. 재빨리 십자가의 주님, 부활의 주님을 보아야 합니다. 당신에게 '오호라'의 은혜가 있습니까? 즉시 '감사하리로다'의 은혜로 들어가기 바랍니다.

뉴 키즈 온 더 블록이라는 그룹이 우리나라에 와서 공연을 했을 때, 공연장에서 젊은 사람들이 광란하던 장면을 보았습니다. 우리의 상식으로는 도저히 이해할 수 없는 광경이 눈앞에 벌어졌습니다. 참으로 격세지감을 느낄 만한 사건이었습니다. 그런데 어떤 믿음 좋은 부인이 제게 이런 말을 했습니다. "목사님, 저는 그 애들을 이해할 수 있어요. 그 애들은 세상 음악이 최고인 줄 아니까 그렇게 폭 빠질 수 있는 거예요. 그러니까 발광을 할 수밖에 없지요. 저는 예수님을 최고로 사랑해요. 만약 그 자리에 예수님이 오셨다면 저는 너무 좋아서 펄펄 뛰었을 거예요. 아마 그 애들 저리 가라 할 정도로 발광을 했을 거예요. 사탄의 음악에 미쳤거나 예수님께 미쳤거나, 미친 사람은 그런 행동을 할 수 있어요. 그래서 저는 그 애들을 욕하지 않았어요." 저는 그 말을 듣고 고개를 끄덕였습니다.

그렇습니다. 예수님을 주인으로 모시고 사는 사람은 분명히 세상 사람과 다릅니다. 예수님을 사랑하는 사람의 마음에는 항상 찬송이 있습니다. 항상 평안이 있습니다. 비록 비참한 지경에 빠져 탄식하며 울던 사람도 예수님을 바라보는 순간에 활짝 웃을 수 있습니다. 엉엉 울던 아이가 금방 웃는 것처럼, '오호라' 하고 탄식하던 사람이 금방 기뻐 뛸 수 있습니다.

  탄식의 자리에 오래 머물지 마십시오. 즉각 주님을 바라보기 바랍니다. '오호라'의 탄식이 있는 자에게만 '감사하리로다'의 은혜가 따라옵니다. '오호라'가 없는 '감사하리로다'는 주님의 눈에 가증할 수 있습니다. 반면에 '오호라'의 탄식만 은혜인 줄 아는 것은 복음의 진수를 고의로 거부하는 어리석은 태도입니다. '오호라'의 은혜를 압니까? 당신은 반드시 '감사하리로다'의 은혜도 알아야 합니다. '오호라'의 탄식을 통해 주님의 사랑을 가슴 가득 체험한 심령에서 날마다 할렐루야가 새롭게 터지기를 바랍니다.

23

정죄함이 없는 성령의 사람

로마서 8장 1-11절

1 그러므로 이제 그리스도 예수 안에 있는 자에게는 결코 정죄함이 없나니 2 이는 그리스도 예수 안에 있는 생명의 성령의 법이 죄와 사망의 법에서 너를 해방하였음이라 3 율법이 육신으로 말미암아 연약하여 할 수 없는 그것을 하나님은 하시나니 곧 죄로 말미암아 자기 아들을 죄 있는 육신의 모양으로 보내어 육신에 죄를 정하사 4 육신을 따르지 않고 그 영을 따라 행하는 우리에게 율법의 요구가 이루어지게 하려 하심이니라 5 육신을 따르는 자는 육신의 일을, 영을 따르는 자는 영의 일을 생각하나니 6 육신의 생각은 사망이요 영의 생각은 생명과 평안이니라 7 육신의 생각은 하나님과 원수가 되나니 이는 하나님의 법에 굴복하지 아니할 뿐 아니라 할 수도 없음이라 8 육신에 있는 자들은 하나님을 기쁘시게 할 수 없느니라 9 만일 너희 속에 하나님의 영이 거하시면 너희가 육신에 있지 아니하고 영에 있나니 누구든지 그리스도의 영이 없으면 그리스도의 사람이 아니라 10 또 그리스도께서 너희 안에 계시면 몸은 죄로 말미암아 죽은 것이나 영은 의로 말미암아 살아 있는 것이니라 11 예수를 죽은 자 가운데서 살리신 이의 영이 너희 안에 거하시면 그리스도 예수를 죽은 자 가운데서 살리신 이가 너희 안에 거하시는 그의 영으로 말미암아 너희 죽을 몸도 살리시리라

어떤 성경학자는 로마서 8장을 이렇게 문학적으로 표현했습니다. "성경 전체를 통해서 흐르던 여러 갈래의 강물이 로마서 8장에서 하나의 생명수 강을 이루어 하나님의 어린양 보좌 앞에 깔린 수정처럼 맑게 흐르고 있다." 또 어떤 분은 "성경이 다 불타서 없어진다 해도 로마서 8장만 있으면 구원받을 수 있을 것이다"라는 말까지 했습니다.

우리가 믿기로는 성경 말씀 전부가 하나님의 진리입니다. 어느 말씀이 더 좋고 어느 말씀이 덜 좋다는 식으로 말할 수는 없습니다. 단지 로마서 8장을 이처럼 극찬하는 이유는 그것이 대단히 은혜로운 말씀임을 설명하기 위함입니다.

저는 평소에 로마서 8장을 즐겨 외웁니다. 이 말씀을 마음에 담고 생활하다 보면 새록새록 받는 은혜가 많습니다. 우리는 곤고한 인생의 여로를 힘겹게 걸어가는 나그네입니다. 갖가지 인생고초에서 비롯된 그림자가 시시때때로 우리를 엄습해옵니다. 그때마다 로마서 8장을 마음에 담고 깊이 묵상하면 다시금 힘과 용기를 얻을 수 있습니다.

저는 8장에 담긴 서른아홉 절의 말씀이 우리가 겪는 갖가지 문제들의 전천후 대답이 된다는 것을 경험을 통해 알고 있습니다. 믿음이 흔들릴 때, 하나님의 사랑이 의심스러울 때, 마음의 정욕이 발동할 때, 성령의 은혜가 의심날 때, 고독을 느낄 때, 기도의 응답이 오지 않을 때, 고통에 빠질 때, 소망이 흐려질 때 등 어느 경우를 막론하고 이 말씀은 성령이 주시는 하나님의 응답이 됩니다. 이런 의미에서 로마서 8장을 꼭 암송하기 바랍니다. 그리하면 두고두고 귀한 은혜를 받게 될 줄로 믿습니다.

"그러므로…"

바울은 1절을 '그러므로'라는 말로 시작하고 있습니다. 그는 7장까지의 내용을 통해 하나님의 복음이 무엇인지 상세하게 설명했습니다.

> 그리스도 예수 안에 있는 속량으로 말미암아 하나님의 은혜로 값없이 의롭다 하심을 얻은 자 되었느니라(롬 3:24).

> 그러므로 우리가 믿음으로 의롭다 하심을 받았으니 우리 주 예수 그리스도로 말미암아 하나님과 화평을 누리자(롬 5:1).

이것이 복음의 핵심입니다. 주님 앞으로 나오는 자는 이미 죄의 종이 아니며 얽매였던 율법에서 벗어났다고 바울이 가르쳐줍니다. 가끔 '오호라' 하는 탄식이 터질 때도 있지만 우리의 영혼을 흔들어 놓을 자는 아무도 없다는 것을 그는 분명히 밝히고 있습니다.

이 모든 의미를 담고 있는 말이 '그러므로'입니다. 이 '그러므로'

때문에 우리는 8장 안에 흐르고 있는 은혜의 강 속으로 뛰어들 수 있습니다.

이제 본문 1절을 봅시다.

> 그러므로 이제 그리스도 예수 안에 있는 자에게는 결코 정죄함이 없나니.

믿음으로 그리스도 예수 안에 들어온 사람은 어떤 일이 있어도 하나님 앞에서 죄인으로 고소당하지 않는다는 말씀입니다. 우리를 고소할 자도 없고 하나님 역시 우리를 죄인으로 보지 않으시기 때문입니다.

7장까지의 말씀을 통해 우리가 정죄를 받지 않는 이유는 충분히 설명되었습니다. 그래서 더 이상 무슨 말이 필요할까 생각하기 쉽습니다. 그러나 바울은 여기에 그치지 않고 한 걸음 더 나아가기를 원합니다. 우리가 정죄를 당할 수 없는, 보다 실제적인 이유를 설명하려는 것입니다.

우리가 정죄를 당하지 않는 실제적인 이유가 무엇입니까? 바로 성령입니다. 성령이야말로 우리가 정죄받을 수 없는 결정적이요 실제적인 이유가 됩니다. 바울은 이 사실을 말하지 않고는 견딜 수 없어서 많은 지면을 할애하여 설명합니다. 8장에서 '성령'이라는 단어가 20회 이상 나오는 이유는 여기에 있습니다. 어떤 분들은 8장을 일컬어 '성령장'이라고까지 부릅니다. 성령이 충만한 말씀이요, 성령이 역사하는 말씀이요, 성령을 통해 우리를 은총의 보좌 앞으로 인도하는 말씀이기 때문입니다.

그러므로 우리가 먼저 분명히 믿어야 할 것이 있습니다. 우리가 예수님을 영접하면 그 순간부터 우리 마음에 성령이 임하신다는 사실입니다. 예수 믿는 사람은 예외 없이 성령을 모시고 삽니다.

> 만일 너희 속에 하나님의 영이 거하시면 너희가 육신에 있지 아니하고 영에 있나니 누구든지 그리스도의 영이 없으면 그리스도의 사람이 아니라(9절).

예수님을 믿는 사람인가 아닌가를 판정하는 조건은 성령을 모셨느냐, 그렇지 않느냐에 달렸다고 말씀합니다. 그리스도의 영이 없으면 그리스도의 사람이 아닙니다. 만약 이 사실을 부정한다면 믿는 사람이라 할 수 없습니다.

성령으로 사는 사람

성령을 모시고 사는 자에게는 몇 가지 특징이 있습니다. 9절을 다시 한번 봅시다.

> 만일 너희 속에 하나님의 영이 거하시면 너희가 육신에 있지 아니하고 영에 있나니….

성령을 모시고 사는 사람의 특징이 무엇입니까? 무엇보다 확실한 사실은 육신에 거하지 않는다는 것입니다. 이제 우리는 옛 사람이 아닙니다. 죄에 끌려다니는 사람이 아닙니다. 육신의 소욕에 지배를 당하는 사람이 아닙니다. 오직 성령 안에 거하는 사람이요 성령의 지배를 받는 사람입니다.

> 또 그리스도께서 너희 안에 계시면 몸은 죄로 말미암아 죽은 것이나 영은 의로 말미암아 살아 있는 것이니라(10절).

성령을 모신 사람은 그 영이 그리스도의 의를 힘입어 새 생명을 얻었습니다. 육은 이미 죽었습니다. 여기서 '죄로 인하여 죽었다'는 말은 우리의 범죄로 인하여 육신이 부패했다, 또는 약해졌다는 의미를 가지고 있습니다. 이차적으로는 육신이 결국 흙으로 돌아간다는 것을 이야기합니다. 그러므로 성령을 모신 사람은 이 썩을 몸을 의지하지 않습니다. 우리는 영으로 사는 사람입니다.

> 예수를 죽은 자 가운데서 살리신 이의 영이 너희 안에 거하시면 그리스도 예수를 죽은 자 가운데서 살리신 이가 너희 안에 거하시는 그의 영으로 말미암아 너희 죽을 몸도 살리시리라(11절).

비록 우리의 몸이 죄로 인하여 썩어서 흙으로 돌아간다고 할지라도, 예수 그리스도를 죽음에서 살리신 하나님께서 예수님이 재림하시는 날 우리 몸도 영광스럽게 다시 살리신다는 것입니다. 이것이 성령을 받은 자의 두드러진 특징입니다. 우리는 육신에 있지 않습니다. 우리의 몸은 죄로 인하여 죽었습니다. 그러나 그 죽은 몸마저도 예수님이 재림하실 때 다시 살아납니다.

9절부터 11절까지의 내용을 주의 깊게 살피다 보면 조금 이상하게 느껴지는 부분을 발견할 수 있습니다.

> 만일 너희 속에 하나님의 영이 거하시면 … 누구든지 그리스도의 영이 없으면…(9절).

앞에서는 '하나님의 영'이라고 하다가 곧바로 '그리스도의 영'이라고 합니다.

> 또 그리스도께서 너희 안에 계시면…(10절).

또한 하나님의 영, 그리스도의 영이라고 하다가 '그리스도'로 바뀌는 것을 봅니다. 성령은 하나님의 영이요, 동시에 그리스도의 영이며, 또한 그리스도 자신도 된다는 의미입니다. 이런 개념은 우리가 이해하거나 설명하기가 쉽지 않습니다. 하나님의 신비스러운 본체에 대한 이야기를 하는 것이기 때문입니다. 따라서 말씀 그대로 받아들이는 것이 가장 안전합니다.

그러나 설명을 조금 붙이면 도움이 될 것 같습니다. 예수 그리스도께서는 33년간 육신을 입고 이 세상에 계셨습니다. 그리고 부활하신 후에는 우리 눈에 보이지 않고 영으로만 계십니다. 재림하실 때는 우리가 눈으로 볼 수 있게 영과 육의 온전한 모습을 갖추고 나타나실 것입니다. 예수 그리스도께서는 우리의 구원자로 그 모습을 나타내신 이후 세 가지 양상으로 존재하십니다. 처음에는 육신으로 보이셨고, 이제는 영으로 계시며, 그다음에는 영과 육으로 우리 앞에 나타나실 것입니다. 지금은 그리스도가 영으로 우리 안에 계시는 때입니다.

어떻게 부활하신 예수님이 우리 안에 거하실 수 있습니까? 성령을 통해서 계십니다. 성령은 그리스도가 영으로 우리 안에 거하게 하시는 분입니다. 이런 의미에서 성령을 가리켜 하나님의 영, 그리스도의 영, 그리스도 자신이라고 해도 전혀 문제가 없습니다. 이것은 삼위일체가 갖는 신비한 요소 중 하나라 할 수 있습니다.

그러므로 우리는 우리 안에 계신 그리스도와 성령을 지나치게 구별하려고 하지 말아야 합니다. 성령은 내 오른편에 계시고 그리스도는 내 왼편에 계신다는 식으로 갈라놓는 것은 대단히 위험합니다. 하나님이 내 안에 계신다고 해도 틀린 말이 아닙니다. 예수 그리스도가 내 안에 계신다고 해도 틀린 말이 아닙니다. 성령이 내 안에 계신다고 해도 틀린 말이 아닙니다. 삼위이신 하나님의 본체는 그만큼 신비스러운 것입니다.

그러므로 성령을 모시고 사는 자는 살아 계신 예수님을 모시고 사는 것입니다. 우리는 주님을 찾아다닐 필요가 없습니다. 그분을 하늘에서 내려오시게 하며 우리와 함께 계시도록 요청할 필요가 없습니다. 성령을 통해서 그분은 날마다 우리 안에 거하시고 항상 흘러넘칠 만큼 우리 안에 충만하십니다. 우리는 그분이 우리 안에 계심을 믿기만 하면 됩니다. 이것을 감정이 아닌, 실제적인 사실로 받아들여야 할 것입니다.

어느 목사님이 쓰신 책 중에 이런 이야기가 있었습니다. 그 목사님이 교회에서 찬송을 인도할 때 처음에는 찬송가 289장을 불렀다고 합니다. "주 예수 내 맘에 들어와 계신 후 변하여 새사람 되고 … 주 예수 내 맘에 오심, 주 예수 내 맘에 오심…." 형제자매들이 한마음이 되어 찬송가를 힘차게 불렀습니다.

그다음에 부른 찬송은 286장이었습니다. "주 예수님 내 맘에 오사 날 붙들어주시고 … 사랑의 주, 사랑의 주 내 맘속에 찾아오사 내 모든 죄 사하시고 내 상한 밤 고치소서." 이 찬송을 부르다가 목사님과 성도들이 약간 당황했다고 합니다. 먼저 부른 찬송에는 주님이 마음에 계신다고 했는데, 이어 부른 찬송은 마음에 들어오시라고 하는 내용이니 생각을 깊이 하고 부르는 사람이면 뭔가 좀 이상하다는 느낌을 받게 될 것입니다.

만일 누군가 찬송가 286장을 부르자고 하는 목사님을 향해 "목사님, 그 찬송은 혼자서 부르세요. 저는 이미 예수님을 모시고 살기 때문에 다시 들어오시라고 할 필요가 없어요"라고 해도 잘못이 없습니다. 그렇다고 286장이 잘못된 찬송은 아닙니다. 경우에 따라서는 주님을 다시 모셔야 할 필요성을 심리적으로 느낄 때가 많지 않습니까? 우리는 정말 행복한 사람입니다. 마음속에 성령을 모심으로써 늘 주님과 함께 살고 있으니 얼마나 행복한 사람입니까?

성령께서 하시는 일

다음으로 알아야 할 것이 있습니다. 성령이 무엇을 하시기에 그분을 모신 자가 정죄를 당하지 않느냐는 문제입니다. 여기에는 두 가지로 대답할 수 있습니다. 하나는 성령께서 죄와 사망의 법에서 우리를 해방시켰기 때문입니다.

> 이는 그리스도 예수 안에 있는 생명의 성령의 법이 죄와 사망의 법에서 너를 해방하였음이라(2절).

그리고 또 다른 이유가 있습니다. 성령은 우리가 율법의 요구를 이루도록 하시기 때문입니다.

> 육신을 따르지 않고 그 영을 따라 행하는 우리에게 율법의 요구가 이루어지게 하려 하심이니라(4절).

성령께서는 무엇을 근거해서 우리가 율법의 요구를 이루도록 하시는 것입니까? 이 근거가 3절에 나와 있습니다. 이것은 로마서 3장부터 7장까지의 말씀을 요약해서 다시 한번 반복하는 것으로 볼 수 있습니다. 우리말 성경에는 나타나 있지 않지만, 3절 앞에 '왜냐하면'이라는 접속사를 넣을 수 있습니다. 그래서 3절의 내용이 2절을 설명하는 근거가 됩니다. 그리고 4절은 3절의 목적을 설명한다고 보면 이해하기가 쉬울 것입니다. 그러면 3절을 잠깐 봅시다.

> 율법이 육신으로 말미암아 연약하여 할 수 없는 그것을 하나님은 하시나니….

율법은 하나님이 주신 선한 법입니다. 하나님은 이 율법을 통해서 우리에게 거룩한 삶을 요구하셨습니다. 그러나 예수님을 믿기 전의 우리는 육신의 부패성과 연약성 때문에 아무리 율법대로 거룩한 삶을 살려고 해도 그럴 수 없었습니다. 하나를 지키면 두 개를 범하고, 두 개를 지키면 열 개를 범하는 것이 우리의 처지였습니다. 하나님이 보실 때 도무지 가망이 없었습니다. 그래서 하나님은 다른 방도를 강구하셨는데 그것을 3절에서 계속 말씀하고 있습니다.

> … 곧 죄로 말미암아 자기 아들을 죄 있는 육신의 모양으로 보내어 육신에 죄를 정하사.

하나님께서는 우리의 죄를 사하려고 예수 그리스도를 이 땅에 보내시고 그를 화목제물로 삼아 십자가에서 죽게 하셨습니다. 이와 같이 예수 그리스도가 우리 대신 십자가에서 율법의 모든 저주를 받으셨기 때문에 성령께서는 그것을 근거하여 우리를 죄와 사망의 권세에서 해방시킬 수 있었습니다. 더 나아가 우리를 새사람으로 바꾸어 놓았습니다. 다시 말하면, 성령은 예수님이 우리를 위해서 해놓으신 일을 우리의 것이 되게 하십니다. 예수님이 왜 죽으셨습니까? 우리를 죄와 사망의 법에서 해방시키기 위해 죽으셨습니다. 성령은 그 일이 우리에게 일어나도록 하십니다. 예수님이 왜 죽으셨습니까? 율법의 요구를 이루려고 죽으셨습니다. 성령은 그 일이 우리에게 가능하도록 하십니다.

우리를 죄와 사망의 법에서 해방시킴

그러면 성령께서 하시는 두 가지 일을 좀 더 자세히 살펴봅시다. 첫째로, 성령은 우리를 죄와 사망의 법에서 해방시킴으로써 우리가 정죄를 당치 않게 하십니다. 우리는 이미 6장에서 우리의 새로운 신분에 대해 배웠습니다.

> 우리가 알거니와 우리의 옛 사람이 예수와 함께 십자가에 못 박힌 것은 죄의 몸이 죽어 다시는 우리가 죄에게 종 노릇 하지 아니하려 함이니(롬 6:6).

예수 그리스도가 십자가에 못 박히실 때 우리가 그와 함께 죽었으므로 이제 우리는 죄의 세력에서 벗어났다는 것을 분명히 말씀하고 있습니다. 그런데 왜 8장에 와서 새삼스럽게 성령이 그리스도 예수 안에서 우리를 죄와 사망의 세력으로부터 해방시킨다는 것입니까? 6장 6절과 8장 2절은 어떻게 다릅니까? 분명히 차이가 있습니다. 앞의 말씀은 근거요, 뒤의 말씀은 적용입니다.

알기 쉽게 비유를 들어 설명하겠습니다. 죄수를 석방시키려면 판사가 석방서를 써주어야 합니다. 그래야만 교도소 소장이 그것을 가지고 옥문을 열어줍니다. 같은 맥락으로 예수님이 십자가에서 죽으시고 다시 부활하신 것은 하나님이 내어놓으신 석방서와 같습니다. 성령께서는 이 석방서를 근거해서 죄와 사망의 옥문을 열고 우리를 해방시켜주시는 것입니다.

예수 그리스도의 십자가는 우리가 해방될 수 있는 모든 근거를 마련해주었고, 성령은 그 일이 실제로 우리에게 일어나도록 해주십니다. 물론 시간 차이는 있습니다. 예수님이 십자가에 못 박힌 일은 2천여 년 전의 이야기입니다. 우리는 그 시대에 태어나지도 않았습니다. 그런데도 예수님이 십자가에서 못 박히실 때 하나님은 그 십자가의 죽음에 우리를 포함시키셨습니다. 예수님이 죽으셨을 때 우리도 함께 죽은 것입니다. 드디어 우리가 세상에 태어났고 어떤 동기로 예수님을 믿게 되었습니다. 그때 우리 마음에 성령이 들어와서 자리를 잡으셨습니다.

성령은 우리를 죄와 사망의 법에서 자유롭게 하셨습니다. 2천 년 전에 이미 이루어진 일을 성령께서 우리에게 일어나도록 실제로 적용하신 것입니다. 시간적인 차이는 있지만 틀림없는 사실입니다. 우리는 이와 같은 은혜를 받았습니다. 그러므로 하나님의 자녀라면 다시는 죄의 종이 될 수 없습니다. 죄가 육체의 연약함을 이용하여 접근할 수는 있어도 노예로 삼을 수는 없습니다. 왜냐하면 우리를 해방시킨 성령께서 우리 안에 계시기 때문입니다.

저의 이야기를 하는 것이 좀 쑥스럽지만 도움이 될 것입니다. 제가 지금까지 살아오면서 치고받는 싸움을 딱 한 번 해보았습니다. 초등학교 4학년 때의 일입니다. 저보다도 훨씬 체구가 큰 아이와 싸움이 붙었습니다. 그야말로 격렬한 싸움을 한 것 같습니다. 결과는 뻔했습니다. 제가 실컷 두들겨 맞았습니다. 코피가 터지고 온몸에 멍이 들었습니다. 저는 너무 억울했습니다. 그 현장에 누군가 나타나서 내 편을 들어주기를 바랐습니다. 그런데 마침 담임 선생님의 모습이 보였습니다. 그분은 우리가 있는 곳으로 터벅터벅 걸어오셨습니다. 그때부터 상황은 역전되었습니다. 그 힘센 주먹으로 나를 마구 치던 아이가 풀이 팍 죽어버렸습니다. 갑자기 고개를 폭 떨어뜨린 채 아무 말을 못했습니다.

성령님은 마치 담임 선생님과 같은 분입니다. 우리가 성령을 모시기 전에는 날마다 육신 때문에 죄한테 두들겨 맞으면서 이리저리 끌려다녔습니다. 그런데 성령께서 내 마음에 오셔서 자리를 잡으시자마자 행패를 부리던 죄가 맥을 못 추게 되었습니다. 이것이 성령을 모신 사람의 특징입니다. 당신은 성령이 자신 안에 계심을 믿습니까? 그렇다면 아무도 당신을 정죄하지 못한다는 것을 믿기 바랍니다. 성령이 생명의 능력으로 우리를 죄와 사망의 법에서 해방시켰는데 누가 감히 우리를 죄인처럼 다룰 수 있겠습니까? 성령을 통해서 승리하신 그리스도가 우리 안에 계시는데 누가 우리를 죄인이라고 고소할 수 있겠습니까? 아무도 우리를 정죄하거나 고소할 수 없습니다. 이 사실을 믿으면 성령을 보내신 하나님을 찬양하지 않을 수 없을 것입니다.

거룩한 삶을 살도록 하심

둘째로, 성령은 하나님이 원하시는 거룩한 삶을 살 수 있게 함으로써 우리가 정죄를 당치 않게 하십니다.

> 육신을 따르지 않고 그 영을 따라 행하는 우리에게 율법의 요구가 이루어지게 하려 하심이니라(4절).

이 구절은 예수님이 십자가에서 우리를 대신해 죽으신 목적 가운데 하나를 밝히고 있습니다. 왜 예수님이 십자가에서 죽으셨습니까? 우리가 율법이 요구하는 거룩한 삶을 살도록 하기 위해서라고 합니다.

사실 우리가 예수님을 모를 때는 하나님께 순종하는 것이 불가능했습니다. 우리는 육신의 일에만 골몰하고 있었습니다. 5절부터 8절까지의 말씀이 이것을 설명하고 있습니다.

> 육신을 따르는 자는 육신의 일을, 영을 따르는 자는 영의 일을 생각하나니 육신의 생각은 사망이요 영의 생각은 생명과 평안이니라 육신의 생각은 하나님과 원수가 되나니 이는 하나님의 법에 굴복하지 아니할 뿐 아니라 할 수도 없음이라 육신에 있는 자들은 하나님을 기쁘시게 할 수 없느니라

육신의 생각은 하나님과 원수가 됩니다. 하나님께 순종하지 않으니까 원수가 될 수밖에 없습니다. 이렇게 육신에 끌려다니는 사람은 생각 자체가 근본적으로 잘못되어 있습니다. 그런 사람은 매사가 자기중심적이요, 세상 지향적입니다. 항상 땅의 것만 생각하는 버릇이 있다는 이야기입니다. 교회를 다니면서도 아직 영적으로 은혜를 받지 못한 사람은 아마 이 테두리에서 벗어나지 못할 것입니다.

당신은 매일 어떤 생각을 하며 생활합니까? 그 생각의 초점이 당신 자신, 아니면 세상에 있나요? 만일 그렇다면 이것은 보통 문제가

아닙니다. 생각이란 무서운 것입니다. 누구나 처음에는 단순하게 생각할 수 있습니다. 그러나 점차로 그 생각에 깊이 빠져들면 나중에는 도저히 자기 힘으로 빠져나올 수 없는 지경에까지 이르게 됩니다. 그리고 무슨 생각을 하느냐에 따라 행동이 달라집니다. 결국 그 행동이 사람의 운명을 결정지을 때가 많습니다. 생각이라는 것이 이만큼 중요합니다.

육신을 좇는 사람

몇 년 전 미국의 한 신문에 자기가 고양이로 변하고 있다는 생각에 깊이 빠진 부인의 이야기가 실린 적이 있었습니다. 아멜라라고 하는 이 부인은 무려 20년 동안이나 고양이용 사료를 먹고 살았다고 합니다. 그 나라에는 반려동물용으로 개발된 사료가 다양합니다. 인스턴트라서 필요할 때 언제든지 구입할 수 있습니다. 게다가 고양이 밥이라 해도 우리나라의 라면보다 못하지 않습니다.

어느 날 이 부인이 키우던 고양이가 죽어버렸습니다. 애지중지하던 고양이가 죽어서 그는 몹시 허전했습니다. 하지만 그는 넉넉한 처지가 아니었습니다. 그래서 예비로 사두었던 고양이 밥을 식사 때마다 먹기 시작한 것입니다. 그러던 것이 버릇이 되어 20년 동안 먹었다고 합니다. 그는 외롭게 혼자 살았습니다. 그래서 그런지 그는 정신적인 장애를 겪게 되었습니다. 고양이 밥을 먹으면서 자기가 점점 고양이로 변해간다는 착각에 빠진 것입니다. 그러다가 마침내 진짜 고양이 행세를 하기 시작했습니다. 기분이 좋을 때는 고양이처럼 가르릉 가르릉 소리를 냈습니다. 화가 날 때는 야옹야옹 울었습니다. 경계해야 할 사람이 접근하면 고양이가 하듯이 쉿쉿 소리를 냈습니다.

심지어 그 부인은 외모가 점차 고양이처럼 변해갔습니다. 스스로 고양이라고 생각하는 사람은 얼굴도 고양이를 닮아갈 수 있나 봅니다. 생각이 이만큼 무서운 것입니다. 육신을 좇는 사람의 특징은 밤낮 육신의 생각에 몰입해 있다는 것입니다.

> 전에는 우리도 다 그 가운데서 우리 육체의 욕심을 따라 지내며 육체와 마음의 원하는 것을 하여 다른 이들과 같이 본질상 진노의 자녀이었더니(엡 2:3).

육체의 욕심을 따라 육체가 원하는 것만 추구하면 마귀가 이끄는 대로 생각하고 행동하게 됩니다. 그러다 결국 그 모습이 마귀처럼 바뀌고 맙니다. 최근에 우리 사회에 마귀 같은 사람이 왜 이렇게 많습니까? 얼마 전 신문과 방송에 크게 보도된 사건이 있습니다. 여성 승객에게 친절한 태도로 신경안정제가 든 음료수를 건네주고는, 여성들이 정신을 잃으면 짐승 같은 짓을 상습적으로 했던 택시 기사의 얼굴을 보았나요? 그것도 한두 번이 아니라 수십 명을 그런 식으로 짓밟았다니 마귀가 아니고 무엇입니까? 그가 밤낮없이 무슨 생각만 하고 살았겠습니까? 어떻게 하면 여자들이 감쪽같이 속아 넘어갈까만 궁리했을 것이 틀림없습니다. 마귀가 아니면 그런 짓을 할 수 없습니다. 정말 끔찍한 이야기입니다.

성령을 좇는 사람

육신의 생각은 하나님과 원수가 됩니다. 생각이 자기중심적이다 보니 하나님의 명령에 순종할 수 없는 것입니다. 우리는 예수 믿고 성령의 사람이 되었습니다. 성령의 사람은 육신을 좇는 생각을 하지 않습니다. 성령은 우리 안에서 사고의 혁명을 일으킵니다. 그 혁명이 어떤 것인지 알기 위해서는 7-8절의 내용을 반대로 읽으면 됩니다. 이렇게 읽어 보십시오. "성령의 생각은 하나님의 생각과 일치가 되나니 이는 하나님의 법에 굴복하기 때문이라 성령에 있는 자들은 하나님을 기쁘시게 할 수 있느니라."

성령은 우리가 하나님의 마음에 일치하려는 생각만 하도록 만듭니다. 어떻게 하면 하나님을 기쁘시게 할까, 어떻게 하면 하나님이 원하시는 뜻에 순종할까만 생각하게 합니다. 그러면 결국 하나님을 기쁘시게 하는 자가 될 수 있습니다. 땅 위의 생물이 공기 안에서 살고 있듯이 성령의 사람은 그리스도 안에서 살고 있습니다. 사람이 공기 안에서 호흡할 때 공기가 그의 폐를 채워주듯이 그리스도가 그의 생각을 채워줍니다. 성령의 사람은 자기 자신의 생각이라는 것이 없습니다. 그리스도가 생각의 전부입니다.

오늘 본문에 나오는 '생각'이라는 단어는 영어로 'mind'라고 표기합니다. 그런데 우리는 'mind'를 주로 '마음'이라고 번역합니다. 생각은 곧 마음입니다. 생각은 마음의 흐름이요, 표현입니다. 생각이 가면 마음이 따라가게 마련입니다. 아름다운 선물이란 그 사람의 마음이 담겨 있는 것이어야 합니다. 여행하는 사람이 분주한 중에도 예쁜 카드나 엽서를 보냅니다. 돈으로 따지면 하찮은 것일지는 모릅니다. 그러나 그것을 받아 보는 사람은 매우 흡족해합니다. 거기에 그 사람의 마음이 담겨 있기 때문입니다. 마음이 담겼다는 것은 그 사람이 자기를 생각해준다는 것을 말합니다.

하나님과 우리의 관계도 마찬가지입니다. 성령을 좇는 사람은 마음이 항상 하나님께 가 있어야 합니다. 어떻게 하면 그분의 명령대로 거룩한 삶을 살 수 있을까, 어떻게 하면 그분을 기쁘시게 할까 항상 생각해야 한다는 말입니다. 성령의 사람은 하나님을 기쁘시게 하는 데 최고, 최선의 관심을 기울이기 때문에 자신의 욕망이 따로 없습니다. 그리스도의 뜻이 바로 자기의 뜻인 것입니다.

6절에서 "영의 생각은 생명"이라고 했습니다. 생명이 있는 삶은 무엇입니까? 영으로 지배되는 삶, 그리스도 중심의 삶, 하나님을 기쁘시게 하는 삶을 뜻합니다. 우리는 비록 땅 위에서 살고 있지만 마음만은 늘 하나님 나라로 향하고 있습니다. 거룩한 생활이 따로 있는 게 아닙니다. 하나님이 생각하시는 것을 내가 생각하면 그것이 거룩한 삶입니다. 하나님의 뜻을 나의 뜻으로 받들면 그것이 성결한 삶입니다. 따라서 성령의 사람은 율법이 요구하는 거룩한 삶을 살수 있는 자리까지 이르게 됩니다.

이것은 율법을 완전하게 지킬 수 있다는 말이 아닙니다. 어떤 계명이나 조항을 가지고 따지기보다는 율법에 담겨 있는 정신대로 살수 있다는 것을 말합니다. 율법의 정신은 사랑입니다.

> … 사랑은 율법의 완성이니라(롬 13:10).

하나님을 사랑하는 마음이 있고 이웃을 사랑하는 마음이 생기면 율법의 요구대로 사는 사람이 됩니다. 성령을 알지 못했을 때는 하나님을 사랑하는 것이 불가능했습니다. 자기 사랑이 너무 강한 육의 사람일 뿐이었습니다. 그러나 성령을 모신 다음부터 우리는 사랑하는 자가 되었습니다. 자기보다 하나님을 그리고 이웃을 사랑합니다. 성령의 사람은 율법을 무시하지 않습니다. 이제 율법을 지키지 않아도 된다는 방종에 휩싸이지 않습니다. 가끔 '오호라'의 탄식이 있기는 하지만, 그것이 우리의 거룩한 삶을 꺾을 수는 없습니다. 어떻게 보면 하나님께서 우리를 죄와 사망의 법에서 자유케 하신 목적은 우리가 율법 이상의 거룩한 삶을 살도록 하는 데 있습니다. 얼마나 놀랍습니까?

성령이 이끄시는 대로 살면 저절로 복이 따라옵니다. 다시 한번 6절 하반절을 보기 바랍니다.

> 영의 생각은 생명과 평안이니라.

성령을 좇아 살면 평안이 찾아옵니다. 집에 있는 자녀가 마음의 평안을 누리려면 부모와 충돌이 없어야 합니다. 마찬가지로 하나님의 자녀가 평안을 누리려면 하나님의 뜻에 어긋나지 않는 삶을 살아야 합니다. 마음의 평안을 다른 데서 찾지 마십시오. 마음의 평안은 우리가 얼마만큼 성령을 따라서 생각하느냐, 얼마만큼 성령을 따라서 행동하느냐, 얼마만큼 하나님을 기쁘시게 하려고 하느냐에 좌우되는 것입니다.

하나님의 자녀는 다른 데서 마음의 평안을 찾을 수 없습니다. 교회를 다닌다고 하면서도 마음의 평안을 잃어버리는 이유는 성령의 생각을 따르지 않기 때문인 경우가 많습니다. 성령께서 지시하시는 길이 아닌 엉뚱한 길로 걸어가는데 마음속에 계시는 성령이 탄식하지 않겠습니까? 그러니까 그의 마음에 갈등이 일어나는 것은 너무나 당연합니다.

신문 지상을 통해서 저는 어느 정당의 요직에 있는 장로님의 이야기를 읽은 적이 있습니다. 그분은 주일날 오전 중에는 어떤 일이 있어도 골프장에 가지 않겠다는 결심을 했다고 합니다. 과거에는 아마 여러 번 갔나 봅니다. 정치적 중대 사안이 지도자들의 주말 골프 회동에서 터져 나오는 예가 많지 않습니까? 그러니 골프장에 안 가면 정치를 할 수 없다고 해도 과언이 아닌 것 같습니다. 그런데 지금에 와서 그분이 주일 오전 만큼은 골프장에 안 가겠다고 결심한 이유가 어디에 있을까요? 성령의 생각대로 따르지 않으니까 자기 마음에 평안이 없다는 것을 체험했기 때문일 것입니다.

가끔 주일 예배를 빼먹고 가족이 모여 산이나 들로 소풍 가는 가정을 봅니다. 그들을 보면서 성령께서 얼마나 탄식하겠습니까? 성령이 탄식하시는데 그들의 마음이 평안할 수 있겠습니까? 놀면서도 하루 종일 불안할 것입니다. 겉으로는 웃지만 속으로는 무슨 사고라도 나지 않을까 조마조마하며 보낼 것입니다. 소풍과 마음의 평안을 맞바꾼 대가를 단단히 치르는 것이라 할 수 있습니다. 성령을 거스르는 자의 마음은 절대 평안할 수 없습니다.

사랑하는 형제자매 여러분, 우리는 성령의 사람입니다. 성령께서 우리를 그리스도와 함께 사는 자가 되게 하셨습니다. 동시에 우리를 죄와 사망의 법에서 자유케 하셨습니다. 뿐만 아닙니다. 성령께서는 우리 안에 거하면서 우리의 모든 생각을 이끌어가십니다. 우리가 거룩한 삶을 살 수 있도록 우리의 모든 행동을 지배하십니다. 성령 때문에 우리는 하나님의 율법에 순종하면서 그분을 기쁘시게 할 수 있습니다.

이와 같이 성령을 통하여 죄와 사망의 법에서 자유함을 얻은 우리가 어떻게 정죄를 받을 수 있겠습니까? 이제 성령을 따라 하나님께 순종하는 삶을 사는 우리가 어떻게 정죄를 당할 수 있겠습니까? 아무도 우리를 죄인이라고 할 수 없습니다. 아무도 우리를 하나님 앞에서 고소할 수 없습니다. 하나님도 우리를 보고 죄인이라고 하지 않으십니다. 바로 이것이 성령을 모신 사람의 특권이요, 기쁨이요, 영광입니다. 1절을 다시 한번 읽어봅시다.

> 그러므로 이제 그리스도 예수 안에 있는 자에게는 결코 정죄함이 없나니.

24

성령의 사람은 성령으로 행한다

로마서 8장 12-17절

12 그러므로 형제들아 우리가 빚진 자로되 육신에게 져서 육신대로 살 것이 아니니라 13 너희가 육신대로 살면 반드시 죽을 것이로되 영으로써 몸의 행실을 죽이면 살리니 14 무릇 하나님의 영으로 인도함을 받는 사람은 곧 하나님의 아들이라 15 너희는 다시 무서워하는 종의 영을 받지 아니하고 양자의 영을 받았으므로 우리가 아빠 아버지라고 부르짖느니라 16 성령이 친히 우리의 영과 더불어 우리가 하나님의 자녀인 것을 증언하시나니 17 자녀이면 또한 상속자 곧 하나님의 상속자요 그리스도와 함께한 상속자니 우리가 그와 함께 영광을 받기 위하여 고난도 함께 받아야 할 것이니라

한 가지 질문하고 싶은 것이 있습니다. 당신은 성령을 모시고 사는 사람이 되었다는 이유로 얼마만큼 기뻐해보았습니까? 내 안에 성령이 계신다는 생각을 할 때마다 너무 좋아서 아무도 안 보는 곳에서라면 춤이라도 출 것 같은 행복감에 젖어본 일이 있습니까?

저는 최근에 민수기 11장을 읽으면서 그것과 비슷한 느낌을 맛보았습니다. 나에게 성령을 주신 하나님께 어찌나 감사한지 성령이 내 안에 계신다는 것만 생각하면 그렇게 마음이 편하고 기쁠 수 없었습니다.

민수기를 보면 이스라엘 백성이 애굽에서 종살이하다가 해방되어 출애굽한 다음 그 삭막한 광야에서 매일 만나를 먹고 살았습니다. 아무리 좋은 음식이라도 매일 먹으면 싫증이 날 수 있지 않습니까? 만나만 지겹게 먹다 보니까 고기 생각이 나서 도무지 견딜 수 없었던 것 같습니다.

어느 날 백성이 고기를 달라며 일종의 데모를 했습니다. 이 모습이 너무 기가 막히고 어처구니가 없던 모세는 하나님께 엎드려, 왜 자신에게 이렇게 무거운 짐을 지워 괴롭게 하시느냐고 하소연했습니다. 그때 하나님은 모세에게 백성 중에서 칭찬을 듣고 지혜롭다고 인정받는 어른 70명을 뽑아 그들과 짐을 나누라고 명령하셨습니다. 그리고 그 70명의 장로들이 하나님 앞에 모이자 그들에게 성령을 부어주셨습니다.

하나님께서 성령을 부어주시던 그날, 그들 중 두 사람이 모세의 말을 듣지 않고 집에 있었는데 그들까지 성령이 충만하여 예언을 했습니다. 그것을 본 여호수아가 심술이 나 그들이 성령을 받지 못하게 하자고 말했습니다. 이때 모세가 유명한 말을 했습니다.

… 여호와께서 그의 영을 그의 모든 백성에게 주사 다 선지자가 되게 하시기를 원하노라(민 11:29).

300만 가까이 되는 이스라엘 백성이 한 사람도 빠짐없이 다 성령을 받아 선지자가 되었으면 한이 없겠다는 말입니다. 얼마나 답답하면 그런 말을 했을까요? 모든 백성이 다 성령의 사람이 되는 것, 이것이 모세의 꿈이요 소원이었습니다. 그렇게만 되면 고기를 달라고 아우성치는 철없는 짓은 하지 않을 것이 틀림없기 때문입니다. 그러나 이상하게도 하나님께서는 구약시대에 그의 꿈을 이루어주지 않으셨습니다.

**성령을 모신 사람은
육신대로 살 수 없다**

우리는 하나님을 찬양해야 합니다. 모세의 꿈이 우리를 통해 이루어졌기 때문입니다. 하나님은 우리 모두에게 성령을 주셨습니다. 남종과 여종을 가리지 않고 예수 그리스도를 부르기만 하면 성령을 주셨습니다. 그래서 우리는 성령을 모신 사람이 되었습니다. 모세가 말한 대로 성령을 받은 선지자가 된 것입니다. 그렇다면 우리는 대단히 중요한 사실 하나를 알아야 합니다. 성령의 사람은 하나님을 향해 고기를 달라며 원망하는 짓을 하지 않는다는 것입니다. 성령을 모신 사람은 육신대로 살 수 없습니다.

> 그러므로 형제들아 우리가 빚진 자로되 육신에게 져서 육신대로 살 것이 아니니라(12절).

앞부분에서 설명한 내용을 다시 반복하고 있습니다. "너희가 성령의 사람이 되지 않았느냐? 성령이 너희를 죄와 사망의 법에서 해방시켰다. 성령이 너희 생각을 바꾸어 영의 생각을 하고 하나님을 기쁘시게 하는 사람으로 만들었다. 이제는 너희가 육에 있지 아니하고 영에 있다는 것을 명심해야 한다." 그렇기 때문에 이제는 육신대로 살면 안 된다는 말입니다.

옛날에는 우리가 육신에게 빚지고 살았습니다. 그러나 이제는 누구에게 빚졌습니까? 성령에게 빚졌습니다. 빚진다는 말은 책임을 지게 되었다는 뜻입니다. 육신대로 살 때는 육신이 이끄는 대로 끌려다녀야 하는 자리에 있었습니다. 그러나 이제는 성령의 사람이 되었으니 성령의 인도를 받으며 살아야 할 책임이 있다는 말입니다.

우리 중에 누구도 육신에게 끌려다니는 빚쟁이처럼 행동해서는 안 됩니다. "육신대로 살 것이 아니니라." 얼마나 단호한 말씀입니까? 변명의 여지를 조금도 남기지 않고 있습니다. 말을 해도 이제는 육신에게 빚진 사람처럼 말하면 안 됩니다. 우리가 세상을 살면서 입버릇처럼 하는 말들이 있습니다. "이렇게 악한 사회에서 어떻게 죄를 안 짓고 사나", "마음은 원이로되 육신이 약하도다" 같은 말들은 전부 육신에게 빚져서 끌려다니는 사람의 말입니다. 성령을 모시고 사는 사람은 이런 소리가 입에서 나오지 못하게 해야 합니다. 성령을 모시고 산다고 하면서 여전히 육신대로 살면 그 결과는 비참해집니다.

> 너희가 육신대로 살면 반드시 죽을 것이로되…(13절).

반드시 죽는다고 합니다. 이 말씀은 하나님이 에덴동산에서 아담에게 하신 경고입니다. "먹는 날에는 반드시 죽으리라"(창 2:17). 영적인 죽음과 육신의 죽음과 지옥에서 멸망받을 영원한 죽음을 전부 다 가리키는 말씀입니다.

여기서 '너희'는 누구라고 생각합니까? 예수님을 안 믿는 사람입니까? 아닙니다. 믿는 사람입니다. 1절에서 말씀한 바와 같이 그리스도 안에서 결코 정죄함을 받을 수 없는 하나님의 자녀를 말합니다. 무슨 일이 있어도 다시 죽을 수 없는 성도를 두고 하는 이야기입니다. 그럼에도 우리들이 만약 육신대로 살면 반드시 죽을 것이라고 하십니다. 모순같이 들리지 않습니까? 분명히 앞뒤가 잘 맞지 않는 것처럼 느껴집니다. 그런데 여기에는 엄한 경고가 담겨 있음을 알아야 합니다.

이 자리에서 솔직히 생각해봅시다. 예수님을 믿는다고 합니다. 성령을 모시고 있느냐고 물으면 "아멘, 아멘" 하고 대답합니다. 그런데 세상에 나가면 육신대로 사는 사람처럼 행세합니다. 만나면 돈 이야기를 하는 것이 낙입니다. 조금만 더 깊게 대화를 해보면 자기만 알고, 자기만 위하는 사람인 것을 느낄 수 있습니다. 심지어 예수니 믿음이니 하는 말을 할 때에도 그 밑바닥에는 자기중심적인 사고가 깔려 있는 것을 보게 됩니다.

　들기에 좀 거북하지만 이런 사람이 있다고 가정해봅시다. 사실은 교회 안에 한둘이 아닙니다. 그들이 입으로 "성령이 계시네 할렐루야 함께하시네" 하고 목청 높여 찬송을 부른다고 해서 과연 그들을 성령의 사람이라 말할 수 있겠습니까? 그렇다 혹은 아니다 하고 단정하는 것은 위험하지만 문제가 있는 것은 사실입니다. 그 사람의 믿음은 가짜일지도 모릅니다. 입으로는 성령을 모시고 산다고 말하지만 스스로 속고 있는지도 모릅니다. 이런 사람을 향해 하나님께서는 반드시 죽는다는 경고를 하고 계십니다.

　로마서 11장 20-21절에도 비슷한 경고가 나옵니다.

> … 높은 마음을 품지 말고 도리어 두려워하라 하나님이 원가지들도 아끼지 아니하셨은즉 너도 아끼지 아니하시리라.

　하나님께서 오래전부터 선택하신 이스라엘 백성은 원가지입니다. 그들이 하나님의 뜻대로 살지 않고 자꾸 거역하니까 도끼로 찍어버렸습니다. 그러면 우리 이방인들은 이스라엘 백성과 비교할 때 어떤 존재입니까? 접붙임을 받은 가지에 불과합니다. 하나님께서는 "순종하지 아니하면 원가지도 가차없이 잘라버리는데 가지인 너희가 예수 믿는다고 하면서 성령으로 살지 아니하면 그대로 둘 것 같으냐"라고 말씀하십니다. 무서운 경고가 아닐 수 없습니다. 그러므로 성령의 사람은 육신대로 살면 반드시 죽습니다. 그러나 실제로 성령의 사람은 절대 죽을 수 없습니다. 이게 무슨 말입니까? 진짜 성령을 받은 사람은 육신대로 살지 않는다는 뜻입니다. 이것이 본문의 참된 의미라 할 수 있습니다.

몸의 행실

그렇다면 우리는 성령으로 사는 증거를 날마다 행동으로 입증할 수 있어야 할 것입니다. 성령은 항상 우리를 분명한 행동으로 인도하시기 때문입니다. 로마서 8장 14절은 이렇게 말씀합니다.

무릇 하나님의 영으로 인도함을 받는 사람은 곧 하나님의 아들이라.

인도함을 받는다는 말은 헬라어로 '아고나이'입니다. 여기에는 강제로 끌고 간다는 의미가 담겨 있습니다. 성령은 우리가 육신으로 살던 시절에 잘 가던 곳을 가지 못하게 하고 성령의 사람으로 꼭 가야 할 곳은 가기 싫어해도 데리고 가실 만큼 강력하게 우리의 행동을 간섭하십니다. 성령의 끄는 힘은 굉장히 강합니다. 아무리 우리가 버텨도 이길 수 없을 때가 많습니다. 육신에 대해서는 항상 "아니요"라고 대답하게 만듭니다. 성령에 대해서는 항상 "그렇습니다"라고 대답하게 만듭니다. 이것이 성령의 인도입니다.

그러므로 성령을 따라 행하는 사람은 우리 삶의 핸들을 육신에게 맡기지 않습니다. 항상 성령의 손에 맡기고 삽니다. 성령이 가라 하면 가고, 오라 하면 오고, 서라 하면 서는 사람이 됩니다. 이것이 성령을 따르는 사람의 실제적인 생활입니다.

본문을 보면 성령의 인도를 받는 사람이 실제로 무엇을 할 수 있는지를 설명하는 실례가 한 가지 나옵니다.

… 영으로써 몸의 행실을 죽이면 살리니(13절).

성령의 사람은 성령으로 자기 몸의 행실을 죽인다고 합니다. 여기서 죽여야 된다는 말은 현재동사입니다. 한 번 죽이는 것으로 끝난다는 말이 아닙니다. 날마다 죽이는 반복 행위를 의미합니다. 잘 알다시피 우리 몸은 아직 구원받지 못하고 있습니다. 이 몸에는 소위 '육적'이라고 말할 수 있는 온갖 종류의 죄성이 있으며 나약성이 자리를 잡고 있습니다. 충동을 받을 때마다 우리 지체 안에는 바람에 출렁이는 바닷물처럼 무서운 정욕이 발동합니다. 야고보서 1장 14절에서 말씀하신 그대로입니다.

오직 각 사람이 시험을 받는 것은 자기 욕심에 끌려 미혹됨이니.

누구나 욕심에 끌려 잘못될 수 있다는 말입니다. 이것이 우리 몸이 가진 약점입니다. 우리가 욕심대로 따르다 보면 몸의 행실이 나타납니다.

'몸의 행실'은 죄를 가리킵니다. 단순히 행동만을 따지는 것이 아닙니다. 언행과 심사 전체를 포함하는 말입니다. 생각으로 죄짓는 것, 말로 죄짓는 것, 습관으로 죄짓는 것이 다 몸의 행실입니다. 성령의 사람은 절대로 해서는 안 되는 것들을 말합니다.

몸의 행실을 죽이려면

이런 것들이 고개를 들 때마다 어떻게 해야 한다고 말씀하십니까? 죽여야 된다고 합니다. 죽인다는 말은 '꼼짝 못하게 한다' 혹은 '끊어버린다'는 뜻을 가지고 있습니다. 어떻게 하면 자주 일어나는 우리 몸의 행실을 끊어버릴 수 있을까요? 구체적인 방법이 있을 것 같지 않습니까? 흔히 이런 구체적인 방법이 뭐냐고 물으면 기도해야 한다고 대답합니다. 옳습니다. 우리는 기도해야 합니다. 당연히 기도해야 하고, 또 무시로 성령 안에서 기도하는 자만이 승리할 수 있습니다. 이것은 성령이 가르치는 확실한 진리입니다. 그러므로 기도하지 않으면 큰일 납니다. 너무나 당연한 사실이기에 여기서 기도하는 문제는 다루지 않고 그 외의 네 가지를 말씀드리려고 합니다. 이것들은 우리 몸의 행실을 죽이는 공식이라 할 수 있습니다.

성령이 내 안에 계심을 믿어야 한다

첫째는, 성령이 내 안에 계심을 꼭 믿어야 합니다. 우리를 죄와 사망에서 해방시킨 하나님의 영, 그리스도를 죽은 자 가운데서 살리신 성령께서 우리 안에 계심을 조금도 의심하지 않고 믿는 것이 우리 몸의 행실을 죽이는 1단계 작업입니다. 성령은 무엇이든 다 할 수 있는 전능한 하나님이십니다. 전능자 하나님이 내 마음 안에 계시며 나와 동행하신다는 것을 한시도 잊지 않고 믿는 그 믿음 자체가 우리로 하여금 죄악에 끌려들어 가지 못하도록 막는 성령의 능력이 될 수 있습니다.

성령은 그분이 하실 것이라고 우리가 믿는 만큼 우리를 도우십니다. 우리가 믿지 않으면 그만큼 성령은 우리를 도우실 수 없습니다. 반대로 우리가 믿으면 믿는 만큼 성령은 우리를 도우십니다. 이것을 꼭 기억하기 바랍니다. 성령이 내 안에 계시는 것을 믿지 않고 어떤 유혹 앞에서 이겨보려고 몸부림을 치면 어떤 결과가 생길까요? "오호라 나는 곤고한 사람이로다" 하고 탄식하게 됩니다.

본문에서는 '너희가' 몸의 행실을 죽이라고 합니다. 몸의 행실은 성령이 죽이는 것이지 우리가 죽이는 것이 아닙니다. 그러므로 성령이 일할 수 있게 해드려야 합니다. 어떻게 하면 될까요? 내 안에 계신 성령을 믿는 것입니다.

우리 자신이 누구인가를 잊지 말아야 한다

둘째는, 우리 자신이 누구인가를 잊지 말아야 합니다. 성령을 모신 우리는 누구입니까?

> 무릇 하나님의 영으로 인도함을 받는 사람은 곧 하나님의 아들이라 (14절).

우리는 성령을 모셨기 때문에 하나님의 아들이 되었습니다. 성삼위 가문의 자손이 된 것입니다. 얼마나 영광스러운 신분인지 모릅니다. 이 신분 의식을 조금이라도 등한시하면 안 됩니다.

성령은 우리 안에서 "너는 하나님의 아들이야"라고 항상 깨우쳐 줍니다. 그래도 우리가 분명하게 행동하지 못해 갈지자 걸음을 걸으면 그때에는 더 큰 소리로 "너는 하나님의 아들이야" 하고 말씀합니다. 그 소리를 듣지 못하는 사람은 성령을 모셨다는 말을 할 수 없습니다. 왜 그럴까요?

> 성령이 친히 우리의 영과 더불어 우리가 하나님의 자녀인 것을 증언하시나니(16절).

성령의 사람이라면 아무리 잘못된 길로 들어섰다 해도 성령의 증거에 귀를 막을 수 없습니다. 만일 못 들었다고 변명하면 그는 성령의 사람이 아닐지도 모릅니다.

좋은 집안에서는 가훈이라는 것을 만들어서 자녀들을 교훈하지 않습니까? 우리나라의 대표적인 소설가 김동리 선생의 가정에는 이런 가훈이 있다고 합니다. "도박을 가까이하지 말라. 주색을 삼가라. 남에게 이기려 하지 말라." 대단히 의미 깊은 말이라고 생각됩니다. 그 가문의 조상 중에서 도박을 하다가 집안을 망친 사람이 있었는지 모르겠습니다. 그러나 한국의 대표적인 소설가 집안에서 태어난 자식이라면 가문의 체통을 생각해서라도 "주색에는 빠지지 말아야지. 도박은 하지 말아야지. 남에게 이기려고 아옹다옹하지 말아야지" 하면서 조상의 교훈을 가슴에 새기고 살아갈 것입니다. 틀림없이 그들의 행동은 남들과 다른 데가 있을 것입니다.

성령을 주신 하나님께서 우리에게 가르치신 가훈이 무엇입니까? 성삼위 하나님의 가훈 말입니다. 좀 길어 보이지만 66권의 성경 말씀입니다. 그래서 시편 저자가 뭐라고 했습니까?

> 주의 말씀은 내 발에 등이요 내 길에 빛이니이다(시 119:105).

어두운 세상을 걸으면서 말씀을 불처럼 밝히고 다니라고 주셨으니 가훈이 아니고 무엇입니까? 성령은 항상 우리 안에서 "너는 하나님의 자녀야. 그러니까 하나님의 말씀대로 살아야 돼" 하고 가르쳐 주십니다. '하나님의 자녀라면 이 정도로는 살아야지' 하는 의식을 시시로 자각시킵니다. 이 음성을 듣는 사람이 성령의 사람입니다.

요한일서 3장 2-3절은 이를 아주 명확하게 말씀하고 있습니다.

> 사랑하는 자들아 우리가 지금은 하나님의 자녀라 장래에 어떻게 될지는 아직 나타나지 아니하였으나 그가 나타나시면 우리가 그와 같을 줄을 아는 것은 그의 참모습 그대로 볼 것이기 때문이니 주를 향하여 이 소망을 가진 자마다 그의 깨끗하심과 같이 자기를 깨끗하게 하느니라.

자기가 하나님의 자녀라는 분명한 신분 의식을 가진 사람은 예수님처럼 깨끗하게 살아야 한다는 나름의 주체의식을 가졌다는 말씀입니다. 주체의식을 확고하게 다진 사람은 몸의 행실을 죽일 수 있습니다.

유혹 앞에서 단호한 태도를 취해야 한다

셋째는, 유혹 앞에서 단호한 태도를 취해야 합니다. 우리 안에 거하시는 성령은 유혹이 다가올 때마다 단호한 태도를 취하도록 명령하십니다. 애매하거나 적극성이 없는 태도는 성령께서 기뻐하지 않으십니다. "안 돼!"라고 말해야 할 때마다 반드시 "안 돼!"라고 할 수 있어야 합니다. "이래도 괜찮을까? 꼭 죄라고 할 수 없잖아?"라는 애매한 말을 해서는 안 됩니다.

누구에게나 스스로 약하다고 생각하는 것이 한두 가지는 있지 않습니까? 이성에 약한 사람이 있는가 하면 명예에 약한 사람이 있습니다. 거짓말에 약한 사람, 노는 데 약한 사람, 체면이나 친구에 약한 사람이 있습니다. 어떤 사람은 예수님을 믿어도 돈에는 아주 약합니다. 고 한경직 목사님은 생전에 기자들과 인터뷰하는 자리에서 자신은 평생 통장을 가진 일이 없다고 했습니다. 그것을 보고 저는 큰 충격을 받았습니다. 그러면서 '나는 돈에 약한 것이 아닌가' 하며 반성을 했습니다.

자신의 약점이 무엇인지 잘 안다면 그 약점을 공략하며 접근하는 유혹 앞에서 가볍게 행동해서는 안 됩니다. 예를 들어 성적 자극에 특별히 약한 사람에게는 성령께서 그 문제에 대해 항상 단호하게 말하고 행동하도록 요구하실 것입니다. 그럼에도 음란한 영화를 상영하는 극장 앞에서 서성거린다든지 쓰레기 같은 잡지들을 꽂아둔 진열대 앞을 왔다갔다하면서 뽑을까 말까 망설인다면 이것은 단호한 행동이라 할 수 없습니다. 미끼를 보고 근방을 뱅글뱅글 맴도는 물고기처럼 행동하면 안 된다고 성령은 말씀하십니다. "빨리 돌아서라. 위험한 곳 근처에는 얼씬도 하지 마라. 도망가라. '안 돼!' 하고 외치라." 우리 안에 계시는 성령은 그렇게 말씀하고 계십니다.

욥은 진정 성령의 사람이었습니다. 그가 자기 몸의 행실을 초전에 박살 내기 위해서 행동의 원칙으로 정한 것이 있었습니다.

> 내가 내 눈과 약속하였나니 어찌 처녀에게 주목하랴(욥 31:1).

이 말은 '어찌 처녀에게 추파를 던지랴'라는 뜻입니다. 욥은 아름다운 여성에게 조금 약했는지도 모릅니다. 돈 많은 사람들 중에는 그런 경향을 가진 자들이 있지 않습니까? 욥은 부자니까 아름다운 여성을 보면 가까이하고 싶은 욕망을 자주 느꼈는지도 모릅니다. 그래서 단호한 행동을 하기 위한 나름대로 지침을 정해 처녀들을 대하기로 한 것입니다. 눈짓까지도 조심하겠다는 뜻이었습니다. 다시 말해서 잠언 4장 25절대로 살겠다는 것이었습니다.

> 네 눈은 바로 보며 네 눈꺼풀은 네 앞을 곧게 살펴(잠 4:25).

안목의 정욕, 이성에 대한 유혹이 가까이 올 때 눈 하나 돌리는 것까지 분명하게 하겠다는 결단이 우리에게 있어야 합니다. 성령은 이런 결단을 요구합니다.

제가 존경하는 목사님의 이야기입니다. 지금은 세상에 계시지 않지만 제가 가까이 모시면서 몇 년 동안 지켜보니까 젊은 부인들, 특히 어여쁜 여성들을 만나 이야기를 나눌 때면 이상하게도 얼굴을 똑바로 보지 않았습니다. 처음에는 참 이상하다고 생각했습니다. 여자든 남자든 사람을 만나면 눈과 눈을 마주하면서 이야기를 해야 뭔가 통하지 않습니까? 그러나 그 어른은 얼굴을 쳐다보지 않고 여자의 구두 끝을 바라보았습니다.

왜 그럴까 하고 궁리해보니까 '목사님은 뭔가 마음에 결심한 것이 있구나' 하는 생각이 들었습니다. 그분이 그런 면에 약했는지는 모르겠습니다. 그러나 마음으로 결심한 것이 있었음은 확실한 듯합니다. '아름다운 여자가 앞에 있을 때는 얼굴을 보지 말자. 구두 끝을 보자.' 아주 멋있는 결단인 것 같습니다. 그렇지 않습니까? 우리가 여자의 얼굴을 유심히 볼 때는 '야, 잘났다', '좀 못났다' 하는 생각이 자꾸 마음속에 오고갈 수 있으니까 이것이 성령을 근심하게 할 수도 있습니다. 그러나 구두 끝을 보면 기껏해야 '비싸다', '싸다' 정도밖에 생각할 것이 더 있겠습니까? 마음으로 죄지을 염려가 없으니 얼마나 안전합니까?

성령께서는 우리를 대신해서 직접 행동하지 않으십니다. 성령은 보혜사입니다. 돕는 분입니다. 우리가 행동하도록 힘을 주고 격려하시는 분이지 "너는 가만히 있어. 내가 다 해줄게"라고 하는 분이 아닙니다. 그러므로 우리가 성령께 순종하지 않으면 성령도 속수무책입니다. 그럴 경우에 그분은 혼자 탄식하신다고 합니다. 근심하신다고 합니다. 자기가 대신 해주실 일이면 탄식이 필요없을 것입니다.

그러므로 유혹이 오면 우리 스스로 단호하게 물리쳐야 합니다. 누가 대신 해주기를 기다리지 말아야 합니다. 자기의 정원을 깨끗하게 가꾸고 싶다면 정원에 잡초가 자라도록 내버려두어서는 안 된다는 유명한 말이 있습니다. 그렇습니다. 우리의 마음을 하나님의 거룩한 전으로 깨끗이 가꾸기를 원한다면 마음속에 잡초가 보일 때마다 쏙쏙 뽑아버려야 합니다. 이것이 몸의 행실을 죽이는 일입니다. 예수님을 믿으면서도 아직 잘 안 되는 사람이 많을 것입니다. 당신을 도우시는 성령께 의지하기 바랍니다.

말씀으로 무장해야 한다

마지막으로, 말씀을 가지고 무장해야 합니다. 우리가 잘 아는 시편 119편 9, 11절이 그대로 우리의 삶에 적용되어야 합니다.

> 청년이 무엇으로 그의 행실을 깨끗하게 하리이까 주의 말씀만 지킬 따름이니이다 … 내가 주께 범죄하지 아니하려 하여 주의 말씀을 내 마음에 두었나이다.

에베소서 6장 17절을 기억합니까?

··· 성령의 검 곧 하나님의 말씀을 가지라.

성령은 우리가 말씀을 마음에 담고 묵상할 때 그 말씀을 칼처럼 사용하십니다. 얼마나 능력 있게 사용하시는지 모릅니다.

현재 미국에서 사역하는 목사님 중에 유명한 저술가요 탁월한 설교자로 인정받는 분이 있습니다. 그분이 세미나를 인도하러 두 주 동안 캐나다에 다녀온 적이 있습니다. 미국에서는 부부가 같이 가는 것이 상례인데 어떻게 해서 그랬는지 모르지만 그때는 목사님 혼자 가게 되었습니다. 두 주간이니까 중간에 주일이 한 번 끼지 않습니까? 주말에 별다른 스케줄도 없고 할 일도 없는데 집 생각은 자꾸 나니까 고독한 나머지 호텔을 나왔다 들어갔다 하며 여기저기를 하릴없이 서성거렸습니다.

미국 사람들은 좀 약하다는 생각이 들 때가 가끔 있습니다. 부부가 한시라도 떨어져 있으면 못 견딥니다. 우리 한국 사람은 이런 점에서만은 얼마나 강합니까? 24시간 안 보고 밖에 있어도 아내한테 전화 한 번 안 하는 강한 기질이 있지 않습니까? 몇 년 보지 않고 살아도 사랑이 변하지 않는 순수한 마음이 있지 않습니까? 그러니까 아라비아에도 가고 아프리카에도 가서 혼자 몇 년 있다가 오지요. 미국 사람들은 상상조차 못할 일입니다. 그랬다가는 당장 이혼을 하고 말 것입니다.

목사님은 주변을 기웃거리다가 다시 호텔로 돌아왔습니다. 자기 방으로 들어가려고 엘리베이터를 타고 6층 단추를 눌렀는데, 갑자기 엘리베이터 문이 열리면서 젊고 아름다운 여성 둘이 타는 것이었습니다. 여인들은 몇 층에 가는지 단추를 누르지도 않고 가만히 있더니 목사님을 보고 생글거리며 이렇게 말했습니다. "6층은 어때요? 오늘 오후에 특별한 계획이라도 있나요? 함께 지내면 참 즐거울 것 같은데요"

순간 그 목사님은 위기감을 느꼈다고 합니다. 그가 그때 무슨 생각을 제일 먼저 했는지 압니까? '이 여자들하고 한번 재미를 볼까' 하는 생각은 아니었습니다. '누가 보면 어떻게 하지' 하는 우려감도 아니었습니다. 집에 있는 아내를 생각한 것도 아니었습니다. 유혹 앞에서 제일 먼저 마음에 떠오른 것은 평소 외워둔 하나님의 말씀이었다고 합니다.

> 이와 같이 너희도 너희 자신을 죄에 대하여는 죽은 자요 그리스도 예수 안에서 하나님께 대하여는 살아 있는 자로 여길지어다 그러므로 너희는 죄가 너희 죽을 몸을 지배하지 못하게 하여 몸의 사욕에 순종하지 말고(롬 6:11-12).

그는 평소 말씀을 외웠기 때문에 적절한 때 그 말씀을 생각나게 하시는 성령의 은혜에 사로잡힐 수 있었던 것입니다. 그는 자기도 모르게 3층 단추를 눌렀습니다. 문이 열리자 나가면서 뒤를 돌아보며 "안녕히 가십시오. 나는 여러분이 던지는 그 제안에는 아무런 흥미가 없습니다"라고 냉정하게 말했습니다. 그 자리를 피해버린 것입니다. 이처럼 하나님의 말씀이 유혹 앞에서 얼마나 단호하게 위력을 발휘하는지 모릅니다. 중요한 성구들을 외우라고 하는 이유가 바로 여기에 있습니다.

다시 한번 복습해볼까요? 첫째, 성령이 내 안에 계심을 믿으라. 둘째, 내가 하나님의 자녀임을 잊지 말라. 셋째, 유혹 앞에서 단호한 태도를 취하라. 넷째, 하나님의 말씀을 항상 마음에 묵상하고 간직

하라. 이 네 가지는 순서와 상관이 없습니다. 경우에 따라 어느 것이 먼저 나오고 뒤에 나올 수 있습니다. 성령으로 몸의 행실을 죽여야 한다는 것이 가장 중요합니다.

성령을 따라 사는 자의 행복

성령으로 몸의 행실을 죽이는 사람에게는 기가 막힌 행복이 따라옵니다. 그 행복이 15절에 나와 있습니다.

너희는 다시 무서워하는 종의 영을 받지 아니하고 양자의 영을 받았으므로 우리가 아빠 아버지라고 부르짖느니라.

너무나 좋은 말씀입니다. 성령께서는 종이 주인을 무서워하듯이 우리가 하나님을 무서워하게 하지 않으신다는 말입니다. 오히려 사랑받는 아들이 하는 것처럼 하나님을 가까이하고 즐거워하게 하신다고 합니다.

하나님을 향해 "아빠 아버지"라고 부르는 것은 예수님이 세상에 계실 때 하시던 일이었습니다. 이것은 천진한 아기가 아버지를 향해 부르는 이름입니다. 여기에는 품위나 체면을 찾아볼 수 없습니다. 아버지가 마냥 좋아서 떨어지지 않는 어린아이한테만 통하는 말입니다. 마음에서 우러나오는 사랑의 감정이 넘치는 말입니다. 아버지를 생각할 때마다 기쁨을 이기지 못해서 자연스레 터지는 말이라고 할 수 있습니다.

'부르짖는다'는 뜨거운 감정을 담고 소리내어 부르는 것을 말합니다. 또 어떤 경우에는 끈질기게 재촉하는 말이기도 합니다. 다시 말하면 좋아서 부르는 소리요 반가워서 터지는 소리요 급해서 찾는 소리를 말합니다. 그러므로 "아빠 아버지" 하고 부르는 것은 기도만을 의미하지 않습니다. 하나님을 찬송하는 것이요, 행복해서 부르는 이름이요, 하나님을 즐거워하면서 부르는 이름입니다. 하나님을 "아빠 아버지"라 부르는 사람은 그 마음이 늘 평안하고 형용할 수 없는 기쁨이 찾아오는 것을 체험하게 됩니다.

아버지를 향해 "아빠" 하고 부를 수 있는 나이의 아이를 한번 상상해보세요. 아마도 그 아이에게는 세상에서 제일 크고 자랑스러워 보이는 분이 아버지일 것입니다. 아이는 아버지를 자기를 위해서 무엇이나 다 해줄 수 있는 하나님 같은 존재로 여길 것입니다. 그리고 아버지는 자기만 사랑한다는, 자신감을 가지고 있을 것입니다. 아이의 마음에는 아버지에 대한 두려움이 하나도 없습니다. 어색함도 없습니다. 큰형이 겁이 나서 못 하는 말을, 사랑받고 있다고 자신하는 막내아들이 대신해줍니다. 아빠 아버지, 얼마나 행복한 부름인지 모릅니다.

종교 개혁자 마르틴 루터는 이 본문을 이해하지 못했다고 합니다. 아빠라고 하는 말은 오늘날 그렇게 대단한 호칭이 아닙니다. 아버지와 자녀 사이가 어색하지 않을 정도로 여러 면에서 가까워졌기 때문입니다. 그러나 마르틴 루터가 자라나던 중세만 해도 아버지를 그렇게 부른다는 것이 대단히 어려웠나 봅니다. 대개의 아버지가 엄하고 무섭기만 했기 때문입니다. 그래서 루터는 왜 하나님께서 자기를 엄마라고 부르도록 하지 않았을까 의아해했다고 합니다. 그는 "엄마"라고 해야 비로소 행복한 감정의 교류가 가능하다고 생각한 것입니다. 왜 그랬을까요? 그는 자라날 때 아버지에게 매를 많이 맞았습니다. 매를 많이 맞으니 자연히 아버지에 대해서 좋은 감정이 없습니다. "아빠" 하고 100번을 불러도 행복한 감정이 전해지지 않는 것입니다. 우리한테도 '엄마'가 '아빠'보다 훨씬 뭉클한 정감이 전해지는 것은 사실입니다.

그러나 이런 이야기는 사실 아무런 쓸데가 없습니다. 중요한 것은 아빠냐 엄마냐가 아니라, 성령께서 우리로 하여금 하나님께 사랑받는 자녀의 특권과 행복을 느끼고 누리게 하신다는 데 있습니다. 우리 안에 거하시는 성령은 우리가 아무리 나이가 들어도 하나님을 향해서는 "아빠 아버지"라고 부르며 즐거워하도록 만듭니다. 성령의 사람은 절대로 하나님을 아빠 아버지라 부르기에 부끄러운 성인이 되지 않습니다.

한경직 목사님은 90세가 되셨을 때에도 기도하는 모습만큼은 영락없이 어린아이였습니다. 하나님의 춘추는 금년에 어떻게 되시나요? 90세가 아닙니다. 100세가 아닙니다. '영원세'입니다. 영원히 사시는 분이기 때문입니다. 그분 앞에서 누가 어른입니까? 그런데 성령의 은혜를 모르는 사람들은 자기가 어른인 체합니다. 그들은 쑥스럽고 어색해서 하나님을 아빠 아버지라고 부르지 못합니다.

성령의 사람은 몸의 행실을 죽입니다. 그러므로 하나님 앞에 나아갈 때 거리낌이 없습니다. 두려움이 없습니다. 하나님의 사랑에 대해 자신감이 있습니다. 마음이 고통스러울 때도 아빠 아버지라고 부르는 행복이 있습니다. 고독할 때도 아빠 아버지라고 부르는 여유가 있습니다. 슬플 때도 아빠 아버지라고 부르면 그 마음에 위안이 찾아오는 것을 느낍니다. 이런 이가 바로 성령의 사람입니다. 성령의 사람만큼 행복한 자가 없습니다.

우리가 성령을 모시고 사는 행복을 어디에서 찾아야 합니까? 하나님을 아빠 아버지라 부를 수 있다는 이 특권에서 찾아야 합니다. 사랑받는 기쁨, 자유함과 평안함이 우리에게 항상 있다는 것 때문에 우리는 행복한 사람입니다. 그러므로 우리가 성령의 사람이 된 것을 감사해야 합니다. 날마다 이 사실을 확인하고 감사하는 삶을 살아야 합니다.

본문을 다시 한번 봅시다. 우리는 성령께 빚지고 사는 사람입니다. 그러므로 해야 할 일이 있습니다. 첫째는 12절처럼 육신대로 살면 절대 안 됩니다. 그리고 13절처럼 영으로써 몸의 행실을 죽여야 하며, 14절처럼 성령으로 인도함을 받는 사람이 되어야 합니다. 그 다음에는 15절처럼 하나님을 아빠 아버지라고 부르는 삶을 살아야 합니다. 이것이 행복한 성령의 사람이 누리는 생활입니다. 우리 모두에게 이와 같은 복된 은혜가 충만하기를 바랍니다.

25

고난, 탄식, 영광

로마서 8장 18-25절

18 생각하건대 현재의 고난은 장차 우리에게 나타날 영광과 비교할 수 없도다 19 피조물이 고대하는 바는 하나님의 아들들이 나타나는 것이니 20 피조물이 허무한 데 굴복하는 것은 자기 뜻이 아니요 오직 굴복하게 하시는 이로 말미암음이라 21 그 바라는 것은 피조물도 썩어짐의 종 노릇 한 데서 해방되어 하나님의 자녀들의 영광의 자유에 이르는 것이니라 22 피조물이 다 이제까지 함께 탄식하며 함께 고통을 겪고 있는 것을 우리가 아느니라 23 그뿐 아니라 또한 우리 곧 성령의 처음 익은 열매를 받은 우리까지도 속으로 탄식하여 양자 될 것 곧 우리 몸의 속량을 기다리느니라 24 우리가 소망으로 구원을 얻었으매 보이는 소망이 소망이 아니니 보는 것을 누가 바라리요 25 만일 우리가 보지 못하는 것을 바라면 참음으로 기다릴지니라

미국 오페라계에서 이름을 떨쳤던 힐리니 할버튼이라는 가수가 있습니다. 어느 날 자기 아들이 이웃집 아이와 놀면서 주고받는 대화를 집 안에서 살짝 엿듣게 되었나 봅니다. 이웃 아이가 "우리 아빠는 시장님을 잘 아신다"라고 자랑하니까 그 말을 들은 그의 아들이 "우리 아빠는 하나님을 잘 아셔" 하고 대꾸하는 것이었습니다. 아들의 대답을 듣는 순간 눈에서 눈물이 쏟아지기 시작해 서재로 달려 들어가 실컷 울었다고 고백한 글을 읽은 적이 있습니다. 그는 무엇 때문에 아들의 말을 듣고 그토록 감격했을까요? 그 눈물의 의미가 어디에 있었다고 생각합니까? 하나님을 잘 아는 아빠를 떳떳하게 자랑할 줄 아는 아들의 모습이 참으로 대견했기 때문입니다.

우리는 어떻습니까? 우리는 모두 하나님의 아들입니다. 얼마나 하나님을 아버지로 자랑할 수 있습니까? 얼마만큼 그분이 우리 아버지라는 사실 때문에 감격하고 있습니까? 성령이 친히 우리 영으로 더불어 우리가 하나님의 자녀인 것을 증거 하시는데, 우리는 그 하나님을 얼마나 잘 알고 자랑스러워하는지 진지하게 자문해볼 필요가 있습니다.

하나님의 자녀가 되었다는 사실은 너무나 황홀하고 자랑스러운 일입니다. 그렇지만 악한 세상에서는 잘 통하지 않고 매력을 주지 못합니다. 사람들의 눈에는 하나님보다 시장을 잘 아는 것이 훨씬 더 돋보입니다. 왜 그렇습니까? 죄송한 이야기지만 세상 사람은 하나님과 원수 된 마귀의 자식들이기 때문입니다. 마귀의 자녀가 하나님을 아버지라 부르는 사람을 절대 좋아할 리 없습니다.

우리는 마귀의 자녀와 섞여서 살아갑니다. 자연히 그만한 값을 치르지 않으면 안 되는 처지에 놓여 있습니다. 그 값을 치를 때 비로소 하나님의 자녀다움이 나타납니다. 반대로 그 값을 치르지 못하면 마귀의 자녀와 하나도 다를 것이 없습니다.

함께 읽은 말씀은 하나님의 자녀 된 자가 세상에서 꼭 치러야 할 대가를 이야기하고 있습니다. 그리고 그 대가를 바로 치를 때 누릴 수 있는 복에 대해 말씀합니다. 이것을 세 마디로 이야기한다면 고난, 탄식, 영광이라고 할 수 있습니다.

하나님 자녀의 고난

첫째로, 우리에게는 하나님의 자녀만 아는 고난이 있습니다. 세상 사람들은 모릅니다. 오직 하나님의 자녀만 알 수 있습니다. 17-18절을 다시 봅시다.

> 자녀이면 또한 상속자 곧 하나님의 상속자요 그리스도와 함께한 상속자니 우리가 그와 함께 영광을 받기 위하여 고난도 함께 받아야 할 것이니라 생각하건대 현재의 고난은 장차 우리에게 나타날 영광과 비교할 수 없도다.

'고난'이라는 이라는 말을 반복해서 언급하고 있습니다. 이 고난의 특징은 그리스도와 함께 받는 고난이요 현재의 고난이라는 데 있습니다.

먼저 그리스도와 함께 받는 고난에 대해 생각해보겠습니다. 예수님은 세상에 계실 동안 끊임없이 고난을 받으셨습니다. 그분이 고난을 받은 것은 하나님의 아들이라는 이유 때문이었습니다. 사람들의 눈에 그는 퍽 초라해 보였습니다. 배경도 신통치 않았습니다. 가문도 보잘것없었습니다. 그럼에도 예수님은 자기를 하나님의 아들이라고 했습니다. 당연히 사람들은 그를 멸시하고 천대했습니다. 그가 십자가에서 무참하게 죽은 이유는 하나뿐이었습니다. 자기를 하나님의 아들이라고 한 것 때문입니다. 당시 골고다 언덕에 모여 있던 유대 사람들은 예수님을 향해 고개를 흔들면서 이렇게 빈정거렸습니다. "그의 말이 나는 하나님의 아들이라 하였도다"(마 27:43). 이것은 "자기가 하나님의 아들이라고 했잖아. 그랬으니 죽어 마땅하지"라는 말입니다. 이와 같이 예수님은 하나님의 아들이었다는 것 때문에 고난을 당하셨습니다.

그렇다면 예수님과 함께 하나님의 아들이 된 우리가 이 세상에서 고난받지 아니하고 넘어갈 수 있겠습니까? 그럴 수 없습니다. 예수님이 받은 고난을 우리도 똑같이 받을 수밖에 없습니다. 그런 의미에서 우리의 고난은 바로 예수 그리스도와 함께 당하는 고난이 되는 것입니다. 17절을 다시 한번 주목해보십시오.

… 고난도 함께 받아야 할 것이니라.

우리의 고난은 너무나 당연하다는 투로 단호하게 말씀하고 있습니다. 주인이 고난을 받는데 종이 받지 않을 수 있습니까? 맏형이 고난을 받는데 동생들이 피할 수 있습니까? 예수님은 요한복음 15장 20절에서 이 사실을 분명하게 지적했습니다.

> 내가 너희에게 종이 주인보다 더 크지 못하다 한 말을 기억하라 사람들이 나를 박해하였은즉 너희도 박해할 것이요 내 말을 지켰은즉 너희 말도 지킬 것이라.

바울은 한때 예수 믿는 사람들을 엄청나게 핍박했습니다. 한참 열이 나서 다메섹으로 달려갈 때 예수님이 그에게 나타나셔서 하신 첫마디가 무엇인지 압니까? "사울아 사울아 네가 어찌하여 나를 박해하느냐"(행 9:4). 아마 그는 깜짝 놀랐을 것입니다. 자기는 예수 믿는 사람을 핍박했지 예수님을 핍박했다고 생각하지 않았을 것이기 때문입니다. 그러나 예수님은 세상에서 자기 때문에 핍박을 받는 성도의 고난을 바로 자기 자신의 고난으로 보았습니다. 결국 예수님의 고난은 우리의 고난이 되는 것입니다.

우리가 명심해야 할 점은 예수님을 핍박하고 십자가에 못 박았던 세상은 그동안 하나도 달라진 것이 없다는 사실입니다. 이 세상은 아직도 세상 신이 다스리고 있습니다. 사람들은 여전히 악합니다. 그들은 하나님을 싫어합니다. 하나님을 싫어하기 때문에 자기를 하나님의 아들이라고 말하는 자들을 싫어합니다. 겉으로는 별로 표를 내지 않지만 속으로는 정말 싫어합니다. 만일 "예수 믿는 사람을 다 죽여라" 하는 시대가 온다면 그들은 우리를 향해 욕하며 죽이려고 달려들 것입니다. 이것은 이상한 일이 아닙니다. 예수님이 받은 고난을 우리가 피할 수 없기 때문에 일어날 수 있는 현실입니다.

여러분, 성경을 살살이 뒤져보십시오. 특별히 마태복음부터 시작하여 요한계시록까지 예수 믿는 우리를 향해 고난을 피하라고 권면하는 말씀이 나오는지 찾아보십시오. 놀랍게도 고난을 받으라고 하는 말씀만 점점이 이어지는 것을 알 수 있습니다. 고난을 당하지 않도록 전능하신 하나님의 품에 안아 보호해주시겠다는 약속은 없습니다. 고난받지 않고도 하나님 나라에 들어올 수 있다는 언질은 하지 않습니다. 도리어 고난받아야 한다고 말씀합니다. 우리가 하나님 나라에 들어가기 위해서는 당연히 환난을 받아야 한다고 가르쳐줍니다. 베드로전서 4장 13절이 대표적입니다.

> 오히려 너희가 그리스도의 고난에 참여하는 것으로 즐거워하라 이는 그의 영광을 나타내실 때에 너희로 즐거워하고 기뻐하게 하려 함이라.

참 기가 막힌 말씀입니다. 고난을 피하라고 하기는커녕 즐거워하라고 권면합니다. 이만큼 성도의 고난은 하나님이 보시기에 영광스럽기 때문입니다.

다음으로 우리가 당하는 고난은 현재의 고난입니다. 18절은 "생각하건대 현재의 고난은…"이라는 말로 시작됩니다. 어떻게 보면 이 현재라는 말이 잠깐 스쳐 지나가는 기간을 가리키는 것처럼 보입니다. 그러나 사실은 그렇지 않습니다. 현재는 주님이 부활하신 그때부터 시작하여 재림하시기까지의 시기인, 소위 '말세'라고 부르는 시대를 전부 포괄하는 말입니다. 그러므로 수천 년이 될 수 있습니다. 개인으로 말하자면 세상에 태어나서 죽을 때까지를 가리킵니다. 그동안 받을 수 있는 고난이 현재의 고난입니다. 그러므로 우리가 하나님을 아버지로 모시고 신앙생활을 잘하려면 일생 동안 고난당할 각오를 하고 살지 않으면 안 됩니다.

솔직히 말해서 우리는 아직 고난이라고 할 만한 일을 잘 모르고 살아왔습니다. 그러나 우리 주변에는 하나님의 자녀가 되었다는 한 가지 이유로 남모르게 고난을 당하는 형제자매들이 적지 않습니다. 남편으로부터 학대를 당하고 정신적인 고문을 당하는 아내들, 직장에서 술자리에 함께 앉지 않는다는 이유로 따돌림을 당하고 나중에는 진급마저 잘 안 되어 만년 계장 노릇을 하는 가장들, 남들이 다 하는 땅투기 나 몰라라 하고, 만약 투기를 했더라면 그런 대로 한 재산 모았을 텐데 예수 믿는 사람이 그럴 수는 없다며 고집하다가 이제는 자녀들이 크면서 더 빠듯해진 살림을 꾸려야 하는 주부들이 어디 한둘이겠습니까? 이 모든 것이 그리스도와 함께 당하는 고난입니다. 나이가 차서 시집은 가야 되겠는데 예수 믿는 사람이 아니면 절대로 결혼할 수 없다는 고집을 꺾지 못해서 혼기를 놓친 채 아직도 결혼하지 못한 자매들, 그렇다고 해서 믿는 것 따지지 않고 아무하고나 결혼하자니 신앙 양심이 허락하지 않아 부모로부터 이 눈치 저 눈치 받아가면서 지금까지 기도하며 기다리고 있는 아름다운 우리 딸들은 모두가 그리스도와 함께 고난을 당하고 있는 것입니다. 저는 그들을 위해서 자주 기도하고 있습니다.

어떤 사람이 이런 말을 했습니다. "그리스도의 양들은 모두 다 십자가로 낙인이 찍혀 있다. 털에만 찍힌 것이 아니라 살 속에까지 깊이 찍혀 있다." 우리 모두는 하나님의 자녀이기 때문에 십자가의 낙인을 찍어놓고 다니는 사람들입니다. 그 낙인이 무엇입니까? 그리스도와 함께 받는 현재의 고난입니다. 이것은 우리만이 아는 고난입니다. 우리만이 받는 자랑스러운 고난입니다. 피할 수 없는 고난입니다. 주님을 따라가려면 절대로 피할 수도 없고 피해서도 안 되는 고난입니다.

가정에서 핍박을 당하는 형제자매들이여, 사회에서 멸시를 받는 형제자매들이여, 예수님 때문에 가난해진 형제자매들이여, 세상에서 성공하지 못한 형제자매들이여, 자신이 그리스도와 함께 고난 받고 있다는 것을 한시도 잊지 마십시오. 그리고 하나님의 아들이기에 이 고난을 기쁘게 받아야 한다는 것을 기억합시다. 그래야 우리는 하나님을 아빠 아버지라 부르는 아들이 될 수 있습니다.

하나님 자녀의 탄식

둘째로, 우리에게는 하나님의 자녀만이 아는 탄식이 있습니다.

> 그뿐 아니라 또한 우리 곧 성령의 처음 익은 열매를 받은 우리까지도 속으로 탄식하여 양자 될 것 곧 우리 몸의 속량을 기다리느니라(23절).

이 구절은 우리가 성령의 처음 익은 열매라고 말씀하고 있습니다. 이 말이 무엇을 의미하는지 압니까? 성령께서 우리에게 허락하신 첫 열매를 이야기하고 있습니다. 우리를 중생시키신 것, 믿게 하신 것, 죄와 사망의 법에서 건져내신 것, 하나님을 아빠 아버지라 부르게 하신 것 등등 이 모든 것이 성령께서 주신 첫 열매입니다. 이와 같은 성령의 열매가 아니었다면 우리는 아직도 죄와 죽음의 감옥에 갇혀 신음하고 있을 것입니다.

또한 단순히 열매라 하지 않고 첫 열매라고 한 것은 둘째 셋째 열매가 기다린다는 사실을 시사합니다. 첫 열매가 있으면 중간 열매가 있고 끝 열매가 있지 않겠습니까? 성령은 우리에게 첫 열매만 주시지 않고 뒤따라올 다음 열매를 준비하십니다. 그것이 본문에서는 양자 될 것, 다시 말해 우리 몸의 속량이라고 이야기합니다. 여기에 대해서는 조금 뒤에 설명하겠습니다.

우선 성령의 처음 열매를 받은 우리가 탄식하고 있다는 말씀부터 생각해보겠습니다. 이 탄식은 우리만 아는 탄식이요 우리만 할 수 있는 탄식입니다. '탄식한다'는 해산하는 산모가 비명을 지르는 것을 가리키는 단어입니다. 단순히 비통해서 터지는 한숨 소리를 말하는 것이 아닙니다.

우리가 잘 아는 바와 같이 산모가 아기를 낳으면서 지르는 비명은 절망의 탄식이 아닙니다. 3대 독자 옥동자를 분만하는 산모는 새 생명을 품에 안을 수 있다는 희망과 기쁨을 안고 비명을 지르는 것입니다. 새 생명을 얻는다는 기쁨을 안고 비명을 지르는 것입니다. 눈에는 눈물이 흐르고 그야말로 곁에서 듣기가 민망할 정도로 고통하는 모습이지만 그 마음에는 희망과 기쁨이 샘솟고 있습니다.

이것이 바로 여기서 이야기하는 탄식의 의미입니다. 어떤 산모는 너무 아프고 괴로운데 아기는 나오지 않고 시간이 갈수록 고통을 견딜 수 없으니까 옆에 있는 남편의 뺨을 때렸다고 합니다. 그러나 남편은 뺨을 맞아도 좋아합니다. 왜 그렇습니까? 새 생명을 얻는다는 희망을 함께 나누는 고통이요 괴로움이기 때문입니다.

우리가 성령의 처음 열매를 가진 사람으로서 하는 탄식은 바로 이런 성격입니다. 그것은 우리 몸이 그리스도의 몸처럼 변화될 날을 기다리는 탄식입니다. 고린도후서 5장 2절은 이렇게 말씀합니다.

참으로 우리가 여기 있어 탄식하며 하늘로부터 오는 우리 처소로 덧입기를 간절히 사모하노라.

지금은 우리가 이 세상에서 썩을 몸을 입고 힘들게 살아가지만 주님이 오시면 우리의 죽을 몸이 새 몸을 입고 영생할 것입니다. 그러므로 우리의 탄식은 기다림의 탄식, 사모하는 탄식이라 할 수 있습니다. 몸이 병들었을 때 우리는 신음하고 고통스러워합니다. 예수님을 믿는다고 해서 사람들에게 멸시를 받을 때 탄식합니다. 사랑하는 사람이 땅에 묻히는 것을 보고 통곡합니다. 그러나 이 모두는 절망의 탄식이 아닙니다. 어려움을 당하면 당할수록 더 기다려지는 것이 있기 때문에 속에서부터 터지는 탄식입니다. 무엇이든지 안달이 나도록 기다려지는 일이 있으면 기다리는 그 자체가 탄식이 될 수 있습니다. 우리가 경험해서 잘 알지 않습니까? 간절히 얻고 싶은 것이 있다든지, 못 견디게 만나고 싶은 사람이 있다든지, 한시 바삐 가고 싶은 곳이 있을 때 기다린다는 것은 그 자체가 일종의 탄식이 될 수 있습니다.

우리 교회 부목사 중에 지난 몇 달 동안 가족을 캐나다로 보내고 혼자 사느라 고생한 분이 있습니다. 곁에서 그를 지켜보면 기다리는 일은 정말 탄식이라는 사실을 실감할 수 있었습니다. 이쪽에서 날마다 편지를 써 보냅니다. 캐나다에서도 매일 편지가 날아옵니다. 어떤 때는 어린 딸아이가 아빠 얼굴을 큼직하게 그리고 지렁이 글씨로 "아빠, 보고 싶어요"라고 쓴 편지를 보내어 목사님이 엉엉 울기도 했다는 말을 들었습니다. 가족을 보낸 이후에는 아침에 집을 나오면 저녁 늦게까지 돌아가지 않았습니다. 아무도 없는 집이 싫었나 봅니다. 날마다 달력을 보면서 '이제 겨우 일주일 지나갔구나. 아직도 두 달이 남았으니 그동안 어떻게 기다리지?' 하는 생각을 자주 했을 것입니다. 그의 기다림은 탄식 그 자체임에 틀림이 없습니다. 우리가 세상에서 하는 탄식이 바로 그런 것입니다. 그리스도와 함께 고난

받는 우리가 예수님을 만나는 그날을 너무 기다리고 사모하다 보니 하루하루 사는 것이 탄식이 되는 것입니다.

한편 본문 말씀을 보면 참 희한한 이야기가 하나 있습니다. 하나님의 자녀만이 아는 탄식을 피조물이 같이 하고 있다는 것입니다.

> 피조물이 다 이제까지 함께 탄식하며 함께 고통을 겪고 있는 것을 우리가 아느니라(22절).

이 피조물이 누구일까요? 원래 피조물은 하늘의 천군 천사를 위시해서 삼라만상을 다 포함하는 말입니다. 그러나 여기서는 하늘에 있는 영물들을 포함하지 않습니다. 20절을 보면 이 피조물은 지금 허무한 데 굴복한다고 합니다. 또 21절을 보면 썩어짐의 종 노릇을 한다고 합니다. 그러나 천군 천사와 사탄의 무리인 영계의 영물들은 허무나 부패의 법칙 아래 묶여 있지 않습니다. 그들은 늙거나 죽는 일이 없습니다. 그러므로 그들을 가리키지 않는 것이 틀림없습니다.

그러면 세상 사람들을 가리키는 것일까요? 아닙니다. 왜냐하면 이 피조물은 하나님의 아들들이 나타나는 것을 기다린다고 19절에서 말씀하기 때문입니다. 하나님을 모르는 사람들은 이런 희망을 갖고 있지 않습니다. 그러니까 세상 사람도 아닙니다.

결국 여기서 말하는 피조물은 비이성적인 존재, 즉 하늘의 해와 달, 공중을 날아다니는 새, 땅에 피는 화초와 그리고 바다를 헤엄치는 물고기 등 모든 자연 만물을 가리킨다고 할 수 있습니다.

그러면 왜 탄식합니까? 우리가 창세기를 통해서 아는 바와 같이 자연 만물은 창조된 지 얼마 되지 않아서 사람과 함께 하나님의 저주를 받았습니다. 만물의 영장인 인간이 죄를 범하자마자 하나님께서 만물까지 인간과 똑같은 저주의 자리에다 던져버리신 것입니다. 그 결과 피조물은 허무한 데 굴복하게 되었습니다. 쉽게 말하면 존재의 의미를 잃어버렸다는 것입니다. 그러니 허무할 수밖에 없지 않겠습니까?

그리고 21절에서는 썩어짐의 종 노릇을 하고 있다고 말씀합니다. 이 말은 피조물 가운데 무엇 하나도 부패하지 않은 것이 없다는 의미입니다. 하늘의 해와 달도 썩느냐고 물을지 모르지만, 과학자들은 일월성신도 나고 죽는 과정을 겪는다고 말합니다. 그러므로 천하 만상은 모두 부패의 씨앗을 지니고 있습니다. 이런 이유로 지금 피조물들이 탄식하고 있습니다.

피조물들이 탄식하는 이유가 또 하나 있습니다. 이것은 그들이 탄식하는 진짜 이유가 될 것입니다.

> 피조물이 고대하는 바는 하나님의 아들들이 나타나는 것이니(19절).

하나님의 자녀가 예수 그리스도와 함께 영광스러운 몸을 입고 이 세상에 나타나는 날을 피조물이 눈이 빠지게 기다린다는 것입니다. 여기서 고대한다는 말이 무슨 뜻인지 압니까? 고개를 쑥 빼서 오나 안 오나 앞을 열심히 내다보는 태도를 가리킵니다. 일월성신, 삼라만상이 고개를 쑥 빼고 우리가 영광 중에 나타날 날을 고대하고 있다니 정말 믿기 어려운 이야기입니다.

봄이면 아름다운 꽃이 피기 시작합니다. 가까이 다가가서 물어보십시오. "너도 탄식하고 있니? 너 지금 내가 예수님과 함께 하나님의 아들로서 새 몸을 입고 나타나는 그날을 기다리고 있니?" 틀림없이 고개를 까딱까딱하면서 그렇다고 대답할 것입니다. 하찮은 꽃 한

송이지만 거짓말을 할 수 없을 것입니다. 자기를 만드신 분이 말씀하신 것을 아니라고 할 수는 없지 않습니까? 만약 아무 소리도 듣지 못한다면 우리의 귀가 어두운 탓이라고 해야 할 것입니다.

우리가 영광스러운 하나님의 자녀로 나타나면 어떤 일이 일어납니까? 21절을 봅시다. 모든 피조물은 "썩어짐의 종 노릇 한 데서 해방되어 하나님 자녀의 영광의 자유"에 이르게 됩니다. 즉, 다시는 썩고 죽는 운명을 겪지 않게 됩니다. 그리고 하나님의 자녀인 우리와 함께 저 아름다운 나라에서 영원토록 영광을 누리게 됩니다. 모든 피조물이 그날의 영광을 사모하며 탄식하고 있는 것입니다. 얼마나 놀랍고 가슴이 뛰는 이야기입니까? 우리가 탄식하고 피조물이 탄식하면서 영광의 그날을 기다리고 있다는 사실을 한시도 잊지 말길 바랍니다. 이것 때문에 우리의 탄식은 범사에 감사하는 찬송이 될 수 있습니다.

하나님 자녀의 영광

마지막으로, 우리에게는 하나님의 자녀만이 아는 영광이 있습니다. 이 영광은 바로 우리가 피조물과 함께 탄식하며 기다리는 소망을 말합니다. 17절을 보면 "그와 함께 영광을 받기 위하여"라고 했습니다. 18절은 "우리에게 나타날 영광"이라고 합니다. 21절에도 영광이라는 말이 나옵니다. 이 영광은 전부 다 23절에서 언급하는 우리 몸의 속량을 가리키고 있습니다.

우리 몸의 속량은 무엇입니까? 11절로 잠깐 돌아가봅시다.

예수를 죽은 자 가운데서 살리신 이의 영이 너희 안에 거하시면 그리스도 예수를 죽은 자 가운데서 살리신 이가 너희 안에 거하시는 그의

> 영으로 말미암아 너희 죽을 몸도 살리시리라.

주님이 재림하시는 날 하나님께서는 우리의 몸을 새것으로 바꾸어 다시 살아나게 하십니다. 우리는 영원히 살게 될 새 몸을 입고 부활하게 됩니다. 이것을 여기서 몸의 구속이라고 부르고 있습니다. 신학적으로는 '영화'라고 하는 것입니다.

그때가 되면 우리는 죄와 그 비참한 결과에서 완전히 자유롭게 됩니다. 그때가 되면 아픈 것이나 곡하는 것이나 썩는 것이나 죽는 것이 다시는 우리를 괴롭히지 못합니다. 그때가 되면 예수님처럼 흠과 티가 없는 신령한 존재가 됩니다. 그때가 되면 우리는 예수 그리스도와 함께 왕 노릇 할 것입니다. 요한계시록 22장 5절의 말씀대로 "세세토록 왕 노릇"을 할 것입니다. 모든 천사들이 우리 앞에 무릎을 꿇고 수종을 들 것입니다. 할렐루야! 이날이 우리를 기다리고 있습니다. 이것이 영광입니다.

사랑하는 형제자매들이여, 우리가 새 몸을 입었으니 우리가 살아야 할 세상도 새로워져야 하지 않겠습니까? 아무리 새 몸을 입고 부활했다 할지라도 더럽고 악한 세상에 그대로 남아 있어야 한다면 이것은 영광이 아니라 더 큰 고통이 될 수 있습니다. 그러므로 하나님께서는 사람을 새것으로 바꾸었으니 집도 새것으로 바꾸시는 것입니다.

> 보좌에 앉으신 이가 이르시되 보라 내가 만물을 새롭게 하노라 하시고 또 이르시되 이 말은 신실하고 참되니 기록하라 하시고(계 21:5).

하나님께서는 하늘과 땅을 새롭게 만든다고 하십니다. 우리를 위해 새 하늘과 새 땅을 만드시는 것이 틀림없습니다. 이 신천 신지는 모든 피조물이 고대하는 이상향입니다. 그곳에서는 우리가 더 이상 썩어짐의 종 노릇을 하지 않습니다. 그곳에서는 구속받은 우리가 영원토록 주님과 함께 살 것입니다.

이사야처럼 이 신천 신지의 삶이 얼마나 평화롭고 행복한가를 환상적으로 묘사한 사람은 없습니다.

> 그때에 이리가 어린 양과 함께 살며 표범이 어린 염소와 함께 누우며 송아지와 어린 사자와 살진 짐승이 함께 있어 어린아이에게 끌리며(사 11:6).

얼마나 놀라운 광경입니까? 그때에는 이리가 어린 양과 함께 거합니다. 그때에는 표범이 어린 염소와 함께 누워 뒹굽니다. 그때에는 송아지와 사자와 살진 짐승이 어린아이에게 끌려다닙니다. 그때에는 암소와 곰이 함께 풀을 뜯습니다. 그것들의 새끼가 함께 엎드립니다. 그때에는 사자가 소처럼 풀을 먹습니다. 그때에는 젖 먹는 아이가 독사의 구멍에 손을 넣고 장난을 칩니다. 그때에는 젖 뗀 어린아이가 독사의 굴에 손을 넣어도 해를 당하지 않습니다. 그 거룩한 산, 그 영광스러운 신천 신지에는 해하는 일도 없고 해를 받는 일도 없습니다. 영원토록 우리 주님을 모시고 평화와 자유를 누리며 영광 중에 살 것입니다. 그 영광이 우리 앞에서 기다리고 있습니다. 주님이 재림하시는 날에 이 영광이 현실로 드러날 것입니다. 이것을 바라보며 우리가 속으로 탄식하고 피조물도 탄식하는 것입니다. 참으로 예수님을 믿는 우리만이 아는 영광입니다.

어떻게 악한 현실을 이길까?

이제 우리에게 남은 문제가 무엇입니까? 하나님의 아들이라는 이유 때문에 우리만이 아는 고난이 있습니다. 우리만이 아는 탄식도 있습니다. 뿐만 아니라 우리만이 아는 영광도 있습니다. 그렇다면 어떻게 해야 할까요? 어떻게 해야 고난과 탄식과 영광의 소망을 가지고 이 악한 현실을 대처할 수 있습니까?

고난과 영광을 비교하면서 살아야 한다

첫째, 고난과 영광을 열심히 비교하면서 살아야 합니다.

> 생각하건대 현재의 고난은 장차 우리에게 나타날 영광과 비교할 수 없도다(18절).

바울은 비교의 명수였습니다. 정확히 비교할 줄 알았습니다. 그는 세상에서 고난을 당할 때마다 장차 나타날 영광과 비교하면서 사는 법을 익혔습니다. 비교했더니 결과가 어떻게 나왔습니까? 족히 비교할 수 없다는 사실을 알았습니다. 쉽게 말하면 비교가 안 된다는 말입니다.

우리가 아는 바와 같이 바울은 무서운 태장을 여러 번 맞았습니다. 감옥에서 수년을 보냈습니다. 헐벗고 굶주리며 몸에 병까지 안고 씨름하는 생을 살았습니다. 그러나 자기의 고난을 다 묶어서 장래의 영광과 비교해보았더니 상대가 안 되었습니다. 바울은 분명히 상대가 안 된다는 사실을 확인하면서 살았습니다. 고린도후서 4장 17절에서는, 비교를 해보니 지금의 고난은 오히려 가벼운 것이라는 말까지 하고 있습니다.

우리도 비교하면서 살아야 합니다. 예수님 때문에 핍박당하는 형제자매들이여! 비교하면서 사십시오. 예수님 때문에 가난을 견뎌야 하는 형제자매들이여! 비교하십시오. 당신의 가난과 영광을 비교해 보십시오. 날마다 비교해보십시오. 시시때때로 비교하십시오. 그러면 그때마다 성령께서 "'상대가 안 돼. 네가 아무리 힘들어도 네 고난은 앞에 있는 영광에 비해서 가벼워"라고 하시는 음성을 들을 수 있을 것입니다. 그럴 때마다 우리는 큰 위로와 힘을 얻고 일어설 수 있습니다.

둘로스라는 선교선이 있습니다. 350명의 선교사들을 태우고 세계 곳곳을 누비면서 선교를 하는 배입니다. 한번은 필리핀의 잠보앙가라고 하는 곳에 선교사들이 내려서 전도 집회를 했습니다. 그때 이슬람교도인 젊은이가 나타나 수류탄을 던졌습니다. 그 일로 선교사 두 명이 즉사하고 32명이 부상을 입었습니다. 죽은 선교사는 18세의 스웨덴 출신 여성으로 이름은 소피아였습니다. 또 한 명은 19세의 카렌이란 선교사인데 뉴질랜드에서 왔습니다. 이 꽃다운 젊은 이들이 죽은 것입니다.

자기 자녀가 죽었다는 소식을 들은 부모들은 배에다 전보를 쳤습니다. 전보의 내용이 무엇인지 압니까? "우리는 이 비참한 일에 잘 대처하고 있습니다. 더 열심히 복음 전하는 일을 계속하시기 바랍니다." 저는 그 글을 직접 읽었습니다.

부모들이 어떻게 이처럼 대범할 수 있습니까? 이유는 간단합니다. 비교한 것입니다. 자기 딸이 죽은 것과 장차 주님이 약속한 영광을 비교한 것입니다. 사랑하는 내 딸이 피지 못하고 꺾였지만 그것은 그리스도와 함께 고난당한 것이니 반드시 그리스도와 함께 누릴 영광이 있을 것이라는 믿음의 비교를 한 것입니다. 부모의 입장에서는 딸을 잃은 슬픔을 가누기 어려웠겠지만 이 슬픔은 장차 주님이 오셔서 주실 영광과 비교하면 아무것도 아니라는 사실을 알았습니다. 그렇기 때문에 "더 복음을 열심히 전하십시오"라고 격려할 수 있었던 것입니다.

여러분, 세상의 헛된 부귀와 하늘의 영광을 매일매일 비교하십시오. 이 부귀가 아무것도 아니라는 것을 알게 될 것입니다. 돈과 장차 나타날 영광을 매일 비교하십시오. 돈에는 마음을 쓰거나 마음을 줄 만한 가치가 없음을 알게 될 것입니다. 가난과 영광을 비교하십시오. 내 몸에 있는 질병과 영광을 비교하십시오. 핍박과 영광을 비교하십시오. 그리고 매일 이렇게 소리치십시오. "너는 절대로 상대가 안돼!"

참음으로 기다려야 한다

둘째, 참음으로 기다려야 합니다. 이것은 무척 중요합니다.

> 우리가 소망으로 구원을 얻었으매 보이는 소망이 소망이 아니니 보는 것을 누가 바라리요 만일 우리가 보지 못하는 것을 바라면 참음으로 기다릴지니라(24-25절).

아무리 힘들어도 불평하거나 원망하지 맙시다. 포기하지 맙시다. 참음으로 기다립시다. 참고 기다리면 머지않은 그날 주님이 오실 것이요, 그분이 오시면 우리는 썩을 몸을 훌훌 벗고 하늘로부터 오는 새 몸을 입고 부활할 것입니다. 이 더럽고 오염된 세계는 사라지고 천하 만상이 새롭게 단장하여 우리 앞에 신부처럼 나타날 것입니다. 우리는 주님이 준비하신 새 집에서 영원토록 살 것입니다. 그날을 참고 기다립시다.

이것이 하나님의 자녀가 날마다 취해야 할 태도입니다. 소망에 눈을 뜨십시오. 세상에 머무른 우리의 시선을 돌려 하늘을 향하십시오. 세상 사람들처럼 아웅다웅하지 마십시오. 우리 앞에 있는 영광을 바라보십시오. 그 영광을 바라보면 현재 우리가 당하는 고난이 아무리 힘들어도 하나님의 자녀로서 당하는 어려움이라면 가벼운 것이요 비교가 안 되는 것임을 발견하면서 살 수 있습니다.

26

성령과 우리의 연약

로마서 8장 26-27절

26 이와 같이 성령도 우리의 연약함을 도우시나니 우리는 마땅히 기도할 바를 알지 못하나 오직 성령이 말할 수 없는 탄식으로 우리를 위하여 친히 간구하시느니라 27 마음을 살피시는 이가 성령의 생각을 아시나니 이는 성령이 하나님의 뜻대로 성도를 위하여 간구하심이니라

짧다면 짧은 생이지만 제가 지금까지 살아오면서 크게 깨달은 것이 있습니다. 인간은 모두 다 약하다는 사실입니다. 그리고 제가 중생 받은 후 지금까지 40여 년 동안 신앙생활하면서 발견한 것이 하나 있는데 아무리 믿음이 좋은 사람도 인간으로서의 연약함은 벗어나지 못한다는 사실입니다. 사람이 몸을 입고 땅 위에서 숨을 쉬며 사는 한, '연약'이라는 십자가는 벗을 수 없습니다. 이는 우리 모두가 이미 경험을 통해서 공감하는 진리라고 생각합니다.

어느 신학자는 인간의 연약함을 가리켜 '인간 조건의 총체' 혹은 '피조물다움'이라고 표현했습니다. 옳은 말입니다. 우리 가운데 어느 누구도 피조물로서의 연약함을 갖지 않은 자가 없습니다. 이런 의미에서 사도 바울이 26절에서 말씀하는 인간의 연약함은 우리에게 매우 친근한 개념으로 다가옵니다. "아, 그렇구나! 하나님도 우리의 연약함을 잘 알고 계시는구나" 하는 생각이 가슴 깊이 파고들어 오는 것을 느낄 수 있습니다.

하나님은 우리 몸을 질그릇에 비유하셨습니다. 질그릇은 얼마나 깨지기 쉽습니까? 우리는 너무 지나쳐도 안 되고 너무 못 미쳐도 안 되는 약한 존재입니다. 이를테면 돈이 너무 많아도 곤란하고 돈이 너무 없어도 어려움을 당합니다. 사랑을 지나치게 많이 받아도 문제가 되고 흡족하게 받지 못해도 문제를 일으킵니다. 심지어 하나님이 주시는 은혜도 분수에 맞게 받아야지, 지나치다 싶을 정도로 받으면 잘못되는 수가 있습니다. 사람이 얼마나 연약합니까? 하나님이 주시는 은혜의 선물도 마음놓고 받을 수 없을 만큼 우리의 영육은 연약합니다. 이처럼 우리는 연약한 존재이기에 한시라도 마음을 놓을 수 없습니다.

연약함은 아담이 범한 원죄로 말미암아 유전된 타락의 결과라고 할 수 있습니다. 우리가 중생받았다고 해서 연약함이 없어지는 것은 아닙니다. 연약함은 우리가 믿음이 좋다고 해서 금방 벗어던질 수 있는 겉옷이 아니요, 성령이 충만하다고 해서 슬그머니 사라지는 증세도 아닙니다. 우리 모두는 일생 동안 연약한 존재로, 피조물다움을 벗지 못한 채 살아야 합니다.

우리의 연약함을 도우시는 성령

하나님은 이와 같이 연약한 우리를 어떻게 다루실까요? 하나님은 우리를 천사로 바꾸려 하시지 않습니다. 그 대신 우리의 연약함을 돕기 원하십니다. 그래서 돕는 자, 즉 보혜사 성령을 우리에게 보내셨습니다.

우리 안에 와 계시는 성령은 본래 육신의 사람이었던 우리를 영의 사람으로 바꾸어주셨습니다. 그리스도와 함께 영광을 누릴 수 있는 하나님의 자녀로 만들어주셨습니다. 소망이 없어 보이는 이 세상에서 장차 누릴 영광, 즉 우리 몸의 구속을 소망하는 사람으로 바꾸어놓으셨습니다. 이 모든 것이 우리의 연약함을 도우시는 성령의 사역입니다. 26절은 이렇게 말씀합니다.

이와 같이 성령도 우리의 연약함을 도우시나니….

8장 첫 절부터 오늘 읽은 본문에 이르기까지 사도 바울은 성령이 우리를 어떻게 도우시는지 자세하게 설명해주었습니다. 그러므로 26절 초두에 "이와 같이"라는 접속어가 나오는 것은 당연하게 보입니다. 그러나 한 군데 이상하게 생각되는 말이 있습니다. 그것은 '성령'이라는 단어 뒤에 '도'라는 조사가 붙은 "성령도"입니다. 이 말을 왜 '성령은'이라고 번역하지 않았는지 궁금합니다. '도'라는 조사는 '또한' 이라는 의미가 있지 않습니까? 따라서 '성령도'는 지금까지 전혀 언급하지 않던 성령께서 갑자기 등장하는 것 같은 인상을 풍기고 있습니다.

앞뒤 문맥을 정확하게 살린다면 '이와 같이 성령은 우리의 연약함을 도우시나니'라고 번역해야 옳을 것입니다. 성경 번역은 조사 하나까지도 얼마나 예민하게 다루어야 하는지 모릅니다. 성령께서 갑자기 우리를 도우려고 나타나신 것이 아닙니다. 그분은 이미 우리를 돕고 계셨으며 지금도 우리를 도와주고 계십니다. 성령은 우리의 연약함을 돕기 위해 우리와 함께 계시는 하나님의 영입니다.

그래서 성령을 다른 말로 '보혜사'라고 부릅니다. 보혜사는 '도우시는 분'이라는 뜻입니다. 성령은 우리를 도우시는 분입니다. 여기에서 '돕는다'는 뜻이 무엇인지 파악할 필요가 있습니다. 돕는다는 것은 '함께 담당한다'는 뜻입니다. '맞잡아준다'와 같은 의미로 해석하는 게 좋습니다. 가령 무거운 통나무를 옮기려고 그것을 어깨에 짊어지고 가는 사람이 있다고 합시다. 그가 쉽게 옮기도록 도와주는 방법이 무엇입니까? 통나무의 한쪽 끝을 맞잡아주는 것입니다. 이런 경우를 가리켜 '돕는다'고 말합니다.

누가복음 10장 40절 이하를 보면 예수님이 열두 제자를 데리고 마르다, 마리아 자매의 집을 방문하시는 장면이 나옵니다. 두 자매가 갑자기 많은 손님을 맞이하고 보니 얼마나 정신이 없었겠습니까? 마르다는 부엌에 들어가서 예수님을 대접하기 위해 혼자 부산하게 음식 준비를 하고 있었습니다.

그런데 동생인 마리아는 눈치도 없이 예수님 곁에 바짝 다가앉아서 그분의 말씀을 듣는 데만 온 정신을 쏟고 있었습니다. 이것을 본 마르다는 속이 상해서 주님께 "저를 명하사 나를 도와주라 하소서"라고 간청했습니다. 이때 사용된 '도와준다'가 바로 성령이 우리 연약함을 도우신다는 말과 의미가 같습니다. 마르다는 동생이 자기 옆에서 거들어주기를 원했던 것입니다. 이처럼 성령이 우리를 돕는다고 하는 것도 거들어주는 것과 같은 성격을 띱니다.

유명한 설교자 스펄전은 성령의 도우심을 놓고 재미있는 예를 하나 들었습니다. 어린 시절을 바닷가에서 보냈던 제가 경험한 이야기이기도 합니다. 옛날에는 지금처럼 엔진이 달린 배가 흔하지 않았습니다. 엔진이 없는 경우에는 노를 이용해 사람의 힘으로 배를 움직입니다. 그런데 노를 젓는다는 것은 보통 어려운 일이 아닙니다. 겉보기에는 쉬운 것 같아도 막상 해보려면 잘 안 됩니다. 그래서 어부인 아버지는 아들에게 일찌감치 노 젓는 법을 가르칩니다. 먼저 아버지가 아들에게 노를 저어보라고 시킵니다. 아들은 아버지의 흉내를 내가면서 저어보지만 자기 키보다 더 큰 노를 주체하지 못하고 쩔쩔맵니다. 노 하나만 다루는 데도 힘이 드는데 거센 물살을 가르며 배를 움직여야 하니 얼마나 힘에 부치겠습니까? 아들은 낑낑거리며 땀을 뻘뻘 흘립니다.

그때 아버지가 아들 곁에 와서 "오른발은 여기 디딤목 위에다 얹는 거야. 그리고 왼발은 바닥에다가 두고 왼손은 가볍게 노 위에 얹기만 해도 돼. 그리고 오른손으로 노를 힘 있게 잡아야 돼. 자 됐니? 그런 다음 이렇게 젓는 거야" 하고 자세히 가르쳐줍니다. 아들은 아버지의 말씀을 명심하고 그대로 따라 해보지만 쉽게 되지 않습니다. 얼마나 애를 먹는지 모릅니다. 보다 못한 아버지가 씩 웃으면서 일어나 아들에게로 가까이 옵니다. 아버지는 아들의 등에 자기 몸을 대고 두 팔을 쭉 내밀어 아들의 작은 손 위에 자기의 큰 손을 얹습니다. 그리고 노젓기를 시작합니다. 아들은 힘들이지 않고도 신나게 물살을 가르며 나아갈 수 있습니다. 아버지가 노를 젓는 대로 따라 움직이기만 하면 되니까요. 이렇게 해서 아들이 노 젓는 법을 배우게 되는 것입니다.

성령은 노를 함께 저어주는 아버지와 같다고 할 수 있습니다. 성령은 "너는 저기 가서 가만히 앉아 있어. 내가 다 해주마"라는 식으로 말씀하시는 분이 아닙니다. 우리가 노를 저을 때 도와주십니다. 그런 의미에서 '돕는다'고 하는 것입니다. 우리가 성령을 모셨다고 해서 우리의 연약함이 곧바로 사라지는 것은 아닙니다. 우리 안에 성령이 계신다고 해서 우리가 갑자기 영적 거인이 되는 것도 아니요, 초자연적인 인물이 되는 것도 아닙니다. 성령은 우리의 연약함을 그대로 두고 도우십니다. 그리고 우리가 그분의 도움을 따르려고 할 때 도우십니다. 성령은 우리가 연약하기 때문에 오셨습니다. 그분은 우리가 연약하기 때문에 동행해주시는 하나님이십니다.

그러므로 우리의 연약함은 성령을 머물게 하는 필요 조건입니다. 어떤 의미에서는 절대 조건이라고 말할 수 있을 것입니다. 우리가 연약하지 않다면 성령이 우리에게 머물 필요가 없을지도 모릅니다. 이런 의미에서 우리는 오히려 연약한 것을 감사해야 합니다. 그럼에도 우리는 엉뚱한 반응을 보일 때가 종종 있습니다. 어떻게 하든지 연약함을 벗어나려고 몸부림을 치는 것입니다. 하나님을 잘 섬기지 못하고 순종하지 못하는 이유가 자신의 연약함 때문이라고 탄식을 늘어놓을 때가 많습니다.

그렇지만 성경을 좀 더 주의 깊게 살펴보면 우리의 연약함을 탄식할 필요가 없음을 알게 됩니다. 그것은 우리가 실패하게 만드는 조건도 아니요, 하나님을 잘 섬기지 못하게 하는 장애물도 아닙니다. 오히려 이 연약함이 우리를 성공으로 이끌 뿐만 아니라, 하나님의 능력을 체험하게 하는 비결임을 알아야 합니다.

우리가 연약하기 때문에 성령이 도우십니다. 그러므로 우리는 각자가 짊어지고 있는 약함을 불평하지 말아야 합니다. 우리의 연약함이 성령을 머물게 하는 조건이 되기 때문에 바울처럼 오히려 하나님께 감사할 수 있어야 합니다.

> … 이는 내 능력이 약한 데서 온전하여짐이라 하신지라 그러므로 도리어 크게 기뻐함으로 나의 여러 약한 것들에 대하여 자랑하리니…
> (고후 12:9).

이런 고백은 자기의 연약을 꿰뚫어 볼 영의 눈을 가진 사람만 할 수 있습니다. 이 말씀의 깊이를 아는 사람은 자기의 연약함을 결코 부정적으로 보지 않을 것입니다.

우리의 기도를 도우시는 성령

본문에서 바울은 우리의 기도를 도우시는 성령에 대해 말씀하고 있습니다. 여기에는 매우 중요한 의미가 담겨 있다고 생각합니다. 왜 성령께서 기도를 돕는다고 말씀하시는 것일까요? 우리가 육체적으로나 영적으로 연약해지면 기도하는 힘을 잃어버리기 때문입니다.

우리는 몸에 열이 조금만 나도 기도를 못 하고 드러누워 버립니다. 누군가와 관계가 틀어지거나 기분이 조금 상한 일이 있어도 마음이 무거워서 제대로 기도하지 못합니다. 신앙생활의 긴장이 풀리고 세상 재미에 맛들이면 우리의 영혼은 점점 캄캄해지고 결국 기도가 막힙니다. 우리에게 있는 모든 연약함이 기도를 못 하게 하는 쪽으로 작용하기 때문입니다. 성령께서는 이것을 잘 아십니다. 그래서 우리의 기도를 도우시는 것입니다.

또 다른 이유가 있습니다. 만일 우리가 기도에 힘쓰지 않으면 우리의 연약함을 극복할 다른 길이 없기 때문입니다. 성령은 우리를 돕기 위해서 와 계시지만 우리가 기도할 때만 도우실 수 있습니다. 기도는 우리가 성령의 도움을 받기 위한 생명줄과 같습니다. 기도생활에 탈이 난 사람은 성령의 도우심을 받을 수 없습니다. 그러면 결국 그의 신앙생활은 파국을 맞을 수도 있습니다.

어떤 목사님이 재미있는 말을 했습니다. "온갖 질병이 감기의 문으로 들어오듯이 신앙생활의 적신호는 기도의 감기가 걸리는 것이다." 옳은 말입니다. 기도가 고장 나면 영혼은 병듭니다. 그러니까 성령께서 우리의 기도를 돕지 않을 수 없습니다. 이런 의미에서 성령이 기도를 돕는다는 말은 대단히 큰 의미를 지녔다고 생각합니다.

탄식하심으로 우리를 도우심

성령은 두 가지 방법으로 우리의 기도를 도우십니다.

> 이와 같이 성령도 우리의 연약함을 도우시나니 우리는 마땅히 기도할 바를 알지 못하나 오직 성령이 말할 수 없는 탄식으로 우리를 위하여 친히 간구하시느니라(26절).

기도는 성도가 마땅히 해야 할 본분입니다. 기도를 무시하고 산다든지 기도를 가볍게 생각하는 사람은 신앙생활을 한다고 할 수 없습니다. 하나님은 본문을 통해 우리가 '마땅히 기도해야 한다'고 말씀하십니다. 기도는 해도 되고 안 해도 되는 것이 아니라 마땅히 해야 할 일입니다. 그러나 마땅히 해야 하는 줄 뻔히 알면서도 우리는 기도를 하지 않거나, 한다고 해도 바르게 간구하지 못할 때가 참 많습니다. 이와 같은 우리의 연약한 모습을 보실 때마다 성령은 무표정하게 도우시는 것이 아니라 말할 수 없는 탄식으로 우리를 도우신다고 합니다.

성령이 말할 수 없는 탄식으로 기도하신다는 것은 성령이 직접 탄식한다는 말입니까? 아니면 성령이 우리의 영을 움직여 탄식하게 한다는 말입니까? 우리말 번역을 보면 성령이 직접 탄식하는 것으로 풀이할 수 있습니다. 그러나 이 견해에 대해 이의를 제기하는 학자들이 있습니다. 그들은 "성령은 하나님이신데 어떻게 탄식한다는 말을 할 수 있느냐? 하나님은 탄식하시는 분이 아니다. 성령께서 자기가 탄식하는 것이 아니라 오히려 기도하는 우리를 탄식하도록 만드신다"라고 주장합니다. 반면에 이 말씀을 글자 그대로 보는 분들이 있습니다. "성령은 하나님이시지만 우리 안에 계시기 때문에 때로는 근심하시고 때로는 시기하신다(약 4:5). 그러므로 성령이 직접 탄식하면서 간구하시는 것이다"라고 말합니다.

우리는 어느 해석이 옳으냐를 따질 필요가 없습니다. 성령이 우리를 도우시는 것은 그 자체로 너무나 신비스러운 영역입니다. 우리가 그 신비의 베일을 벗기려고 한다면 대단히 무모한 행동이 아닐 수 없습니다. 우리에게는 영적인 한계선이 있습니다. 성령이 어떤 형식으로 탄식을 하시는지 우리가 꼭 집어서 설명한다는 것은 불가능합니다. 그러므로 두 가지 견해를 다 수긍하는 편이 바람직하다고 생각합니다. 성령께서 친히 탄식하실 때가 있는가 하면 그와 함께 우리의 영이 탄식하는 경우도 많다고 보기 때문입니다.

성령은 친히 말할 수 없는 탄식을 하십니다. '말할 수 없는 탄식'이 무슨 뜻입니까? 말로 표현할 수 없는, 아주 농도 짙은 탄식을 의미합니다. 또 여기에는 우리가 알아들을 수 없는 신비한 탄식의 의미가 포함되어 있습니다. 22절은 모든 피조물이 함께 고통하며 탄식한다고 말씀합니다. 그러나 우리는 그 탄식의 소리를 들을 수 없습니다. 마찬가지로 성령께서 탄식하는 소리도 우리는 들을 수 없습니다. 우리 귀에는 안 들리지만 분명히 성령은 탄식하고 계십니다.

한번 생각해보십시오. 만일 성령이 정말 우리 안에 들어와 계신다면 우리 마음을 들여다보실 때마다 그분이 기뻐하실까요, 아니면 탄식하실까요? 저는 탄식하는 경우가 대부분일 것이라고 생각합니다. 그분이 우리가 기도하는 꼴을 보면 가슴을 치시지 않겠습니까? 마음에도 없는 기도, 형식적으로 겨우 입술을 놀리는 꼴을 볼 때마다 어찌 탄식이 나오지 않을까요? 이런저런 사소한 일을 핑계 삼아 가장 중요한 기도를 건너뛴 채 하루 해를 넘기는 우리 꼴을 보고 어찌 탄식하지 않으실 수 있겠습니까?

그러나 한 가지 알아두어야 합니다. 그분은 우리의 연약함을 스스로 짊어지고 탄식하신다는 것입니다. 얼마나 감사합니까? 성령의 탄식이 없다면 우리는 더없이 비참해지고 말 것입니다. 성령의 탄식이 없다면 우리의 기도는 공중을 날다가 힘없이 떨어지는 화살처럼 하나님의 존전까지 미치지 못할 것입니다. 성령의 탄식이 있기 때문에 비록 형편없는 기도지만 우리의 기도가 하나님의 보좌에까지 올라가는 것입니다. 할렐루야!

다음으로 성령이 우리를 탄식하게 하시는 것에 대해 생각해봅시다. 성령은 스스로 탄식하면서 기도하는 우리가 탄식하도록 도우십니다. 우리는 탄식하지 않으면 안 될 정도로 연약합니다. 우리 모두는 탄식으로 부르짖지 아니하면 진정한 기도를 할 수 없을 때가 얼마나 많은지 모릅니다. 그러니까 성령이 우리를 탄식하게 하시는 것입니다.

저의 경험으로 보아도 기도의 약 80퍼센트는 탄식이 아닌가 생각합니다. 가끔은 찬송하며 기도를 드릴 때도 있고, 가끔은 너무 좋아서 막 웃으며 기도할 때도 있습니다. 어떤 때는 춤을 추면서 기도할 때도 있지만 그런 예는 극소수입니다. 하나님 앞에 자기의 연약함을 쏟아놓을 때는 자연스럽게 탄식하는 기도가 될 수밖에 없습니다. 이것은 본능적인 탄식이 아닙니다. 자연인의 탄식도 아닙니다. 성령이 탄식하는 영을 주실 때만 할 수 있는 기도입니다. 탄식은 위선과 거리가 멉니다. 탄식은 입술에서 나오는 무엇이 아니라 마음에서 나오는 것이기 때문입니다.

성령만이 진지한 탄식을 할 수 있게 만듭니다. 기도하는 사람의 얼굴을 자세히 관찰해보십시오. 잔뜩 찡그린 표정이 대부분입니다.

제 서재에는 우리 교회 유치부의 '예꼬들'을 찍은 사진이 걸려 있습니다. 예꼬라는 말은 '예수님의 꼬마'라는 뜻입니다. 그 아이들이 기도하는 모습을 카메라에 담은 것인데 하도 귀여워서 확대하여 걸어 놓았습니다. 대여섯 명의 꼬마가 무릎을 꿇고 기도를 하는데 한두 놈만 빼고는 전부 오만상을 찡그리고 있습니다.

이것이 기도하는 사람의 기본 표정이라고 말할 수 있을 것입니다. 주일학교 선생님이 그 아이들에게 그런 표정으로 기도하라고 가르치지 않았습니다. 하나님 앞에 기도할 때 얼굴이 찌푸려지는 것은 자연적인 현상입니다. 사람이 웃을 때는 17개의 안면 근육이 움직이고 찡그릴 때는 43개의 근육이 움직인다고 합니다. 그래서 그런지는 모르나 열심히 기도하는 사람들의 얼굴을 보면 상당수가 주름살이 좀 있고 약간 울상인 표정을 짓습니다. 우리는 탄식이 빠지면 하나님이 들으실 만한 기도를 하지 못할 때가 참 많습니다. 탄식하며 부르짖는 기도를 많이 하다 보니 자연히 얼굴에 주름살이 생기게 되는 것입니다. 이것이 정상입니다.

우리의 기도를 진실되게 하시는 성령의 탄식을 들으면서 함께 탄식하는 자가 되기를 바랍니다. 그럴듯한 말을 유창하게 늘어놓으려고 애쓰지 마십시오. 탄식에 마음의 진실을 담아 드리는 기도를 해야 합니다. 탄식할 수 없는 우리를 탄식하게 하시는 성령이 계시니 얼마나 감사합니까?

하나님의 뜻대로 기도하도록 도우심

둘째, 성령은 하나님의 뜻을 따라 우리를 위해 간구함으로써 우리를 도우시는 분입니다.

> 마음을 살피시는 이가 성령의 생각을 아시나니 이는 성령이 하나님의 뜻대로 성도를 위하여 간구하심이니라(27절).

하나님은 우리의 마음을 감찰하십니다. 하나님은 우리의 외모를 보지 않고 마음을 보십니다. 우리는 하나님의 마음을 읽지 못하는 기도를 곧잘 합니다. 하나님의 뜻이 무엇인지 분별하지 못할 때가 너무 많기 때문입니다.

하나님의 뜻을 몰라 우왕좌왕하는 우리를 돕기 위해서 성령이 우리 대신 하나님의 뜻에 맞는 기도를 해주십니다. 그분은 하나님이시기 때문에 하나님의 뜻을 정확히 알고 계십니다. 따라서 27절 말씀은 두 가지 의미로 해석할 수 있다고 봅니다. 성령이 직접 우리를 대신하여 하나님의 뜻대로 기도한다고 할 수도 있고, 성령이 우리의 마음을 열어서 말씀을 통하여 하나님의 뜻을 발견하게 하시고 그 뜻에 따라 우리로 하여금 기도하게 도우신다고 해석할 수도 있습니다. 어느 쪽이든 다 좋습니다. 성령께서 경우에 따라 필요한 대로 우리를 도와주시기 때문입니다.

가끔 우리는 세베대의 두 아들처럼 기도할 때가 많습니다. 마태복음 20장을 보면 예수님이 예루살렘으로 올라가려고 하실 때에 요한과 야고보 형제, 또 그들의 어머니인 살로메가 예수님을 찾아오는 장면이 나옵니다. 살로메는 예수님이 예루살렘에 가시면 분명히 높은 왕좌에 오르실 텐데 그때 두 아들을 좋은 자리에 앉히겠다는 엉뚱한 욕심을 품고 있었습니다. 그래서 그 여인은 두 아들을 데리고 예수님께 와서 절하며 다음과 같이 요청했습니다.

…나의 이 두 아들을 주의 나라에서 하나는 주의 우편에, 하나는 주의 좌편에 앉게 명하소서(마 20:21).

이때 주님이 참 의미 있는 대답을 하셨습니다.

… 너희는 너희가 구하는 것을 알지 못하는도다…(마 20:22).

주님의 말씀이 무슨 뜻입니까? 하나님의 뜻이 무엇인지도 모르고 자기 욕심대로 구한다는 말입니다. 그다음에 주님이 뭐라고 말씀했습니까?

… 내 좌우편에 앉는 것은 내가 주는 것이 아니라 내 아버지께서 누구를 위하여 예비하셨든지 그들이 얻을 것이니라(마 20:23).

하나님의 뜻은 따로 있는데 이 모자는 자기들의 뜻대로 무조건 달라고 요구했습니다. 우리는 가끔 이런 기도를 할 때가 있습니다.
 우리는 광야에서 이스라엘 백성이 했던, 소위 손해 보는 기도를 자주 합니다. 이스라엘 백성은 광야에서 40년 동안 하나님이 주시는 만나를 먹고 살았습니다. 처음에 만나를 먹을 때는 좋아했지만 시간이 흘러 만나에 싫증이 나고부터는 생각이 달라졌습니다. 고기가 먹고 싶어 안달이 났습니다. 얼마나 고기가 먹고 싶었던지 어른들마저 고기를 달라고 아우성을 쳤습니다. 하나님은 거절을 못하시고 그들의 요구를 들어주셨습니다. 그러나 시편 106편 15절을 보면 참 중요한 말씀이 나옵니다.

> 그러므로 여호와께서는 그들이 요구한 것을 그들에게 주셨을지라도 그들의 영혼은 쇠약하게 하셨도다(시 106:15).

그들의 소원이 이루어지기는 했지만 그 결과가 좋지 못했습니다. 고기를 실컷 먹은 육신은 피둥피둥 살이 쪘는지 몰라도 영혼은 형편없이 야위어갔기 때문입니다. 영혼이 영양실조에 걸려 나중에는 하나님의 말씀이 들리지 않았고 순종할 기력마저 잃고 말았습니다. 이스라엘 백성들이 잘못 구한 결과로 고기는 먹을 수 있었지만 영적으로는 형편없이 손해를 보게 되었다는 말입니다.

사실 우리는 하나님의 뜻을 잘 몰라서 내 뜻대로 기도할 때가 많은 연약한 존재들입니다. 크나큰 재난을 만난다든지, 숨가쁜 결단을 내려야 할 순간에 봉착하면 하나님의 뜻을 몰라 당황하기 일쑤입니다. 무엇을 기도해야 할지, 무엇을 달라고 해야 할지 생각이 잘 떠오르지 않습니다. 우리가 내다볼 수 있는 영적 지평선은 한계가 있기 때문에 위급할 때일수록 하나님의 뜻을 찾기란 여간 어렵지 않습니다. 그래서 고대의 철학자 중에는 기도를 하지 않는 것이 상책이라는 극단적인 말을 한 사람마저 있습니다.

저의 이야기를 잠깐 하겠습니다. 제가 지난 몇 년 동안 병으로 고생하면서 가끔은 난감할 때가 있었습니다. 병든 사람의 기도는 뻔하지 않습니까? "주여, 꼭 고쳐주옵소서. 고쳐주시면 하나님께 영광을 돌리겠나이다. 고쳐주시면 내 몸을 더 아름답게 헌신하겠나이다." 이렇게 똑같은 기도를 하다 보면 종종 이런 생각이 듭니다. '너무 내 뜻대로만 기도하는 것이 아닌가? 하나님의 뜻은 내 기도와 다를지도 모르는데….' 이런 불안한 마음이 생기면 기도가 잘 안 됩니다. 하나님의 뜻이 무엇인지 모르니까 마음만 답답해집니다. 그러다가 결국 이런 기도를 합니다. "주여, 내 뜻대로 마옵시고 아버지의 뜻대로 하옵소서."

제가 병을 가지고 기도하던 중 깨달은 것은 하나님의 뜻이란 찾을 때마다 손바닥 보듯 즉시 나타나지 않는다는 사실입니다. 오히려 그 뜻을 잘 모를 때가 대부분입니다. 나의 연약함으로 인해 성령은 나를 위해 하나님의 뜻에 맞는 기도를 더 적극적으로 해주십니다. 안갯속을 헤매는 소년처럼 기도하면서 힘들어하는 나의 입에서 나도 모르게 "내 뜻대로 마옵시고 아버지의 뜻대로 하옵소서"라는 은혜로운 간구가 나오게 하시는 것을 얼마나 많이 체험했는지 모릅니다. 얼마나 고마우신 성령이신지요.

다시 한번 정리를 해봅시다. 성령은 친히 우리를 위해 탄식하는 기도를 하심으로 우리를 도우십니다. 성령은 친히 하나님의 뜻대로 우리를 위해 기도하심으로 우리를 도우십니다. 결론적으로 말하면 그분은 우리의 불완전한 기도를 온전케 하시는 분입니다. 그러므로 우리는 성령이 어떻게 우리의 약함을 도우시는지를 가르쳐주시는 말씀을 붙잡고 기도해야 합니다. 말씀을 멀리하고 제멋대로 기도하면 안 됩니다. 하나님은 자주 말씀을 통하여 우리의 눈을 열어주십니다. 그렇게 할 때 우리는 성령의 인도함을 받아 하나님의 뜻대로 기도할 수 있습니다.

사랑하는 형제자매들이여, 우리 자신의 기도는 항상 약합니다. 우리는 평생 성령의 도움을 받아야 하나님이 들으시는 기도를 할 수 있습니다. 한시도 떠나지 않고 우리의 연약함을 짊어지시는 성령 하나님이 계심을 찬양합시다.

특별히 우리가 골방으로 들어가면 함께 들어오시고, 우리가 무릎 꿇으면 함께 무릎 꿇으시고, 우리가 입을 열면 함께 입을 여시고, 우리가 탄식하면 함께 탄식하시고, 우리가 기도를 마치고 일어서면 함께 일어서시는 성령이 우리 곁에 계심을 감사합시다. 우리가 아무리 연약해도 그분이 계시기 때문에 우리는 낙망할 이유가 없습니다. 그분이 도우시는 한, 우리는 기도에 실패하지 않을 것입니다. 이 얼마나 놀라운 위로요, 은혜입니까? 우리의 기도가 항상 성령의 도우심으로 활화산처럼 타올라서 하나님의 보좌를 향해 힘차게 올라갈 수 있기를 바랍니다.

27

모든 것을 합력하여 선을 이루시는 하나님

로마서 8장 28-30절

28 우리가 알거니와 하나님을 사랑하는 자 곧 그의 뜻대로 부르심을 입은 자들에게는 모든 것이 합력하여 선을 이루느니라 29 하나님이 미리 아신 자들을 또한 그 아들의 형상을 본받게 하기 위하여 미리 정하셨으니 이는 그로 많은 형제 중에서 맏아들이 되게 하려 하심이니라 30 또 미리 정하신 그들을 또한 부르시고 부르신 그들을 또한 의롭다 하시고 의롭다 하신 그들을 또한 영화롭게 하셨느니라

이번 본문은 불과 세 구절에 지나지 않습니다. 그렇지만 우리는 이 짧은 본문을 통해, 세상을 구원하시려는 하나님의 영광스러운 청사진이 한눈에 바라보이는 자리에 설 수 있습니다. 하나님께서 구원계획을 어떻게 세우셨으며 어떠한 단계를 밟아 완성하고 계시는지를 감히 우리 죄인들이 들여다볼 수 있도록 허용된 것입니다.

그러므로 우리는 경건함과 두려움을 가지고 이 말씀에 접근해야 합니다. 이 말씀을 머리로만 이해하려고 해서는 안 됩니다. 또 완전히 이해할 수 있을 것이라는 기대감을 가지는 것도 금물입니다. 우리의 머리로는 이해할 수 없는 부분이 더 많다는 것을 인정하고 이 말씀을 보아야 합니다. 우리가 시종일관 겸손한 마음으로 이 말씀 앞에 설 때 성령께서 우리의 눈을 열어주시고 진리를 깨닫는 은혜를 주시리라 믿습니다.

우리가 예수 믿는 궁극적인 목적

말씀을 보는 눈이 열린 성도라면 본문을 읽고 즉시 이런 확신을 얻을 수 있습니다. "하나님께서는 나를 구원하시는 일에 절대 실패하지 않으신다." 왜냐하면 본문 말씀이 우리의 구원을 도무지 의심할 수 없도록 만들어주기 때문입니다. 두말할 것 없이 이 확신은 우리에게 놀라운 기쁨을 안겨줍니다.

> 우리가 알거니와 하나님을 사랑하는 자 곧 그의 뜻대로 부르심을 입은 자들에게는 모든 것이 합력하여 선을 이루느니라(28절).

이 말씀을 얼핏 보면 오해하기 쉽습니다. '예수 믿기만 하면 우로 가나 좌로 가나 만사가 잘된다는 말씀이구나'라고 생각할 소지가 있기 때문입니다. 그래서 어떤 사람들은 이 구절을 소위 통속적인 낙관론을 가르쳐주는 근거로 이용하기도 합니다.

그러나 사실은 그런 의미가 아닙니다. 만사가 저절로 굴러가면서 선하게 바뀐다는 식으로 보면 안 됩니다. 모든 것이 합력해서 선을 이루도록 주관하시는 분이 계시다는 것이 이 말씀의 골자입니다. 그분이 누구입니까? 하나님이십니다. 그러므로 우리는 이 구절을 읽을 때 모든 것을 합력하여 선을 이루시는 분은 하나님이시라는 사실에 초점을 맞추어야 합니다.

하나님은 누구를 위해 모든 것이 합력하여 선을 이루게 하십니까? 자기의 뜻대로 부르심을 입은 자들을 위해서 그렇게 하십니다. '그의 뜻대로 부르심을 입었다'는 것이 무슨 뜻인지는 29-30절을 살펴보면 알 수 있습니다. 먼저 29절을 봅시다.

> 하나님이 미리 아신 자들을 또한 그 아들의 형상을 본받게 하기 위하여 미리 정하셨으니 이는 그로 많은 형제 중에서 맏아들이 되게 하려 하심이니라.

우리는 여기에서 하나님의 구원 목적을 발견하게 됩니다. 우리를 구원하시려는 궁극적인 목적은, 예수님이 많은 형제들 가운데서 맏아들이 되게 하는 데 있다고 말씀합니다. '맏아들'은 교회의 머리요, 하나님 나라의 왕이요, 인류의 구원자가 되시는 예수님의 위치를 혈통적인 의미로 바꾸어 설명하는 말입니다. 하나님은 예수 그리스도의 영광을 위해서 우리를 구원하셨습니다.

> 이러므로 하나님이 그를 지극히 높여 모든 이름 위에 뛰어난 이름을 주사(빌 2:9).

모든 사람들이 예수 그리스도 앞에 무릎 꿇고 경배와 찬양을 드리게 하기 위해서 하나님이 우리를 구원하셨습니다. 다시 말하면, 가장 높은 이름을 가진 예수님이 모든 족속에게 세세 무궁히 영광을 받으시도록 하는 데 하나님이 우리를 구원하신 궁극적인 목적이 있다는 말입니다.

사랑하는 형제자매 여러분, 우리가 예수님을 믿는 궁극적인 목적은 예수 그리스도께 경배와 영광을 돌리는 데 있다는 것을 한시도 잊지 말기를 바랍니다. 우리가 전도하는 목적도 바로 여기에 있습니다. 할 수 있는 한 많은 사람에게 복음을 전하여 예수님의 동생이 늘어나면, 우리 주님이 동생을 많이 거느린 맏아들로서 영광을 받으실 수 있습니다. 백성이 많을수록 그 왕은 더 위대하게 보이고 왕권은 강해집니다.

하나님은 구원받은 백성이 하늘의 별처럼 많아지기를 바라고 계십니다. 그런데도 당신은 전도를 싫어합니까? 그렇다면 당신은 예수님이 영광받으셔야 한다는 사실을 무시하는 사람이라 해도 과언이 아닙니다. 우리 모두는 하나님이 나를 구원해주신 궁극적인 목적을 항상 마음에 깊이 새기고 살아야 합니다.

동시에 우리 자신에게 직접 해당되는 구원 목적이 있습니다. 우리가 예수 그리스도의 형상을 본받게 하는 것입니다. '본받는다'는 말은 본래 '같은 모양을 취한다'는 의미가 있습니다. 이는 외모뿐만 아니라 내면까지 닮는 것을 말합니다. 단지 유사성을 의미하는 것이 아니라 본질적으로 닮는 것을 가리키는 말입니다. 빌립보서 3장 21절은 이 본문을 가장 잘 해석해주는 말씀이라고 생각합니다.

… 우리의 낮은 몸을 자기 영광의 몸의 형체와 같이 변하게 하시리라.

이 말씀은 그분의 형상을 그대로 본받는 것을 의미합니다. 8장은 예수님의 형상을 본받는 것에 대해서 여러 곳에 걸쳐 다양하게 표현하고 있습니다. 그중에 제일 먼저 나오는 것은 17절의 "함께 영광을 받기 위하여"입니다. 이는 예수님의 형상을 우리도 가지고 그분과 함께 사는 것을 말합니다. 그다음으로 23절에 "양자 될 것 곧 우리 몸의 속량을 기다리느니라"라는 말씀이 있습니다. '우리 몸의 속량' 역시 예수님의 형상을 닮는 것을 의미합니다. 마지막 날에 우리 모두를 예수 그리스도의 형상을 그대로 닮은 자기 자녀로 만드시는 것, 이것이 하나님께서 우리를 구원하시는 이유요 목적입니다. 얼마나 황홀한 이야기입니까? 마치 꿈을 꾸는 것 같지 않습니까?

구원의 다섯 단계

29-30절을 보면 이러한 구원 목적을 달성하기 위한 다섯 가지 단계가 순서대로 나옵니다. 즉, 하나님이 미리

아시고, 미리 정하시고, 부르시고, 의롭다 하시고, 영화롭게 하시는 단계입니다. 예수님을 믿는다고 하면서 이런 구원의 단계조차 모르고 산다면 좀 무식한 사람이 아닐까요? 하나님은 우리를 즉흥적으로, 내키는 대로 구원하시지 않습니다. 철저한 계획과 준비를 거쳐 순차적으로 그 일을 추진하고 계십니다. 내가 어쩌다 믿게 되었다는 생각을 버려야 합니다.

미리 아심

미리 아신다는 것은 우리 자신에 대한 것을 미리 아셨다는 의미가 아닙니다. 예를 들어 내가 다른 사람보다 조금 착하다거나 장차 큰 인물이 된다는 것 등을 아셨다는 말이 아닙니다. 물론 하나님은 전능하시니까 그런 것을 모르실 리 없습니다. 그러나 여기서는 나를 구원하시기 위한 조건으로 나의 선이나 공로가 될 만한 무엇을 미리 알고 계셨다는 의미가 아닙니다. 우리가 잘 아는 대로 구원은 아무 조건 없이 무상으로 받습니다. 만일 나에게 착한 데가 있어서 그것을 미리 알고 구원하셨다면 그 구원은 하나님의 은혜가 아니라 나의 공로가 됩니다. 그리고 예수님은 절대로 기쁜 소식이 되지 못할 것입니다. 그러므로 미리 아셨다는 것은 우리를 자기 자녀로 처음부터 알고 계셨다는 의미라고 보아야 합니다.

곧 창세전에 그리스도 안에서 우리를 택하사…(엡 1:4).

하나님은 이 세상을 만드시기 전에 벌써 우리 개개인을 미리 아셨습니다. 하나님은 전지전능하심이 참으로 놀랍지 않습니까?

미리 정하심

미리 '정하신다'는 것은 곧 선택하셨다는 말입니다. 다시 말하면 "너는 내 자녀다" 하고 선택하셨다는 뜻입니다. 우리가 잘나고 못나고, 선하고 악하고를 떠나 아무런 조건 없이 선택하셨습니다. 하나님께 "왜 나를 선택하셨습니까?" 하고 물어보십시오. "내가 좋아서 그랬다." 이것이 그분께서 들려주시는 유일한 대답입니다.

그래서 종교 개혁자 칼빈은 다음과 같은 멋있는 말을 했습니다. "우리가 이 선택의 교리를 알지 못하면 우리의 구원이 하나님의 값없는 자비의 샘으로부터 흘러나온 것임을 절대로 확신할 수 없을 것이다." 옳은 말입니다. 하나님은 무조건 좋아서 나를 선택하셨습니다. 왜 무조건 선택하셨는지를 이해할 수 있는 사람은 이 세상에 아무도 없습니다. 그러므로 우리는 이유를 알 수 없는 선택의 은혜를 두고 단지 기뻐하며 감사할 뿐입니다.

부르심

'부르신다'는 것은 예수님을 믿도록 이끄시는 것을 말합니다. 내가 믿으려고 해서 믿은 것이 아니라 하나님이 믿게 하셨다는 말입니다.

의롭다 하심

'의롭게 하신다'는 것은 예수님이 지신 십자가의 보혈로 우리의 모든 죄를 용서하신다는 것을 말합니다. 이것도 하나님이 일방적으로 하신 일입니다. 우리가 보탠 것은 하나도 없습니다.

영화롭게 하심

'영화롭게 하신다'는 것은 그리스도의 형상을 본받게 하는 것을 의미합니다. 그분과 함께 그분을 직접 보며 영원히 사는 영생의 복을 가리키는 것입니다. 우리는 주님이 언제 재림하실지 잘 모릅니다. 우리가 죽어서 하나님 앞에 갈 때까지 오시지 않을 수도 있습니다. 그러면 우리의 죽은 몸은 땅에 묻혀 썩게 됩니다. 그리고 우리의 영혼은 하늘에서 예수님이 재림하시는 날까지 기다리게 됩니다. 드디어 예수님이 재림하시면 우리의 썩은 몸은 새 몸을 입고 부활하여 우리 영혼과 결합하게 됩니다. 우리 몸이 구속을 받게 되는 것입니다. 이때 우리 자신은 완전무결한 새 인격이요 예수 그리스도의 형상을 닮은 새사람으로 주님 앞에 서게 됩니다. 이것을 일컬어서 영화롭게 된다고 말하는 것입니다.

구원의 확실성

유명한 신학자 워필드 박사는 위에서 이야기한 구원의 다섯 가지 단계를 "끊어질 수 없는 다섯 개의 고리로 만든 금사슬이다"라는 말로 재미있게 표현했습니다. 그만큼 이 본문의 내용은 구원을 이해하는 데 중요한 진리가 됩니다. 누구든지 하나님이 미리 아신 자는 반드시 영화롭게 하십니다. 하나님이 창세전부터 계획하신 일은 중도에 수정되거나 좌절될 수 없습니다. 하나님이 시작하신 일은 아무도 방해할 수 없습니다. 설혹 방해가 있다고 할지라도 하나님은 반드시 계획대로 이루십니다.

이와 같은 구원의 확실성을 강조하기 위해서 헬라어 원문을 보면, 29-30절에 '하나님이'라는 주어가 8회나 나옵니다. 우리말의 문장은 굳이 필요하지 않다면 주어를 생략하는 예가 많습니다. 그래서 우리말 성경에는 몇 번 나오지 않습니다. 주어를 모두 넣으면 다음과 같이 정리할 수 있습니다. "하나님이 미리 아셨고, 하나님이 미리 정하셨고, 하나님이 미리 정하신 그들을 하나님이 부르셨고, 하나님이 부르신 그들을 하나님이 의롭다 하셨고, 하나님이 의롭다 하신 그들을 또한 하나님이 영화롭게 하셨느니라."

왜 하나님이라는 단어를 자꾸 반복해서 말할까요? 전지전능하신 하나님, 영존하시는 하나님, 무소부재하신 하나님이 시작하신 일은 반드시 그대로 된다는 뜻입니다. 절대 실패할 수 없는 이유는 하나님이 계획하시고 시작하셨기 때문입니다.

그뿐 아닙니다. 또 하나 중요한 사실이 있습니다. 원문에서는 여기에 나오는 다섯 개의 동사가 전부 과거 동사임을 주목해야 합니다. 이는 사실의 확실성을 강조하는 성경의 독특한 어법입니다. 차례대로 살펴볼까요? '아셨다', '정하셨다', '부르셨다', '의롭게 하셨다', '영화롭게 하셨다'입니다. 이 모든 일은 이미 성사된 일입니다. 앞으로 될 일이 아니라 하나님 편에서는 이미 다 끝낸 일입니다. 하나님께서 이 정도로 확실하게 해놓으신 일을 가지고 우리가 의심할 수 있다고 생각합니까?

물론 우리 입장에서 볼 때는 미리 아신 것, 미리 정하신 것, 부르신 것, 의롭다 하신 것은 모두 과거지사라고 할 수 있습니다. 그렇지만 아직 교회에 나오지 않는 어떤 사람을 예로 들어 이야기해봅시다. 그의 부인이 남편의 구원을 위해 밤낮으로 하나님 앞에 기도하고 있습니다. 언젠가는 그 사람도 구원받을 것입니다. 그러므로 그 부인이 이렇게 말할 수 있습니다. "내 남편이 아직은 믿지 않지만 '하나님이 내 남편을 미리 아셨고 미리 정하셨고 부르셨고 의롭다 하셨고 영화롭게 하셨다고 믿으며 기도하고 있습니다."

여기에 무슨 모순이 있다고 생각됩니까? 절대 모순이 아닙니다. 남편의 구원을 확신하는 아내는 남편을 위해 하나님이 창세전부터 계획하신 모든 일을 의심할 수 없습니다. 아직 믿지 않는 남편을 놓고도 하나님이 결정하시고 계획하신 그 시점에서 볼 때 남편의 구원은 이미 성취된 과거지사가 되는 것입니다.

우리 입장에서 보면 다섯 단계 가운데 영화롭게 하는 것은 우리에게 아직 도래하지 아니한 미래의 사건입니다. 그렇지만 하나님이 나를 영화롭게 하신다는 것은 창세전에 미리 계획해놓으신 일입니다. 하나님께는 계획이 곧 완성입니다. 그분에게 불확실한 미래란 있을 수 없습니다. 이렇게 볼 때 하나님이 나를 영화롭게 하셨다는 것은 불변의 진리입니다. 아무도 부정할 수 없는, 확실한 사실이라는 것을 본문은 우리에게 가르쳐주고 있습니다.

성경에서 말하는 '선'의 의미

다시 28절로 되돌아가서 살펴보겠습니다. 하나님의 계획은 실패할 확률이 털끝만큼도 없으며, 그분은 놀라운 지혜와 능력으로 그 일을 빈틈없이 진행하고 계십니다. 무엇을 근거로 그렇게 말할 수 있습니까? 28절의 "모든 것이 합력하여 선을 이루느니라"라는 말씀입니다. 그런데 성경 중에서 사람들이 남용하기 쉬운 말씀으로 이 로마서 8장 28절을 꼽을 수 있습니다. 이 구절을 가지고 "무엇을 해도 만사형통이다. 모든 것이 합력하여 선을 이룬다고 하셨으니까 다 잘될 것이다"라고 잘못 적용하는 사람이 많습니다. 이 본문을 과연 그렇게 해석해도 될까요? 이것을 전도서 8장 12절에 나오는 "죄인은 백 번이나 악을 행하고도 장수"한다는 식의 논리로 받아들여도 될까요?

'모든 것'은 우리가 세상을 살면서 겪는 좋은 일, 나쁜 일, 형통, 고난, 복, 불행, 스스로 행한 일, 본의 아니게 당한 일, 사람을 만나고 헤어지는 일, 오고가는 일, 살고 죽는 일 등을 다 포함하는 말입니다. 그러면 선(善)이 무엇입니까? 여기서 말하는 선은 이중적인 의미가 있습니다. 일차적으로는 영화롭게 하는 것, 즉 완전한 구원을 받는 것이 선입니다. 이차적으로는 우리가 영화롭게 되는 자리까지 이르도록 도움이 되고 영향을 끼친 모든 사건과 경험의 결과를 선이라고 합니다.

하나님은 우리 삶의 온갖 경험을 통틀어 결국 우리가 구원받는 사람이 되도록 작업하고 계십니다. 우리가 보기에 아무리 만족스럽고 좋아도 하나님께서 우리를 영화롭게 하시는 데 방해가 된다면 그것은 선이 아닙니다. 반대로 우리가 싫어하고 만족스럽지 못한 일이라도 하나님이 우리를 영화롭게 하시는 데 유익한 것이면 선이 됩니다. 예를 들어 내가 병을 앓는 것 때문에 예수님을 잘 믿게 되었다면 그 병은 물론이고 병을 앓게 됨으로 생긴 모든 결과를 선이라고 할 수 있습니다. 성경이 말하는 선은 전적으로 구원에 초점이 맞추어져 있다는 것을 잊지 말아야 합니다.

그런데 참 놀라운 사실이 또 하나 있습니다. 하나님은 의도적으로 모든 것이 합력하여 선이 되도록 작업하신다는 것입니다. 우리에게 일어나는 모든 일들은 그저 자연스럽게 선이 되는 것이 아닙니다. 한 가지라도 우리가 구원을 얻는 데 거침돌이 되지 않게 하나님이 손을 써서 선이 되게 해주십니다. 이것이 '합력하여 선을 이룬다'는 말의 의미입니다. 정말 놀라운 진리가 아닐 수 없습니다.

부르심을 받은 자,
하나님을 사랑하는 자

선을 이루시는 하나님의 작업을 우리가 전부 다 경험하고 알 수는 없습니다. 미리 아신 것과 택하신 것은 우리가 태어나기도 전에 하나님 편에서 전적으로 하신 일이기 때문에 우리는 어떻게 된 일인지 잘 모릅니다. 칭의의 과정도 마찬가지입니다. 그러나 부르심은 우리가 실제로 겪는 일이기 때문에 그 과정을 통해 모든 것이 합력하여 선을 이루시는 것이 무엇인지 조금은 알 수 있습니다.

'부르셨다'는 말은 단순히 청함을 받았다는 의미가 아닙니다. 복음을 듣고 예수 그리스도를 구주로 영접하고 순종하는 중생의 변화를 이야기합니다. 이것을 신학적인 용어로 '효과적인 부르심'이라고 합니다. 성령께서 예수를 안 믿을 수 없도록 불러다 놓았다는 말입니다. 이것은 단순히 하나님에 대한 진리를 머리로 찬동하는 것이 아닙니다. 교회를 오랫동안 드나들었다는 것을 의미하지도 않습니다. 기독교에 대해 호감을 가지고 있다거나 해박한 지식을 가졌다는 의미도 아닙니다.

이 부르심은 놀라운 것입니다. 이 부르심을 받으면 사람이 근본부터 바뀝니다. 어떤 변화가 일어나는지 아십니까? 28절에서 한 가지 우리에게 암시하는 단어가 있습니다. "하나님을 사랑하는 자", 바로 이 말씀입니다. 사실 이 구절은 '하나님을 사랑하는 자'가 아니라 '하나님을 믿는 자'로 바꾸어야 이해하기 쉽습니다. '하나님을 믿는 자 곧 그의 뜻대로 부르심을 입은 자들'이라고 해야 논리에 맞습니다. 그러나 왜 '믿는 자' 대신에 '사랑하는 자'로 말을 바꾸어 썼을까요? 이유는 간단합니다. 그 사람의 믿음이 진짜냐 가짜냐를 확인해보려면 하나님을 사랑하는가 아니하는가를 가지고 논해야 합니다. 단순히 입으로 믿는다고 하는 말은 신용하기 어렵습니다. 야고보는 이 사실을 분명히 지적했습니다. 그가 말하기를 귀신도 그 정도는 다 믿고 있다고 했습니다.

> 네가 하나님은 한 분이신 줄을 믿느냐 잘하는도다 귀신들도 믿고 떠느니라(약 2:19).

참된 믿음이 무엇입니까? 사랑으로 역사하는 믿음이라야 합니다. 사실 우리가 믿는다고 하지만 그 믿음이 어느 정도 순수하고 참된 것인가는 다른 사람이 평가하기 어렵습니다. 그러나 하나님을 사랑하는 것은 속이기 어렵습니다. 사랑은 숨겨놓을 수 없는 묘한 데가 있습니다.

어느 목사님의 이야기가 생각납니다. 그는 대학 시절 사랑에 빠졌습니다. 그러나 부모가 완고했기에 집에서는 그런 내색을 하지 않으려고 했습니다. 그런데 한번은 어머니가 그를 불러 세우고 이렇게 말씀하셨습니다. "얘야, 너 요즘 좀 이상하구나. 사랑에라도 빠진 게 아니냐?" 너무 놀란 아들이 뭘 보고 그런 말씀을 하시냐고 했더니 어머니 대답이 "전에 없이 집 안에서 노래를 흥얼거리고 다녀서 그래"였다는 것입니다. 사랑은 못 속입니다.

'하나님을 사랑한다'는 것에는 우리의 감정, 지식, 행동을 비롯하여 모든 것이 다 포함됩니다. 참된 믿음은 하나님을 사랑하는 것입니다. 믿는 자는 하나님을 사랑하고, 그 사랑 때문에 그에게 기쁨으로 순종합니다. 이런 변화가 있을 때 그 사람을 가리켜 하나님의 뜻대로 부르심을 받은 사람이라고 말할 수 있습니다. 이는 하나님이 성령을 통해서 직접 하시는 일입니다.

그러므로 정말 부르심을 받은 사람이면 마음을 다하고 뜻을 다하고 힘을 다하여 하나님을 사랑하게 됩니다. 사랑하는 것을 보면 부름받았는지 아닌지를 알 수 있습니다.

그런데 이러한 하나님의 부르심은 강제로 믿게 하는 성격이 두드러지기 때문에, 많은 사람이 강하게 반발합니다. 자기를 간섭하고 방해하는 것으로 생각하고 싫어합니다. 이것은 조금도 이상한 일이 아닙니다. 우리는 이미 로마서 1장에서 인간은 원래 하나님을 알면서도 영화롭게 하기를 싫어하는 존재라는 것을 배웠습니다. 우리 모두에게는 하나님 대신 나를 높이고 싶어 하는 아주 못되고 고약한 본성이 있습니다. 이런 우리에게 하나님이 갑자기 끼어들어서 생활을 간섭하신다고 하면 좋아할 사람이 없겠지요. 그러니까 사람들이 한사코 하나님을 떠나 멀리 도망가려고 하는 것입니다.

톰슨이라는 사람이 쓴 시에 이런 구절이 있습니다. "나는 낮과 밤 여러 날 그를 피하여 달아났네 / 여러 해 동안 나는 그를 피하여 도망하였네 / 나는 마음속 미로로 그를 피하여 달아났네 / 나는 눈물을 흘리며 그를 피하여 숨었었네."

아무리 하나님의 눈을 피해 도망쳐도 하나님이 부르시는 사람은 어쩔 도리가 없습니다. 존 버니언이 말한 것처럼 하나님의 목소리가 계속 따라다니며 그를 괴롭힙니다. 이처럼 하나님이 부르심에는 강제성이 있습니다. 하나님은 자기가 미리 알고 택한 자를 절대 포기하지 않으십니다. 절대로 놓치지 않으십니다. 무슨 수를 써서라도 반드시 부르십니다.

이렇게 하나님의 손에 꽉 붙잡힌 사람은 도망을 다니면서도 마음속에 이상한 변화가 일어납니다. 갑자기 이유를 알 수 없는 불안과 두려움이 생깁니다. 과거에 범했던 죄 때문에 갈등이 생겨나고 또 가책을 받게 됩니다. 무심코 지나쳤던 성경책이 예사롭지 않게 보입니다. 자기도 모르게 '교회에 한번 나가볼까?' 하는 생각이 밀려옵니다. 왜 그의 마음속에 이런 변화가 일어나는지 압니까? 하나님이 강제로 그를 부르시기 때문입니다.

제가 시무하는 교회의 신문에 실렸던 장로님 한 분의 고백을 인용할까 합니다. 먼저 그가 예전에 어떤 사람이었는지 그의 말을 빌어 간단히 소개하겠습니다. "지적 욕구를 채울 수 있으며, 뒷자리쯤에서 적당히 즐기면서 다닐 수 있는 교회를 찾았습니다. 집사였지만 예수님을 영접한다는 의미가 무엇인지 잘 몰랐습니다. 그저 내 삶이 정리되고 명분이 확실하다면 지옥도 좋다는 식이었습니다." 그는 어릴 때부터 신앙생활을 했지만 안타깝게도 그때까지 부르심을 받지 못했던 것입니다.

그러나 하나님께서는 그에게 일어나는 모든 일들이 합력하여 선을 이루는 작업을 계속하셨습니다. 강남에 새 집을 지어 이사를 오게 되자, 다니던 교회의 교역자가 사랑의교회를 소개했습니다. 그때 그는 이런 일련의 사건들이 어떤 의미가 있는지 깨닫지 못했습니다. 사랑의교회로 와서는 싫든 좋든 제자훈련반에 들어가야만 했습니다. 그것도 하나님께서 배후에서 합력하여 선을 이루시는 작업이라는 것을 그때는 전혀 몰랐습니다.

그런데 성경공부를 하면서 뿌리까지 흔들리는 갈등을 경험하게 되었습니다. 그는 이렇게 말합니다. "나와 성경 사이에는 근본적인 갈등이 있었습니다. 나는 '하면 된다'라는 결과 중심의 사고로 교육받았고, 절대선이란 없다는 가치관을 가지고 있었습니다." 그런 사람이 하나님의 말씀을 액면 그대로 보기 시작하면서부터 가치관이 송두리째 흔들리는 경험을 하게 되었습니다. 급기야 그는 말씀을 공부하는 중에 '내 판단의 기준은 무엇인가? 내가 옳은가, 성경이 옳은가?'를 생각하게 되었으며, 나이 40에 처음으로 자기의 뜻을 하나님 앞에 완전히 굽히고 말씀대로 순종하겠다고 결단했습니다. 그 결과 그에게 놀라운 평안이 임했고, 그는 성경을 읽으면서 눈물을 흘리는 사람으로 바뀌었습니다. 드디어 부르심을 받은 것입니다. 그는 단순히 머리로 '믿는 자'가 아니라 마음으로 하나님을 '사랑하는 자'가 되었습니다. 그가 겪은 모든 일들은 하나님이 합력하여 선을 이루게 하시는 과정이었다고 말할 수 있습니다.

그리스도인에게 우연은 없다

하나님은 지금도 우리를 위해 일하고 계십니다. 어떤 사람은 병으로 꺾어놓으시기도 합니다. 어떤 사람은 실패를 가지고 다루시기도 합니다. 어떤 사람은 인생의 허무함으로 고민하게 하십니다. 어떤 사람은 가난으로 괴로움을 겪게 하십니다. 어떤 경우에는 이민을 갈 수밖에 없도록 만드십니다. 낯선 환경 속에서 어려움을 당하면 예수님을 믿지 않을 수 없기 때문입니다. 이런 의미에서 예수님을 믿게 되었다는 것은 모든 것이 합력하여 선을 이루게 하신 하나님의 작업이요 은혜임에 틀림없습니다.

모든 것이 합력하여 선을 이루게 하시는 하나님의 손길을 체험할 수 있는 길이 또 하나 있습니다. 그 길은 의롭다 함을 받은 우리가 영화롭게 되는 날까지 이 세상을 살면서 겪는 여러 가지 경험을 통해 알 수 있습니다. 이에 대해 자세한 설명을 하자면 끝이 없을 것입니다. 저의 간증을 이야기하는 것만 해도 아마 며칠이 걸릴 것입니다. 하나님은 세밀하게, 그러나 분명한 목표를 가지고 우리를 다루십니다. 우리가 한눈 팔지 못하도록 모든 것을 다 이용해서 다루고 계십니다.

심지어 우리가 짓는 죄까지도 하나님이 합력하여 선을 이루신다는 사실을 압니까? 우리는 죄를 지어서는 안 됩니다. 그러나 어쩔 수 없이 죄를 지을 때가 있습니다. 죄를 처음 지었을 때는 마음이 찔리지만, 두 번 세 번 계속 범하면 죄의식이 점점 희박해집니다. 하나님이 그대로 내버려두신다면 아마 우리는 끝장이 날지도 모릅니다. 그러나 하나님은 우리를 가만두지 않으십니다. 징계를 하시는가 하면 상처를 싸매기도 하십니다. 그래서 우리가 범한 그 죄를 돌이켜 영화롭게 되는 자리에 이르도록 만드십니다.

우리가 죄를 범하고 나면 그것 때문에 얼마나 고통스러워하고 눈물을 흘립니까? 눈물을 흘리고 고통스러워하는 그 자체가 하나님이 뒤에서 선을 이루시는 과정입니다. 하나님이 죄지은 나를 때리시다가도 안아주시는 영적 체험을 한 사람은 이전보다 하나님을 더 뜨겁게 사랑하는 사람으로 바뀝니다.

왜 그렇습니까? 하나님이 나의 쓰라린 경험을 선으로 바꾸셨기 때문입니다. 하나님께서는 악까지도 통제하고 사용하셔서 우리를 영화롭게 하는 자리로 인도하십니다. 하나님은 우리가 그리스도와 함께 누릴 영광을 얻기까지 이처럼 의미 있게 다루고 계십니다. 좋은 일을 통해서는 우리를 기쁘게 하시고 우리 영혼을 만족케 하십니다. 나쁜 일을 통해서는 우리의 믿음을 연단하시고 하나님이 준비하신 구원만을 소망하게 만드십니다. 그러므로 하나님을 사랑하는 자 곧 그 뜻대로 부르심을 입은 자에게는 어느 것 하나 손해되는 일이 없습니다.

하나님이 왜 이렇게까지 사사건건 우리를 간섭하시면서 합력하여 선을 이루도록 뒤에서 작업하고 계실까요? 그 이유가 본문에 나와 있습니다. 28절과 29절 사이에 중요한 접속사 하나가 빠졌습니다. 전체 문맥을 따져볼 때 '왜냐하면'이라는 접속사가 들어가야 합니다. 우리말 성경에는 특별한 경우를 제외하고는 이런 접속사를 빠뜨리는 경우가 많습니다.

왜 하나님께서 모든 것이 합력하여 선을 이루게 하실까요? 이 질문에 대한 대답은 '왜냐하면'으로 시작됩니다. 왜냐하면 하나님이 나를 창세전에 미리 알고 택하셨기 때문입니다. 왜냐하면 하나님이 나를 자기 아들로 불러주셨기 때문입니다. 왜냐하면 하나님이 나를 의롭다 하셨기 때문입니다. 그러므로 그분이 부르시고 의롭다 하신 나를 영화롭게 하지 않고 그냥 내버려두시겠습니까? 그렇게 사랑을 쏟아부으신 자녀가 조금이라도 잘못되지 않도록, 그 찬란한 영광을 누리는 그날까지 매사에 간섭하시는 게 마땅합니다. 하나님은 절대로 실패하지 않으십니다. 무슨 일이라도 구원을 얻는 데 합력하여 선이 되도록 하십니다.

그러므로 우리는 매일 당하고 겪는 일들을 우연한 일로, 무의미한 것으로 보지 말아야 합니다. 우리는 가끔 원치 않는 일을 만납니다. 그럴 때마다 '왜 나에게 이런 일이 일어났을까' 하며 괴로워합니다. 로마서 8장 26절처럼 무엇을 기도해야 할지 모를 정도로 갈피를 못 잡고 탄식하며 고통스러워합니다. 우리 대부분은 눈앞에 닥친 사건이나 일에 대해서는 하나님의 뜻이 어디 있는지 몰라 당황할 때가 많습니다.

그런데 우리가 잘 아는 것 한 가지가 있습니다. 28절에 "알거니와"라는 말이 있지 않습니까? 우리는 가까운 일은 잘 몰라도 먼 훗날의 일은 잘 압니다. 그것이 무엇입니까? 그리스도와 함께 누릴 영광입니다. 영화롭게 되는 것입니다. 그렇기 때문에 하나님의 자녀는 눈앞의 잘 모르는 가까운 일만 보면 안 됩니다. 잘 아는 먼 훗날을 내다볼 줄 알아야 합니다.

여기에서 우리의 지난날을 한번 돌이켜 봅시다. '왜 나에게 그런 일이 일어났을까? 왜 그때 나는 그 사람을 만나게 되었을까?' 하는 문제들을 이 말씀에 비추어 보면 답이 나옵니다. 하나님이 나를 부르시기 위해서, 나의 믿음을 연단하사 영화를 누리는 자리에 이르기까지 한눈 팔지 못하게 하시려고 그렇게 하셨다는 것을 깨달을 수 있을 것입니다.

사랑하는 형제자매들이여, 우리는 이미 하나님의 손에 꽉 잡힌 사람들입니다. 하나님의 손에서 빠져나갈 수 있는 사람이 어디 있겠습니까? 하나님은 우리가 빗나가지 않도록 예수님의 영광스러운 모습을 닮은 자가 되기까지 철저하게 간섭하시면서 모든 것이 합력하여 선을 이루도록 도와주십니다.

그러므로 나의 눈물도 감사해야 합니다. 나의 성공도 감사해야 합니다. 나의 실패도 감사해야 합니다. 모든 것이 나를 부르시기 위한 계획이었고, 나를 영화롭게 하기 위한 손길이었음을 깨닫고 감사해야 합니다. 어떤 분이 이런 말을 했습니다. "참된 그리스도인은 자기를 이해할 수 없는 사람들이다." 옳은 말입니다. 우리는 이해할 수 없는 존재입니다. 하나님께서 왜 나 같은 것을 창세전에 아시고 끝까지 간섭하시는지 우리는 잘 모릅니다. 하나님이 예수님을 십자가에 못 박으시고 그 대신 나를 끌어안으셨다는 것이 이해가 됩니까? 하나님이 무엇이 아쉬워서 그렇게 하셨을까요? 우리는 도저히 이해할 수 없습니다.

그렇지만 하나님의 엄청난 구원 계획 앞에서 나를 보면 나 자신이 얼마나 중요한 존재인가를 깨달을 수 있습니다. 이 세상 끝 날까지 하나님은 우리를 위해 모든 것이 합력하여 선을 이루는 일을 멈추지 않으실 것입니다. 이 놀라운 영광과 축복을 안겨주신 주님께 어찌 경배와 찬양을 드리지 않을 수 있겠습니까?

28

끊을 수 없는 하나님의 사랑

로마서 8장 31-39절

31 그런즉 이 일에 대하여 우리가 무슨 말 하리요 만일 하나님이 우리를 위하시면 누가 우리를 대적하리요 32 자기 아들을 아끼지 아니하시고 우리 모든 사람을 위하여 내주신 이가 어찌 그 아들과 함께 모든 것을 우리에게 주시지 아니하겠느냐 33 누가 능히 하나님께서 택하신 자들을 고발하리요 의롭다 하신 이는 하나님이시니 34 누가 정죄하리요 죽으실 뿐 아니라 다시 살아나신 이는 그리스도 예수시니 그는 하나님 우편에 계신 자요 우리를 위하여 간구하시는 자시니라 35 누가 우리를 그리스도의 사랑에서 끊으리요 환난이나 곤고나 박해나 기근이나 적신이나 위험이나 칼이랴 36 기록된 바 우리가 종일 주를 위하여 죽임을 당하게 되며 도살 당할 양같이 여김을 받았나이다 함과 같으니라 37 그러나 이 모든 일에 우리를 사랑하시는 이로 말미암아 우리가 넉넉히 이기느니라 38 내가 확신하노니 사망이나 생명이나 천사들이나 권세자들이나 현재 일이나 장래 일이나 능력이나 39 높음이나 깊음이나 다른 어떤 피조물이라도 우리를 우리 주 그리스도 예수 안에 있는 하나님의 사랑에서 끊을 수 없으리라

우리는 로마서 1장에서 바울이 한 말을 기억할 필요가 있습니다.

> 그러므로 나는 할 수 있는 대로 로마에 있는 너희에게도 복음 전하기를 원하노라(롬 1:15).

그는 자기의 소원대로 지금까지 로마 성도들에게 자상하면서도 깊이 있게 복음을 설명해왔습니다. 이 정도면 복음이 무엇인가를 충분히 설명한 셈이라 할 수 있습니다. 그러면 이번 본문 바로 앞에 나오는 말씀을 한번 보십시오.

> … 또한 영화롭게 하셨느니라(롬 8:30).

이것은 복음의 피날레에 해당하는 말씀입니다. 어떤 의미로 로마서에서 복음의 대단원은 영화롭게 되는 축복과 함께 막을 내린 것이나 다름없습니다. 더 이상 말이 필요 없다고 할 수 있습니다.

사실 31-39절 이하의 내용은 복음의 비밀을 다 밝히고 난 그가 가슴에 끓어오르는 감격과 기쁨을 주체할 수 없어 펜 가는 대로 털어놓은 고백이요 찬가라 할 수 있습니다. 그가 어떻게 이야기를 시작하는가 보십시오.

그런즉 이 일에 대하여 우리가 무슨 말 하리요…(31절).

극도로 기쁜 심정을 표현하는 말입니다. 이렇게 좋은 구원을 주신 하나님에 대해 더 이상 무슨 할 말이 있겠느냐는 뜻입니다. 누구나 감당하기 벅찬 일을 당하면 말문이 막히는 법입니다. 바울은 지금 이런 심정으로 이야기하고 있습니다. 이런 의미에서 볼 때 우리가 읽은 본문 말씀은 구원의 송가라고 할 수 있습니다. 또한 복음의 마지막 악장을 장식하는 대합창이기도 합니다.

그래서 바울은 다음과 같이 여섯 가지 질문 형식으로 하나님을 찬양하고 있습니다. "우리가 무슨 말 하리요? 누가 우리를 대적하리요? 어찌 그 아들과 함께 모든 것을 우리에게 주시지 아니하겠느냐? 누가 능히 하나님께서 택하신 자들을 고발하리요? 누가 정죄하리요? 누가 우리를 그리스도의 사랑에서 끊으리요?" 얼마나 벅차고 얼마나 확신이 가면 이렇게 큰소리를 칠 수 있겠습니까?

지금까지 로마서를 통해 복음을 들은 우리는 어떻습니까? 우리에게 바울이 체험한 감격이 있습니까? 각자 자문자답을 해보아야 할 것입니다. '야, 정말 좋다! 너무 감격스러워 할 말이 없구나. 감사합니다, 하나님!' 이런 감격이 가슴속에서 뭉클 일어난다면 여러분은 복음을 바로 들은 사람입니다.

아직도 가슴이 냉랭하게 식어 있습니까? 아직도 이 감격이 별로 느껴지지 않습니까? 만약 그렇다면 이 시간을 놓치지 않도록 긴장하기 바랍니다. 로마서에서 복음에 대해 설명하는 것은 8장이 마지막이기 때문입니다. 바로 이 시간이 중요합니다. 하나님 앞에 마음을 열어달라고 기도합시다. 누가 나를 하나님의 사랑에서 끊을 수 있느냐는 외침은 바울 한 사람의 독창이 되어서는 안 됩니다. 우리 모두의 합창이 되어야 합니다. 그렇게 되기 위해서는 우리의 가슴도 바울처럼 뜨거워져야 합니다.

본문의 성격은 구원의 찬가이지만 그 주제는 구원의 확신입니다. 다시 말해 우리가 얻은 구원이 얼마나 확실한가를 노래하고 있습니다. 아무도 이 구원을 흔들거나 망칠 수 없음을 선언하는 것입니다. 바꾸어 말하면 '하늘이 무너져도 반드시 구원받는다'고 하는 철석 같은 믿음을 표현하고 있습니다. 우리는 이것을 일컬어 '구원의 확신'이라고 부릅니다. 바울은 우리의 구원이 얼마나 확고부동한가를 증명하기 위해 역설적인 논법을 사용했습니다. 그는 우리의 확신을 흔들 수 있다고 생각되는 적을 세 가지로 가정하고, 그 적들이 벌 떼와 같이 한꺼번에 덤빈다 할지라도 우리의 구원은 절대 안전하다는 사실을 감격에 넘치는 어조로 외치고 있습니다.

의심이 우리의 구원을 흔들지 못한다

우리의 구원을 흔들어놓을 수 있는 적이 있다면, 무엇보다 하나님의 사랑에 대한 의심이라 할 수 있습니다.

… 만일 하나님이 우리를 위하시면 누가 우리를 대적하리요(31절).

하나님이 우리를 위하신다는 것은 하나님의 사랑이 끝까지 변함없음을 이야기합니다. 하나님이 끝까지 사랑하시는 자를 누가 감히 대적하겠습니까? 하나님의 사랑이 변함없는 한 죄와 사망에서 건져 놓으신 우리를 포기하실 리가 없습니다.

그러므로 마귀는 우리가 하나님의 사랑을 의심하여 구원을 확신하지 못하게 만들기 위해서 쉬지 않고 애를 씁니다. 이것이 마귀가 쓰는 수법입니다. 하지만 하나님은 무조건적인 사랑을 쏟아 우리를 죽음에서 구원하셨습니다. 하나님의 사랑은 끝까지 우리를 위하는 사랑입니다. 그러나 우리 인간들은 그것을 믿지 못하는 악한 구석이 있습니다. '과연 하나님께서 끝까지 나를 사랑해주실까? 아직도 하나님의 눈에 꼭 들게 살지 못하는데 정말 변함없이 나를 사랑하셔서 버리지 아니하실까?' 하는 의심을 가끔 합니다.

이러한 의부증 증세는 정도가 심하냐 약하냐의 차이가 있을 뿐 예수님을 갓 믿은 성도도 믿은 지 오래된 성도도 다 가지고 있습니다. 목사도 가끔 이런 회의에 빠질 때가 있습니다. 위대한 선지자나 사도들도 예외는 아니었습니다. '하나님이 나를 사랑하신다면 이럴 수가?' 하는 버릇은 결코 남의 것이 아닙니다. 이럴 때 잘못하면 구원의 확신이 흔들리는 위기를 만나게 됩니다.

의심할 수 없는 하나님의 사랑 때문에

그러나 바울은 우리가 빠져나올 수 없을 정도의 완벽한 논리로 마귀가 아무리 유혹해도 하나님의 사랑을 의심해서는 안 된다는 점을 가르쳐주고 있습니다. 32절을 봅시다.

> 자기 아들을 아끼지 아니하시고 우리 모든 사람을 위하여 내주신 이가 어찌 그 아들과 함께 모든 것을 우리에게 주시지 아니하겠느냐.

우리를 위하시는 하나님의 사랑이 지니는 영원불변성을 무엇으로 증명할 수 있습니까? 바울은 하나님이 우리를 위해 독생자를 아끼지 않고 주신 사실로 미루어 알 수 있다고 합니다.

독생자를 주셨다는 것은 하나님이 가장 아끼던 것을 내놓으셨다는 의미입니다. 바꾸어 말하면 하나님이 가장 귀히 여기던 것을 포기하셨다는 뜻이자, 가장 값진 선물을 값없이 주셨다는 말입니다. 이렇게 엄청난 희생을 치르신 그분의 사랑이 어찌 변할 수 있겠느냐는 것이 바울의 논조입니다. 머리를 식히고 조금만 냉정히 생각하면 어떤 일이 있어도 의심해서는 안 되는 것이 바로 하나님의 사랑이라는 사실을 알 수 있다는 말입니다.

우리 중에 독자가 부모의 마음에 얼마나 대단한 자리를 차지하는가를 아는 사람은 많지 않을 것입니다. 2대 혹은 3대 독자를 키우는 부모는 그야말로 만지면 터질까, 불면 꺼질까 하는 조마조마한 마음으로 정성을 다합니다.

제가 잘 아는 어느 목사님은 자신의 할머니를 통해서 독자가 지니는 의미를 생생하게 깨달을 수 있었다고 합니다. 그 목사님의 부친은 4대 독자였습니다. 할머니가 외아들을 얼마나 애지중지하셨는지 말로 다할 수 없다고 합니다. 가정 예배를 드릴 때마다 식구들이 돌아가면서 기도를 하는데 자기 차례가 되면 할머니는 "이 귀한 아들을 주시고 이 아들과 함께 늙도록 살게 해주시니 정말 감사합니다"라는 기도와 함께 한바탕 울고 난 다음에야 정식 기도를 시작했습니다. 목사님은 비록 철없는 아이였지만 '외동아들이란 정말 대단한가 보다' 하는 생각을 가지고 자랐습니다. 이런 경험이 나중에 독생자를 희생하신 하나님의 사랑을 이해하는 데 큰 도움이 되었다고 합니다.

그러나 우리가 독자를 아끼지 않고 희생하신 하나님의 사랑을 이해한다는 것은 실제로 불가능합니다. 그 사랑은 완전한 사랑입니다. 불완전한 우리가 완전을 이해한다는 것은 상상의 세계에서조차 어려운 일입니다. 한번 생각해보십시오. 예수님을 십자가에 못 박은 자가 누구였습니까? 로마 군인이었습니까? 아니면 빌라도였습니까? 아닙니다. 예수님을 십자가에 내어놓으신 분은 하나님입니다. 예수님을 어둠의 권세에 내놓고, 채찍에 맞게 하고, 수모를 당케 하고, 저주의 죽음을 당하게 하신 분은 바로 하나님 자신이었습니다. 이 사실을 성경은 여러 곳에서 말씀하고 있습니다.

> 여호와께서 그에게 상함을 받게 하시기를 원하사 질고를 당하게 하셨은즉…(사 53:10).

하나님이 예수님을 십자가에 내놓으시고 또한 죽게 하셨다는 말입니다.

> 예수는 우리가 범죄한 것 때문에 내줌이 되고…(롬 4:25).

하나님이 예수님을 죽음에 내어주신 것입니다.

> 하나님이 죄를 알지도 못하신 이를 우리를 대신하여 죄로 삼으신 것은…(고후 5:21).

예수님을 우리 대신 죄 덩어리로 만들어서 처형하신 분이 하나님이라는 말입니다.

> 그리스도께서 우리를 위하여 저주를 받은 바 되사…(갈 3:13).

하나님이 자기 아들을 아끼지 아니하시고 우리를 위하여 내어주셨기 때문에 예수님이 저주를 받게 된 것입니다. 예레미야 선지자는 하나님의 이 같은 사랑을 일컬어 "영원한 사랑"이라고 불렀습니다(렘 31:3).

그렇다면 논리적으로 따져볼 때 하나님의 입장에서 절대로 거부할 수 없는 사실이 하나 있습니다.

> 자기 아들을 아끼지 아니하시고 우리 모든 사람을 위하여 내주신 이가 어찌 그 아들과 함께 모든 것을 우리에게 주시지 아니하겠느냐(32절).

이 구절의 핵심 내용은, '우리를 사랑하셔서 독자 예수 그리스도를 내어놓으신 하나님이시라면 우리에게 주지 못할 것이 무엇이겠느냐'입니다. 이는 삼척동자라 해도 이해할 수 있는 이치입니다. 일단 큰 것을 주면 그보다 못한 것을 주기는 어렵지 않습니다. 가장 귀한 것을 내어놓은 사람이라면 덜 귀한 것들은 쉽게 내어놓을 수 있습니다. 마찬가지로 하나님에게 가장 큰 것, 가장 귀한 것인 독생자 예수를 우리에게 주셨으니 그 나머지 것들은 자연히 따라오기 마련인 것입니다.

우리가 예수님을 모를 때는 하나님과 원수 된 관계였습니다. 한번 생각해보십시오. 우리가 원수였을 때 우리에게 독자를 주신 하나님이라면 사랑하는 자녀가 된 지금은 말해 무엇하겠습니까? 무엇인들 아끼시겠습니까? 어찌 우리를 위하지 않겠습니까? 그러므로 우리를 대적할 자가 아무도 없다고 보아야 합니다. 그 큰 사랑의 손에서 우리를 빼앗을 만큼 강한 자는 없기 때문입니다. 그러므로 하나님의 무궁한 사랑을 의심하지 말아야 합니다. 그 사랑이 불변이면 우리의 구원도 불변입니다. 따라서 우리도 바울처럼 절대 흔들릴 수 없는 구원의 확신을 찬양할 수 있어야 합니다.

죄가 우리의 구원을 흔들지 못한다

우리의 구원을 흔들어놓을 수 있는 두 번째 적은 범죄로 인한 죄책감과 두려움이라고 할 수 있습니다. 바울은 33절에서 이렇게 말씀합니다.

> 누가 능히 하나님께서 택하신 자들을 고발하리요 의롭다 하신 이는 하나님이시니.

하나님이 우리를 택하셨는데 누가 감히 우리를 보고 죄가 있느니, 없느니 하고 따지겠느냐는 말입니다. 하나님이 우리를 의롭다고 인정하시는데 누가 우리를 향해 죄인이라고 공격할 수 있겠느냐는 말입니다.

누가 나를 고소하면 어쩌나 하는 불안은 주로 어떤 사람에게 생깁니까? 어딘가 켕기는 데가 있는 사람입니다. 세상 말로 발이 저린 사람입니다. 마찬가지로 우리가 믿음으로 얻은 용서와 의롭다 함에 대해 확신하지 못한다면 언제든지 크고 작은 죄책감이 따라다닐 수 있습니다. 특히 본의 아니게 한두 가지 죄를 짓게 되면 용서받았다, 구원받았다는 말이 믿어지지 않을 정도로 흔들리게 됩니다.

우리는 대개 말씀대로 살지 못하는 것에 대한 죄책감을 느끼며 살아갑니다. 동시에 구원의 확신이 자주 흔들립니다. 마귀는 이러한 우리의 연약함을 지렛대로 삼아 "네가 이러고도 구원받았다고 그래? 그런 위선이 어디 있어?"라고 침을 튀기며 우리를 정죄하려고 달려듭니다. 그러면 우리는 더 큰 가책과 불안으로 떨게 됩니다.

이런 처지에서 "그래도 나는 구원받은 사람이야"라고 말하는 것이 오히려 이상하게 느껴질 수 있습니다. "죄를 지었으니 이제 구원받기는 틀렸어"라고 해야 상식에 맞는 말이 될 것입니다. 설혹 무서운 죄는 아닐지 모르지만 습관적으로 어떤 죄를 자주 범하는 사람이 '그래도 나의 구원은 흔들릴 수 없어'라고 한다면 어딘가 잘못된 사람으로 비치는 것이 정상입니다.

하나님의 말씀은 무엇이라고 합니까? 그게 아니라고 합니다. 성경은 '그럼에도 불구하고' 우리의 구원을 의심해서는 안 된다고 말씀합니다. 마음에 캥기는 데가 있어도 구원에는 영향이 없다는 것입니다. 우리의 상식으로는 도저히 이해할 수 없는 이야기입니다. 어떻게 그럴 수 있습니까? 여기에는 인간의 논리로 따지면 충분히 오해할 만한 소지가 있습니다. 그러나 분명히 알아두십시오. 이 정도의 오해를 할 만큼 자기의 구원을 확신하지 못한다면 그는 아직 복음의 진미를 맛보지 못한 사람입니다. 복음이 우리에게 기쁜 소식인 것은 인간의 상식으로 통하지 않는 오해의 소지를 가지고 있기 때문입니다.

제가 몇 년 전에 남자 제자반을 인도할 때였습니다. 여덟 분이 함께 제자훈련을 받았는데 대부분 믿은 지 오래되지 않은 분들이었습니다. 그래서 그런지 믿음이 잘 닦이지 않았습니다. 그날 성경공부를 하면서 우리는 구원의 확신에 관한 이야기를 주고받았습니다. 공부가 거의 끝날 즈음, 제가 질문했습니다. "하나님께서 형제를 구원해주신 것을 믿으시지요? 그러면 구원받은 확신이 있습니까?"

모두가 확신한다고 대답하는데 유독 한 형제만이 약간 감정이 격한 말투로 이렇게 말하는 것이었습니다. "저는 구원의 확신이 있다고 대답 못 하겠어요. 우리 모두는 구원의 확신이 있다는 말을 함부로 하기 전에 세상에 나가 바로 살아야 하지 않겠습니까? 예수 믿는 사람답게 살지도 못하는 주제에 구원의 확신이 있다고 떠드는 것을 보면 저는 비위가 상해서 못 견디겠습니다. 저는 아직 자신이 없습니다. 그리고 구원의 확신에 대해 쉽게 말하는 것은 문제가 있다고 생각합니다."

그 일이 있고 난 후 그 형제는 제자훈련에 계속 불참했습니다. 여러분은 어떻게 생각합니까? 인간적인 측면에서 볼 때는 그 형제의 말에 일리가 있습니다. 언동이 흠잡을 데가 없어 보이는 사람을 보면 자기 입으로 떠들지 않아도 '그 사람 정말 구원받았구나' 하고 남이 치켜세울 수 있을 것입니다. 그런데 "저 사람이 저러고도 예수 믿는 사람이냐"라는 소리가 저절로 나올 정도의 삶을 살면서 "나는 구원의 확신이 있어"라고 떠든다면 어떻게 봐줄 수 있겠습니까? 그런 의미에서 그 형제의 말이 틀린 것은 아닙니다.

우리의 죄를 위해 죽으시고 부활하신 예수님 때문에

그러나 하나님의 말씀을 놓고 보면 그 형제의 주장이 잘못되었다는 것을 알 수 있습니다. 우리가 구원의 확신을 가지는 근거는 우리 자신이 아니라 하나님이기 때문입니다. 만약 우리 자신을 근거로 구원의 확신을 가지는 것이라면, 그런 일은 죽어서 관 속에 들어갈 때까지 불가능할 것입니다. 오늘은 스스로 '이 정도면 안심해도 되겠지'

하다가 하룻밤을 채 넘기기도 전에 자신에게 실망해버리는 것이 우리의 본모습입니다.

이처럼 불완전한 존재인 우리가 어떻게 스스로 구원이니 확신이니 하고 큰소리를 칠 수 있겠습니까? 우리는 오직 나를 구원해주신 예수님을 볼 때 구원의 확신을 가질 수 있습니다. 바울은 34절에서 이렇게 말씀합니다.

> 누가 정죄하리요 죽으실 뿐 아니라 다시 살아나신 이는 그리스도 예수시니 그는 하나님 우편에 계신 자요 우리를 위하여 간구하시는 자시니라.

누구를 보라고 합니까? "그리스도 예수시니", 즉 예수님을 보라고 말씀하고 있습니다. 우리를 위해 죽으시고 우리를 위해 부활하시고 우리를 위해 하나님 우편에 앉아 기도해주시는 예수님을 보고 구원받았다는 것을 확신하라는 말입니다. 이는 진리입니다. 그러므로 우리의 언행에 모순이 있다 할지라도, 우리의 생활에 비록 깨끗하지 못한 부분이 있다 할지라도 흔들리지 말고 시종일관 예수님께만 시선을 집중해야 합니다.

우리 주님은 나 때문에 죽으셨습니다. 그분의 죽음이 사실인 이상 내가 망할 리 없습니다. 예수님은 나를 의롭다 하시기 위해서 살아나셨습니다. 그분이 나를 위해 살아 계시는 이상 내가 버림받을 수는 없습니다. 예수님은 지금도 하나님 우편에 계십니다. 여기서 우편이라는 것은 우리가 아는 대로 좌우 방향을 가리키는 말이 아닙니다. 주님께서 할 일을 완전히 끝마치고 가장 영광스러운 자리에서 쉬신다는 것을 나타냅니다.

하나님 아버지께서는 6일 동안 천지를 창조하고 일곱째 날에 쉬셨습니다. 예수님도 우리의 구원을 위해 할 일을 다 마친 뒤 쉬고 계십니다. 더 이상 해야 할 일이 없습니다. 이렇게 그분이 안식하시는 처지를 가리켜 하나님 우편에 앉아 계신다고 합니다. 그러므로 예수님이 우리의 구원을 다 이루시어 안식하고 계시는데 우리가 구원받을지 못 받을지 알 수 없어 우왕좌왕할 수는 없습니다. 이제는 그분을 믿기만 하면 구원받는다는 사실이 천하가 무너져도 변할 수 없는 진리가 되었습니다.

뿐만 아니라 예수님은 하나님 우편에서 우리를 위해 중보의 기도를 하고 계십니다. 그런데 저는 이 말씀을 글자 그대로 받지 않습니다. 다시 말해 예수님이 우리처럼 하나님을 향해 무릎을 꿇은 채 기도하고 계시는 것으로 보기가 어렵다는 말입니다. 이것은 그분의 중보자적 위치를 상징적으로 표현하는 말이라고 생각합니다. 하나님과 우리 사이에 중보자 역할을 하시는 그분의 자리를 기도하는 모습으로 표현한 것입니다.

이 표현에는 전혀 문제가 없습니다. 주님은 영원히 하나님 우편에 계십니다. 그분이 거기에 계셔야 하는 이유는 우리 때문입니다. 주님이 거기에 계시는 이상 하나님은 무엇이나 우리의 구하는 바를 허락하시게 되어 있습니다. 하나님은 예수님을 보실 때마다 예수님 안에 있는 우리를 보십니다. 하나님은 예수 없는 우리를 알지 못합니다. 그리고 우리 없는 예수도 알지 못합니다.

에베소서 2장 6절을 보면 예수님이 부활하실 때 우리도 그와 함께 일으킴을 받았고 예수님이 하나님 우편에 앉으실 때 우리도 함께 앉았다고 했습니다.

또 함께 일으키사 그리스도 예수 안에서 함께 하늘에 앉히시니.

그러므로 예수님이 하나님 우편에 계신다는 것은 우리 자신이 그 자리에 있음을 의미합니다. 우리는 예수님 안에 있기 때문입니다. 이 황홀한 진리를 믿는 사람이 어찌 확신이 없어 오락가락할 수 있단 말입니까?

중보자의 위치에 대해 좀 더 실감 나게 설명할까 합니다. 어느 가정이나 비슷하리라 봅니다. 자녀의 눈에 아버지란 항상 엄하고 은근히 두려운 대상입니다. 그래서 어떤 경우에는 아들이 편안한 마음으로 자기 요구를 아버지께 이야기하는 것이 어려울 때가 있습니다. 반면에 어머니는 인자하고 자상한 대상으로 비칩니다. 그래서 어머니에게는 비교적 쉽게 마음을 털어놓을 수 있습니다. 딱한 사정이 생길 때마다 아들은 어머니에게 와서 자기의 어려운 형편을 하소연합니다. 아들은 아버지 앞에 내놓기 어려운 말을 어머니에게 이야기하면 그 말이 자연스럽게 아버지의 귀로 들어가리라는 계산을 하고 있는 것입니다.

이런 경우 어머니는 중보의 자리에 서게 됩니다. 어머니의 청을 아버지가 거절하는 일은 드물지 않습니까? 바로 하나님 우편에서 기도하시는 예수님의 입장과 같다고 할 수 있습니다. 예수님이 우리를 위해 그런 중보자가 되신 것입니다.

주님이 우편에 앉아 계신다고 하는 말씀에는 또 다른 의미가 있습니다. 사도신경을 보십시오. "본디오 빌라도에게 고난을 받으사, 십자가에 못 박혀 죽으시고, 장사한 지 사흘 만에 죽은 자 가운데서 다시 살아나시며, 하늘에 오르사 전능하신 하나님 우편에 앉아 계시다가, 저리로서 산 자와 죽은 자를 심판하러 오시리라."

우편에 계시는 주님은 곧 심판주로 오실 분임을 가르쳐주고 있습니다. 예수님이 하나님 우편에 계신다는 것은 그분에게 심판할 권세가 있다는 것을 의미합니다. 그분은 지금 심판자로 계십니다. 그러나 한번 생각해 보십시오. 재판석에 앉아 계시는 주님께서 우리를 보시고 갑자기 "너는 죄인이야!" 하며 정죄할 수 있겠습니까? 절대로 그럴 수 없습니다. 그 이유가 무엇입니까? 재판장이신 그분이 나를 위해 죽으시고 나를 위해 살아나시고 나를 위해 중보하시던 바로 그분이기 때문입니다.

우리를 무한한 사랑으로 구원하신 그분이 재판석에 계시는데 우리가 정죄를 받고 멸망에 이를지도 모른다는 불안감을 느낀다면 그것은 재판장의 인격과 권위를 불신하는 것입니다. 더 이상 아무도 우리를 정죄할 수 없습니다. 우리가 아무리 신앙생활을 하는 중에 이런저런 잘못을 저질렀다고 할지라도 주 예수 그리스도께서 세상을 심판하실 권세를 가지고 계시는 이상 우리를 향해 죄인이라고 하실 수 없습니다. 만약 그분이 우리를 죄인으로 보신다면 자기 자신을 정죄하는 것이나 다름이 없게 됩니다. 왜 그렇습니까? 예수님과 우리는 하나이기 때문입니다. 우리가 죄인이 되면 예수님 자신도 죄인이 됩니다. 그러니 이런 일이 어찌 가능하겠습니까? 예수 그리스도의 피, 그의 무한한 사랑, 그의 중보기도가 있는데 어떻게 우리가 구원을 못 받는다는 말입니까? 하나님은 영광스러운 심판석에 계시는 예수 그리스도를 보시고 우리를 의인으로 받아주십니다. 그러므로 우리가 구원의 확신을 갖지 못하면 예수님을 신뢰하지 않는 죄를 범하는 것이나 다름없습니다.

무서운 시험이 우리의 구원을
흔들지 못한다

우리의 확신을 흔들어놓을 수 있는 세 번째 적은 생명을 위협하는 무서운 시험일 수 있습니다. 믿음이 좋은 사람이라도 무서운 시험이 덮치면 평안할 때 가졌던 확신이 흔들릴 수 있습니다.

> 누가 우리를 그리스도의 사랑에서 끊으리요 환난이나 곤고나 박해나 기근이나 적신이나 위험이나 칼이랴 기록된 바 우리가 종일 주를 위하여 죽임을 당하게 되며 도살 당할 양같이 여김을 받았나이다 함과 같으니라(35-36절).

이 얼마나 무서운 상황입니까? 세상에서 우리를 위협할 수 있는 가장 무서운 것들이 여기에 다 나옵니다. 환난, 곤고, 박해, 기근, 적신, 위험, 칼 어느 것 하나도 우리에게 두려움을 주지 않는 것이 없습니다.

'환난'은 원래 로마시대에 곡식을 타작할 때 사용하던 '트리볼룸'이라는 타작기를 가리키는 말입니다. 일종의 '도리깨'라고 할 수 있습니다. 땅에 곡식을 깔아놓고 도리깨로 힘껏 내리치면 곡식 알들이 전부 떨어집니다. 환난은 마치 신자들을 땅에 눕혀놓고 도리깨로 내리치듯이 호되게 다루는 것을 의미합니다. '곤고'는 정신적인 고통을 말합니다. 용신할 수 없도록 좁은 감방에 갇혀서 옴짝달싹못하는 사람의 처지를 생각하면 됩니다. 터질 것 같은, 미칠 것 같은 정신적인 고통을 곤고라고 합니다. '핍박'은 노골적인 박해입니다. '기근'은 굶주림이요, '적신'은 헐벗음입니다.

당시만 해도 예수님을 믿고 하나님의 뜻대로 살려고 하는 많은 성도가 삶의 터전을 빼앗기고 농사를 지을 수 없는 황무지로 쫓겨났습니다. 거기서 그들은 굶주림과 헐벗음을 견디지 못해 죽어갔습니다. 이와 같이 육체적, 정신적, 영적으로 무서운 시련을 당하게 되면 우리의 확신이 흔들리기 쉽습니다. 도살장에 끌려가는 양 같은 신세가 되었다고 한번 상상해보십시오. 그런 최악의 조건에서도 끝까지 믿음을 지킬 수 있다고 큰소리칠 수 있는 사람이 몇이나 될까요? 아무도 장담하지 못합니다.

모든 일에 우리를 사랑하시는 예수님 때문에

그러나 사도 바울은 단호한 어조로 이렇게 외칩니다.

> 그러나 이 모든 일에 우리를 사랑하시는 이로 말미암아 우리가 넉넉히 이기느니라(37절).

그는 우리의 힘으로 이긴다고 말하지 않습니다. 우리 믿음이 좋아서 승리한다고 말하지 않습니다. 우리를 사랑하시는 예수님 때문에 우리가 이기고 또 이기고 또 이기게 된다고 말씀합니다.

그러나 불행하게도 우리는 이 본문의 내용을 깊이 이해하기 어려운 처지에 있습니다. 이 글을 쓴 옥 목사도 마찬가지입니다. 제가 언제 바울처럼 예수 믿는다고 뺨을 맞아보았습니까? 제가 언제 바울처럼 예수 믿는 것 때문에 감옥을 간 일이 있습니까? 제가 언제 바울처럼 예수님 때문에 굶어본 일이 있습니까? 언제 바울처럼 헐벗고 쫓겨다닌 일이 있습니까?

저는 거꾸로 예수님 때문에 호강만 했습니다. 여러분도 대부분 저와 비슷할 것이라 생각합니다. 그러니까 정말 우리를 사랑하시는 예수님의 능력이 갖가지 역경 속에서도 우리를 이기게 하는지 실제로 체험해본 일이 거의 없습니다.

따라서 우리는 주먹을 불끈 쥐고 외치는 바울의 뜨거운 고백의 깊이를 다 헤아리기가 쉽지 않습니다. 그러나 비록 다 깨닫고 느낄 수는 없다 할지라도 바울이 확신 있게 증거 하는 말은 액면 그대로 받아들여야 합니다. 모든 진리가 꼭 체험이라는 여과기를 통과해야 믿어지는 것은 아닙니다. 진리 그 자체가 확실하기 때문에 우리 편에서는 무조건 받아야 합니다. 예수님의 사랑이 지닌 힘, 사랑의 예수님이 주시는 능력은 천하무적입니다. 바울은 이 능력을 환난과 곤고와 굶주림을 당하면서 확실히 입증할 수 있었습니다. 아무리 핍박이 무서워도 예수님의 사랑만큼 강하지 못하다는 것을 그는 깨달았습니다.

우리는 바울의 생생한 체험을 통해 입증된 이 사랑의 능력을 그대로 믿어야 합니다. 주님을 향한 우리의 사랑은 가냘픈 실오라기처럼 약할지 모르나, 우리를 향한 주님의 사랑은 세상의 강한 것들이 모두 다 덤벼도 당할 수 없을 만큼 강합니다. 그러므로 그 사랑 안에 있으면 우리도 바울처럼 어떠한 어려움도 이기고 또 이길 수 있습니다. 이것은 기독교 역사상 수많은 순교자와 믿음의 선배들을 통해 수없이 입증된 사실입니다.

안이숙 사모님은 《죽으면 죽으리라》(기독교문사) 라는 책을 써서 우리에게 많은 감동을 안겨주었던 분입니다. 그는 일제 치하에서 6년 동안 감옥살이를 했습니다. 하나님만 섬기는 그리스도인이라면 일본의 왕을 신으로 앉힌 신사에 절할 수 없다고 생각한 그는 믿음의 절개를 지키기 위해 처녀 몸으로 감옥에 끌려가 모진 고생을 하다가 광복과 함께 감옥에서 나왔습니다.

그는 자기 책 서문에서 참으로 충격적이고 감동적인 말을 했습니다. "나는 자격 부족으로 실격된 순교자. 진실로 나는 내 주님 예수를 위하여 죽기를 결심하고 나섰다. 그런데 내 뜻을 이루지 못하고 기회를 잃었을 때 섭섭해서 몹시 울었다." 6년간의 지긋지긋한 감옥생활에서 풀려나오는 처지에 다른 사람 같으면 "할렐루야! 감사합니다" 하고 기뻐할 텐데 거꾸로 주기철 목사님처럼 순교하지 못한 것이 원통해서 몹시 울었다고 합니다.

무엇이 그를 그렇게 강하게 만들었을까요? 이어서 그의 설명이 나옵니다. "양순한 양 떼 같은 성도들이 도살하는 자들 앞에서 그 모진 매와 고문에도 아이고 소리 한마디 안 하고 견디는 그 진절머리 나는 참상을 볼 때, 나는 왜 그랬는지 몰라도 급한 말로 '주여 천사를 속히 보내셔서 속히 이 모든 사실을 사진으로 찍으세요. 주여, 속히 속히…' 하면서 발을 구르며 부르짖었다. 나는 예수님이 어떠하신 사랑으로 순교자들을 사랑하셨으며 만삭도 못 된 나 역시 그 어떠하신 사랑으로 사랑하셨던가를 다 기록할 수는 없다."

여러분, 이 말이 이해가 됩니까? 환난이나 곤고나 핍박이나 적신이나 위험이나 칼이 와도 왜 그 마음이 흔들리지 않았습니까? 하나님의 자녀가 꺾이지 않았던 이유가 어디에 있습니까? 대답은 이것입니다. 우리를 향한 예수 그리스도의 사랑의 힘이었습니다. 이것을 안이숙 사모님이 증명해주고 있는 것입니다. 37절을 함께 큰소리로 읽어봅시다.

그러나 이 모든 일에 우리를 사랑하시는 이로 말미암아 우리가 넉넉히 이기느니라.

사랑하는 형제자매 여러분, 우리는 하나님의 사랑이 변하지 않을까 염려할 필요가 없습니다. 하나님이 나를 정죄하지 않을까 불안해 할 필요가 없습니다. 환난과 핍박을 당할 때 믿음이 꺾이지 않을까 두려워하지 않아도 됩니다. 왜냐하면 우리를 위하시는 하나님의 사랑, 예수님의 사랑이 영원토록 변하지 않을 것이기 때문입니다. 예수님은 우리를 위해 중보기도 하는 자리를 영원히 떠나지 않으실 것이기 때문입니다. 예수님의 사랑은 환난 중에도 즐거워하게 하는 능력이 있습니다. 그 힘이 우리가 어떤 상황도 이길 수 있게 합니다.

바울은 결론적으로 이렇게 노래합니다. 38절 이하를 보십시오. 그는 확신에 찬 어조로 외칩니다.

> 내가 확신하노니 사망이나 생명이나 천사들이나 권세자들이나 현재 일이나 장래 일이나 능력이나 높음이나 깊음이나 다른 어떤 피조물이라도 우리를 우리 주 그리스도 예수 안에 있는 하나님의 사랑에서 끊을 수 없으리라(38-39절).

할렐루야! 이 놀라운 하나님의 사랑, 이 놀라운 하나님의 은총, 이 놀라운 하나님의 구원 계획, 이 모든 사실들을 의심하지 않는 이상 우리의 구원은 요지부동인 것입니다.

예수님을 믿으면서 아직 구원의 확신이 없는 분들은 오늘 본문을 두고두고 묵상하면서 외우길 바랍니다. 그러면 성령께서 확신이 생기도록 도와주실 것입니다. 31절부터 39절까지 기껏해야 아홉 구절입니다. 만약 이 아홉 구절을 외우는 사람에게 아파트 당첨권을 준다고 하면 기를 쓰며 외우려고 할 것입니다. 그러나 그것과 비길 수 없을 만큼 영광스러운 천국의 집을 주신다는데도 외우지 않는다면 뭔가 잘못되었다고 할 수 있습니다.

이 말씀 속에 우리의 기쁨이 있고 평안이 있고 행복이 있습니다. 하나님의 이 끊을 수 없는 사랑을 찬양합시다. 그 사랑을 받고 사는 행복을 노래합시다. 얼마나 놀라운 하나님의 은혜입니까?

29

나만 구원받아 행복할까

로마서 9장 1-5절

1-2 내가 그리스도 안에서 참말을 하고 거짓말을 아니하노라 나에게 큰 근심이 있는 것과 마음에 그치지 않는 고통이 있는 것을 내 양심이 성령 안에서 나와 더불어 증언하노니 3 나의 형제 곧 골육의 친척을 위하여 내 자신이 저주를 받아 그리스도에게서 끊어질지라도 원하는 바로라 4 그들은 이스라엘 사람이라 그들에게는 양자 됨과 영광과 언약들과 율법을 세우신 것과 예배와 약속들이 있고 5 조상들도 그들의 것이요 육신으로 하면 그리스도가 그들에게서 나셨으니 그는 만물 위에 계셔서 세세에 찬양을 받으실 하나님이시니라 아멘

우리나라 속담에 "피는 물보다 진하다" 혹은 "팔은 안으로 굽는다"라는 말이 있습니다. 이웃 사람보다는 자기 가족에게, 타국인보다는 동족에게 더 애정이 간다는 것을 적절하게 표현한 속담입니다. 우리 한국인들의 정서에 잘 맞는 속담이라고 할 수 있습니다.

그런데 로마서 9장부터 11장을 읽어보면 사도 바울 역시 피는 물보다 진하다는 통념을 뛰어넘지 못하는 사람임을 금세 알 수 있습니다. 바울은 이방 사람들에게 복음을 전해야 할 특별한 소명을 받은 사도였습니다. 그는 복음 전파를 위해 열심히 수고했지만 항상 그의 가슴속에서 떠나지 않는 사람들이 있었습니다. 바로 그의 동족인 이스라엘 백성이었습니다. 그러나 이스라엘은 여전히 교만하고 완악하여 예수 그리스도를 심히 배척하고 핍박했습니다.

바울이 열심히 복음을 전한 결과, 많은 이방 사람들이 예수님을 믿고 하나님께로 돌아왔습니다. 하나님 앞에 돌아온 사람의 수가 늘어갈수록 바울은 더욱더 자기 동족에 대해 안타까운 마음을 떨칠 수 없었습니다. 그 불편한 심정을 그는 1-2절에서 솔직하게 털어놓았습니다.

내가 그리스도 안에서 참말을 하고 거짓말을 아니하노라 나에게 큰 근심이 있는 것과 마음에 그치지 않는 고통이 있는 것을 내 양심이 성령 안에서 나와 더불어 증언하노니.

그의 가슴속에는 큰 근심과 그치지 않는 고통이 자리하고 있었습니다. 여기에 나오는 근심과 고통이 어떻게 다르냐고 따질 필요는 없습니다. 이 둘은 비슷합니다. 바울의 가슴속에 응어리진 고통이 얼마나 대단했나를 강조하는 의미에서 이런 이중적인 표현을 하지 않았나 생각합니다. 자기 동족이 끝까지 회개하지 않으면 어떻게 될까 하는 걱정 때문에 큰 근심이 생겼고, 이 근심이 쌓이고 쌓이다 보니 나중에는 큰 고통이 되었던 것입니다.

초기 이스라엘의 특권

바울의 이런 고통은 자기 동족이 예수님을 믿지 않는다는 이유 하나 때문에 생긴 단순한 고통이 아니었습니다. 그것은 일종의 울분을 삭이는 고통이라고 할 수 있습니다. 그의 마음속에는 어떤 원통함이 숨어 있었습니다. 이스라엘이 가진 특권, 혹은 기득권에서 비롯된 원통함이라고 할 수 있습니다. 그 내용이 4-5절에 기록되어 있습니다.

그들은 이스라엘 사람이라…(4절).

이 말씀은 이스라엘이 하나님의 선민이라는 말입니다. 그들은 하나님께 특별한 은총을 받은 민족입니다. 그들이 받은 특권에는 여덟 가지가 있습니다. 양자 됨, 영광, 언약, 율법, 예배, 약속, 조상, 그리스도 등 이 여덟 가지가 이스라엘이 하나님께 받은 특별한 은총이자 특권이었습니다.

먼저 '양자가 된다'는 것은 무슨 뜻입니까? 신명기 14장 1절을 보면 알 수 있습니다.

> 너희는 너희 하나님 여호와의 자녀이니…

하나님이 이스라엘 백성을 선택하셔서 자기 자녀로 삼으셨다는 것입니다. 이는 곧 자기의 자녀로 입양시키셨다는 뜻입니다. 아무런 가치도 없고 어떤 공로도 없는데 하나님이 일방적으로 이스라엘 백성을 양자로 삼으셨으니, 이스라엘 백성 편에서는 얼마나 큰 특권을 받은 것입니까?

그리고 '영광'은 하나님이 이스라엘 백성을 친히 찾아오셔서 그들과 만나시고 그들 가운데 계신 것을 의미합니다. 세계 어떤 민족도 이스라엘 백성처럼 하나님을 직접 모시고 그 영광을 목격하는 특권을 누린 예가 없습니다.

그리고 '언약'이 있습니다. 하나님은 이스라엘 백성에게 크게 세 가지를 약속하셨습니다. 먼저 할례를 가지고 아브라함과 약속하셨습니다. 또 율법을 가지고 시내산에서 이스라엘 백성과 약속하셨습니다. 마지막으로 이스라엘 백성을 통해서 예수 그리스도를 보내겠다고 하신 약속이 있습니다. 세계 모든 민족 중에서 이스라엘에게만 하나님이 직접 찾아오셔서 그와 같이 장엄한 약속을 주셨습니다.

그리고 '율법'이 있습니다. 하나님께서는 이스라엘 백성에게 특별히 율법을 허락하셨습니다. 그래서 이스라엘 백성은 다른 민족들과는 달리 하나님의 뜻이 무엇인가를 먼저 배우고 알 수 있는 자리에 세움을 받았습니다.

또 '예배'가 있습니다. 예배라는 말은 하나님 앞에 나아가 경배할 수 있는 영광과 특권을 가리킵니다. 하나님께서는 세계 모든 민족에게 이런 특권을 주시지 않았습니다. 오직 이스라엘 백성에게만 항상 지정된 장소에 나와서 제사 드리며 하나님 앞에 예배하도록 허락하셨습니다.

그리고 하나님의 자녀요, 선택받은 백성이기 때문에 여러 가지 복의 '약속'을 주셨습니다. 또 그들에게는 아브라함, 이삭, 야곱 등 위대한 믿음의 '조상'이 있습니다. 뿐만 아니라 그 조상을 통해서 형성된 자랑스러운 역사와 전통이 있습니다. 끝으로 가장 중요한 '예수 그리스도'가 있습니다. 하나님께서는 이스라엘 백성의 혈통을 통해서 인류의 구원자 예수 그리스도를 보내셨습니다.

이렇게 여덟 가지의 기득권을 가진 민족이 이스라엘 백성입니다. 바꾸어 말하면, 이스라엘은 누구보다 먼저 예수님을 믿을 수 있는 기득권을 이미 가지고 있었다는 말입니다. 지금 바울은 이방 사람들이 다 구원받지 못하더라도 이스라엘 백성만은 구원받을 수 있는 기회와 특혜를 누리고 있었다는 것을 말하고 있습니다. 구원 문제에 관한 한, 이스라엘 백성들은 머리가 될지언정 꼬리가 될 자들이 아니었습니다. 그런데 실제 이스라엘 백성들의 처지는 그렇지 못했습니다. 하나님의 백성이라고 자랑하던 그들이 하나님의 아들을 십자가에서 처형하고 말았습니다.

뿐만 아닙니다. 그들은 복음을 거부했습니다. 더 나아가 교회를 핍박했습니다. 그리고 믿음으로만 구원 얻게 하시는 하나님의 의를 부인하고 스스로 지혜로운 체하다가 나중에는 꺾인 가지처럼 되어 버렸습니다. 구원을 제일 먼저 받아야 할 동족이 복음의 원수가 된 현실을 바라볼 때마다 바울은 가슴이 아파서 견딜 수 없었습니다. 동족을 생각할 때마다 끓어오르는 울분과 원통함을 주체할 수 없었던 것입니다.

복음을 모르는 동족이 불쌍하게 보이면 보일수록 바울의 고통은 점점 커져갔습니다. 그의 고통이 얼마나 컸는지는 3절을 보면 알 수 있습니다.

> 나의 형제 곧 골육의 친척을 위하여 내 자신이 저주를 받아 그리스도에게서 끊어질지라도 원하는 바로라.

내가 그리스도께 저주를 받아 버림받는 한이 있더라도 동족을 구원할 수만 있다면 기꺼이 그 대가를 치르겠다는 이야기입니다. 우리는 이 구절에서 자기 동족을 향한 바울의 사랑이 얼마나 큰지 알 수 있습니다. 그야말로 그는 동족 사랑의 극치를 보여주고 있습니다. 진실로 자기 민족을 사랑하는 위대한 지도자에게서만 엿볼 수 있는 마음입니다.

'저주를 받는다'는 말은 헬라어로 '아나테마'라고 하는데, 이는 굉장히 무서운 말입니다. 구약을 보면 여호수아가 여리고성을 정복할 때 하나님이 특별히 주신 명령이 있었습니다. 생명이 있는 것은 물론, 그 성에 있는 물건 하나까지도 남기지 말고 완전히 불태워 없애라는 것이었습니다. '아나테마'는 여기에서 나온 말입니다. 그러니 '저주를 받는다'는 말이 얼마나 무섭습니까? 바울은 자신이 하나님 앞에 진멸을 당하는 한이 있어도 동족만 구원할 수 있다면 여한이 없겠다고 토로하는 것입니다.

자기의 모든 것을 내던지는 뜨거운 열정이 없다면 어떻게 이런 말을 할 수 있겠습니까? 그만큼 바울은 동족의 구원 문제로 끊임없이 고통스러워하던 사람이었습니다.

사실 바울이 이런 심정을 가졌다는 것은 놀라운 일입니다. 우리가 잘 아는 바와 같이 바울은 회심한 뒤로 계속해서 자기 동족으로부터 박해를 당했습니다. 바울을 평생 동안 괴롭히고 해를 끼친 사람은 이방 사람들이 아니었습니다. 그의 동족이었습니다. 돌로 친 사람도 동족이요, 태장을 때린 사람도 동족이었습니다. 재판에 붙인 사람도 동족이요, 감옥에 가두어놓은 사람도 동족이었습니다. 사지를 찢어 죽이겠다면서 예루살렘에서 소동을 벌인 자도 동족이요, 사사건건 미워하며 악랄하게 괴롭힌 사람도 동족이었습니다. 인간적인 측면에서 볼 때 그들은 바울이 이를 갈면서 미워할 수밖에 없는 원수였습니다.

그럼에도 바울은 그들을 미워하지 않았습니다. 비록 그들의 죄는 미워했지만 그들의 영혼은 미워하지 않았습니다. 그들로부터 고통을 받으면 받을수록 동족을 긍휼히 여기는 마음은 더욱더 간절해졌습니다. 왜 그랬을까요? 그가 하나님의 심정을 가졌기 때문입니다. 그는 하나님 앞에 엎드릴 때마다 이스라엘 백성을 구원해달라고 눈물로 매달렸습니다. 그는 안타까운 마음을 억누르지 못해 밤낮으로 기도하는 일을 쉬지 않았습니다.

> 형제들아 내 마음에 원하는 바와 하나님께 구하는 바는 이스라엘을 위함이니 곧 그들로 구원을 받게 함이라(롬 10:1).

구원받지 못하고 있는 동족을 보면서 바울은 끊임없이 고통스러워하고 괴로워했습니다. 바울의 고통에는 자기 민족을 불쌍히 여기는 마음, 원통해서 답답해하는 마음, 사랑해서 무엇이든 희생하고자 하는 마음이 담겨 있다는 것을 알 수 있습니다.

나만 구원받아 행복할까?

그렇다면 이 말씀이 우리와 무슨 관계가 있습니까? 우리는 유대인이 아닙니다. 바울의 입장에 있는 것도 아닙니다. 우리 민족은 이스라엘처럼 하나님이 주신 특권을 누리고 있지도 않습니다. 따라서 마음 편하게 생각할 수 있습니다. 바울은 바울이고 우리는 우리라는 식으로 넘어갈 수도 있을 것 같습니다. 과연 그렇게 해도 될까요? 아닙니다. 그렇게 해서는 안 됩니다. 우리는 바울로부터 매우 진지한 교훈과 도전을 받아합니다. 본문에 드러난 바울의 심정을 통해서 우리가 깨달아야 할 것이 너무나 많습니다. 바울을 통해서 우리에게 주시는 하나님의 교훈이 무엇인지 생각해보겠습니다.

첫째는 구원의 확신과 기쁨에 반드시 고통이 수반된다는 것입니다. 우리는 8장에서 확신에 차 큰 소리로 외치는 사도 바울의 모습을 보았습니다. "누가 우리를 대적하겠는가? 누가 우리를 그리스도의 사랑에서 끊겠는가? 아무도 우리를 하나님의 손에서 끊을 자가 없다!" 하면서 그는 자신의 구원이 요지부동임을 선언했습니다. 그리고 이 큰 구원을 주신 하나님의 사랑, 이 큰 구원을 보장하신 능력의 하나님을 자랑하며 감격스러워하고 있습니다.

그런데 9장으로 넘어가면서 전혀 다른 바울을 발견하게 됩니다. 그렇게 구원의 환희에 젖어 기뻐하던 사람이 갑자기 신음하며 고통하는 모습을 보여줍니다. 우리는 당연히 당혹감을 느낄 수밖에 없습니다. 어떻게 사람이 이처럼 돌변할 수 있을까요? 어떻게 한 사람

안에 이토록 모순되는 두 가지 감정이 공존할 수 있을까요? 그가 마치 거짓말을 하는 것처럼 보이지 않습니까? 이렇게 생각하는 것도 결코 무리가 아닙니다. 바울도 이 점을 잘 알았기 때문에 1절에서 자기가 거짓말을 하는 것이 아니라고 밝혔습니다. 그만큼 8장과 9장 사이에서 표출되는 그의 감정은 이해하기 어려운 데가 있습니다. 바로 이 모순처럼 보이는 사실 때문에 저는 충격과 도전과 자책을 한꺼번에 받았습니다.

우리가 알다시피 구원은 믿음으로 값없이 받는 선물입니다. 구원을 받았는지 받지 못했는지는 세상을 사는 동안에 표가 나지 않습니다. 그러나 내세에서는 한 사람의 운명을 행복과 불행으로, 복과 저주로, 생명과 죽음으로 갈라놓는 심각한 문제가 됩니다. 감사하게도 저는 하나님의 은혜로 값없이 구원을 얻었습니다. 이제는 저를 정죄할 자가 아무도 없습니다. 하나님의 손에서 끊어놓을 자도 없고 하나님의 사랑에서 빼앗을 자도 없습니다. 얼마나 감격스럽습니까? 저도 바울처럼 좋아합니다. 기뻐합니다.

그러나 이것으로 만족할 수 있습니까? 하나님께서는 제게 물으십니다. "너 혼자 구원받았다고 감격하고 기뻐하다니… 너는 정말 행복하니?" 저는 "예" 하려다가 대답을 못 합니다. 바울을 보니까 그렇지 않거든요. 우리는 바울을 통해 배워야 합니다. 바울만큼 구원의 확신이 강하고, 구원받았다는 사실 때문에 감격하는 사람도 없습니다. 또 바울만큼 구원받지 못한 영혼 때문에 고통스러워하는 사람도 없습니다. 이것은 우리에게 무슨 교훈을 줍니까? 나 혼자 구원받아 행복할 수 없다는 것입니다. 구원의 기쁨은 반드시 고통을 수반합니다. 구원받아서 기뻐하는 사람이 다른 형제의 구원에 대해 무관심하다면, 그것은 정상이 아닙니다. 그런 심령은 하나님이 절대 기뻐하시지 않습니다.

　이런 의미에서 저는 주님으로부터 호된 꾸지람을 들었다고 고백하고 싶습니다. 주님이 제게 물으십니다.

　"옥 목사, 네게는 구원의 확신이 있는가?"

　"예, 주님, 있습니다."

　"너 구원받은 것이 굉장히 기쁘지? 감격스럽지?"

　"예, 감격하고 감사하고 기뻐합니다."

　"그렇다면 아직 구원받지 못한 네 이웃, 네 동족을 생각하는 고통이 마음에 있는가?"

　저는 대답을 하지 못했습니다. 고통이 좀 있는 것 같은데 쉬지 않고 고통스러워할 정도는 못 된다는 것이 솔직한 저의 고백입니다. 제게 질문을 던지신 주님께서 여러분에게도 똑같은 질문을 던지실 것입니다. 여러분의 가슴에는 이웃과 동족을 생각하는 고통이 있습니까? 그런 고통이 끊임없이 이어지고 있습니까? 나 자신을 저주받는 자리에 내놓는다 할지라도 형제를 구원하고 싶다는 그 높은 경지까지 고통이 승화되고 있습니까? 자신의 내면 깊은 곳을 한번 살펴보기 바랍니다.

　진짜 구원의 확신과 기쁨을 간직하고 사는 사람은 반드시 이 고통을 함께 가지고 있습니다. 저는 지난 고난주간에 믿음 좋은 한 자매로부터 이 사실을 다시 한번 확인할 수 있었습니다. 그 자매는 매년 고난주간만 되면 한 주간 금식을 한다고 합니다. 그가 금식을 한 지 5일째 되는 날에 저와 만났습니다. 얼굴은 초췌해 보였지만 영적으로는 매우 밝아 보였습니다. 그때 자매로부터 참 아름다운 간증을 들었습니다.

　"목사님, 오늘 아침 잠에서 깨어 일어났는데 갑자기 뭉클한 감격이 솟구쳐 올라왔어요. 성령께서 주시는 것인가 봐요. 주님이 저를 사랑하신다는 생각이 들 때마다 눈물이 쏟아져요. 그런데 목사님, 이렇게 좋은 예수님을 모르고 죽어가는 사람이 너무 많다고 생각하니 또 눈물이 나와요." 자매는 이렇게 말하면서 또 우는 것이었습니다. 내가 구원받은 것이 너무 감격스러워 울고, 아직도 구원받지 못한 사람들을 생각할 때 너무 불쌍해서 울고…. 이것이 바울의 심정입니다. 이것이 바울의 고통입니다.

구원의 확신과 기쁨은 성령께서 주시는 은혜입니다. 그렇다면 구원받기를 거부하는 형제들 때문에 가슴이 아픈 이 고통은 누가 주는 것입니까? 본능적인 감정입니까? 아닙니다. 이것 역시 성령께서 주시는 은혜입니다. 그래서 바울은 "마음에 그치지 않는 고통이 있는 것을 내 양심이 성령 안에서 나와 더불어 증언하노니"(1절)라고 말합니다.

성령이 주시는 구원의 확신을 가진 사람에게는 성령이 주시는 고통도 함께 있어야 합니다. 성령이 주시는 기쁨이 있습니까? 이웃을 생각하는 근심도 있어야 합니다. 확신은 있는데 고통이 없습니까? 무엇인가 잘못된 사람입니다. 그 확신은 성령으로부터 온 것이 아닌지도 모릅니다. 기쁨은 있는데 예수 믿지 않는 사람들에 대한 고통이 없습니까? 그 기쁨은 성령과 관계없는 것인지도 모릅니다. 구원의 확신과 기쁨에는 반드시 고통이 수반됩니다.

저에게는 큰 고민거리가 하나 있습니다. 사랑의교회가 점점 커지다 보니까 예상치 못한 병이 생기는 것 같습니다. 이른바 '대교회병'입니다. 담임목사를 위시해서 전 교인이 지금 이 병에 감염되어 있지 않나 염려가 됩니다. "교회가 이렇게 큰데 또 전도를 해? 있는 사람도 감당하지 못하면서…"라는 말을 하며 교회에 처음 나온 사람을 봐도 반기는 기색이 별로 없습니다. 안 믿는 사람들을 보아도 안타까운 마음이 별로 생기지 않습니다. 이것은 보통 심각한 증세가 아닙니다. 자기가 다니는 교회가 크다고 해서 자기만족에 빠지거나 전도에 무관심하거나 전도하려는 자를 향해 비판 의식이 생긴다면 대교회병에 단단히 걸린 것입니다.

만약 교회가 크다고 해서 예수님을 모르는 사람들에 대한 관심이 적어진다면 대교회는 없어져야 마땅합니다. 대교회라는 이유 때문에 불쌍한 영혼들을 보면서도 고통스러워하는 마음이 없다면 대교회는 사라져야 합니다. 소교회를 열 개, 백 개 세워서 그들을 구원하는 것이 오히려 하나님의 뜻인지도 모릅니다. 교회가 크다고 해서 전도에 무관심해도 된다는 법은 없습니다. 그런 핑계가 절대 통하지 않는다는 것을 우리는 본문을 통해 배웁니다. 우리끼리 구원받아 행복할까요? 천만의 말씀입니다.

제가 시무하는 교회에 '새가족 모임'이라는 참 아름다운 모임이 있습니다. 교회에 처음 등록하신 분들이 5주 동안 예수 그리스도에 대해 배우는, 참으로 은혜로운 시간입니다. 최근 그 모임 안에서 초신자와 기성교인의 구성 비율을 조사해봤습니다. 성적이 좋을 때는 4:6입니다. 즉, 성도들이 전도해서 오신 분이 4명이면, 다른 교회에 다니다가 오신 분이 6명입니다. 그런데 성적이 나쁠 때는 2:8입니다. 10년 전에는 7:3을 유지했습니다. 성도들이 집집마다 다니면서 얼마나 열심히 전도했는지 알 수 있습니다. 그때에 비하면 지금은 믿지 않는 사람들에 대한 관심이 줄어든 것이 사실입니다. 우리끼리 구원받아 행복할까요? 절대 행복하지 못합니다. 우리에게는 구원을 모르는 사람들을 위해 쉬지 않고 근심하는 고통이 있어야 합니다. 냉랭해진 우리 가슴에 형제를 불쌍히 여기는 사랑의 눈물이 쏟아지도록 성령께서 은혜 주시기를 바랍니다.

전도는 가까운 내 형제부터

이 본문에서 배워야 할 두 번째 교훈이 있습니다. 전도는 가까운 내 형제, 내 동족에게 먼저 해야 한다는 것입니다. 3절의 "나의 형제 곧 골육의 친척"은 개개인이 아니라 이스라엘이라는 공동체를 의미한다고 볼 수 있습니다. 왜냐하면 이스라엘은 민족 전체가 하나님의 선민이 되었고 구원받을 수 있는 특권을 누렸기 때문입니다.

그러나 "나의 형제, 내 골육의 친척"이라고 한 말 속에는 가장 가까운 사람부터 먼저 관심을 가져야 한다는 의미가 내포되어 있습니다. 이것이 전도의 기본 원리입니다. 내 주변의 사람들은 복음을 쉽게 들을 수 있는 특권을 가지고 있습니다. 가족이든지, 회사 동료든지, 이웃이든지 간에 나와 가까운 사람들은 소위 '가청 영역' 안에 있습니다. 예수님에 대해서 쉽게 전해 들을 수 있는 영역에 속한 사람들이라는 말입니다. 마치 이스라엘 백성이 세계 다른 민족보다 여러 가지 특권을 더 누린 것과 같습니다. 예를 들어 아내 혼자 믿는 가정이 있다고 합시다. 부인이 예수님을 믿기 때문에 성경 말씀대로 그 남편이 거룩해질 수 있습니다. 남편은 이미 가청 영역에 들어와 있는 것입니다. 남편을 비롯한 가족 모두는 부인으로부터 종종 예수, 하나님이라는 이름을 듣습니다. 그리고 하나님 앞에 기도하는 부인의 모습을 보면서 가족이 무언중에 하나님의 임재와 영광을 느끼게 됩니다. 그런 의미에서 그들은 예수님을 믿기에 훨씬 쉬운 자리로 들어와 있는 사람들입니다. 이와 같이 전도는 가까운 사람부터 하는 것이 원칙입니다.

30여 년 전에 제가 초등학교 학생들을 모아서 과외를 한 적이 있습니다. 그때 제게 배웠던 귀염둥이 여학생이 하나 있었습니다. 그 여학생이 최근에 어떻게 연줄이 닿아서 남편과 함께 저를 만나러 왔습니다. 세월이 많이 흘렀지요. 그는 예전에 예수님을 믿는 사람이 아니었습니다. 그런데 이번에 만나 보니까 부부가 얼마나 신앙생활을 잘하는지 제가 감탄을 했습니다.

그의 남편은 화가입니다. 온종일 집에 앉아 그림을 그렸습니다. 그러다가 주말이 되면 훌훌 털고 밖으로 나가 기분풀이로 술을 실컷 마시고 만취 상태로 집에 돌아오는 일이 허다했습니다. 그런 생활을 계속하다 보니 근육무력증이라는 증세가 나타나기 시작했습니다. 결국 온몸을 제대로 움직이지 못하는 심각한 상황에 이르렀습니다. 그는 너무 다급한 나머지 아무도 권유하지 않았는데도 집 근처에 있는 조그마한 개척 교회에 나갔다고 합니다. 새벽 기도 시간에도 나가 하나님께 매달렸습니다. 그의 걸음으로 왕복 한 시간이 걸리는 거리인데도 빠지지 않고 교회를 찾아갔습니다. 그런 과정에서 중생을 받았습니다. 예수님을 만난 것입니다.

그 후 반년이 지나자 병도 서서히 낫기 시작했습니다. 그때 그가 사도행전을 읽으면서 깨달은 사실이 있었습니다.

> 오직 성령이 너희에게 임하시면 너희가 권능을 받고 예루살렘과 온 유대와 사마리아와 땅 끝까지 이르러 내 증인이 되리라 하시니라(행 1:8).

그는 예수님의 증인이 되겠다고 결심했습니다. 그리고 어디서부터 전할 것인가를 고심했습니다. 그러다가 주님이 말씀하신 '예루살렘'이 자기 마음에 자리 잡고 있는 가족이라는 것을 깨달았습니다. 그래서 가족부터 전도하기 시작했습니다. 하나님이 얼마나 크게 역사하셨는지, 부인을 위시해서 자녀들은 물론이고 양가 부모와 형제들이 다 예수님을 믿고 하나님께로 돌아왔다고 합니다. 진실로 우리의 '예루살렘'은 어디입니까? 내 가정, 내 이웃, 내 직장에서 매일 만나는 사람들입니다.

만 명의 성도들이 모이는 교회가 예수님을 모르는 이웃을 위해서 참으로 가슴 아파하며 바울처럼 기도할 수만 있다면 얼마나 기막힌 기적들이 일어나겠습니까? 우리는 땅 끝까지 예수님을 전하라는 주님의 명령에 순종해야 합니다. "교회가 이렇게 큰데 또 전도냐" 하는 비판 의식을 가진 분이 있나요? 만약 그런 분이 있다면 제발 부탁드립니다. 그런 사람은 천국에 들어가지 않기를 바랍니다. 들어갈 자격이 없는 사람입니다. 그렇게 비정한 사람은 천국에 들어가면 안 됩니다. 주님께서 불쌍하니까 들어오라고 하셔도 사양하기를 바랍니다. 그런 사람이 천국에 들어가면 불편해서 못 삽니다. 그런 이기주의자, 냉혈 인간은 천국 어디에도 발붙일 곳이 없어야 합니다.

이 시간, 주님은 우리에게 두 가지 질문을 하십니다. "너에게 그치지 않는 고통이 있는가?" 너의 형제, 너의 동족을 위한 눈물이 있는가?" 이 질문을 받고 당신은 무엇이라 답하겠습니까? 바울처럼 양심적으로 대답해보기 바랍니다. 아직도 남편이 믿지 않습니까? 아직도 부모가 예수를 모릅니까? 아직도 자식이 교회에 안 나옵니까? 아직도 이웃이 예수 믿지 않습니까? 아직도 직장 동료가 예수 믿지 않습니까? 그런데도 당신 혼자서만 구원받았다고 기뻐합니까? 만약 그렇다면 주님은 당신을 가증스럽게 보실지도 모릅니다. 나 혼자만 구원받아서는 이 땅에서도 행복할 수 없습니다. 우리는

다 같이 구원받아야 천국의 기쁨을 누릴 수 있습니다. 아직도 안 믿는 사람을 봤을 때 가슴이 저려오지 않는다면, 북극의 빙산처럼 얼어붙은 그 마음을 녹여달라고 하나님 앞에 기도하기 바랍니다. 우리는 나 혼자 구원받은 것으로 절대 만족할 수 없는 사람들입니다.

30

야곱은 사랑하고 에서는 미워하고

로마서 9장 6-33절

6 그러나 하나님의 말씀이 폐하여진 것 같지 않도다 이스라엘에게서 난 그들이 다 이스라엘이 아니요 7 또한 아브라함의 씨가 다 그의 자녀가 아니라 오직 이삭으로부터 난 자라야 네 씨라 불리리라 하셨으니 8 곧 육신의 자녀가 하나님의 자녀가 아니요 오직 약속의 자녀가 씨로 여기심을 받느니라 9 약속의 말씀은 이것이니 명년 이때에 내가 이르리니 사라에게 아들이 있으리라 하심이라 10 그뿐 아니라 또한 리브가가 우리 조상 이삭 한 사람으로 말미암아 임신하였는데 11 그 자식들이 아직 나지도 아니하고 무슨 선이나 악을 행하지 아니한 때에 택하심을 따라 되는 하나님의 뜻이 행위로 말미암지 않고 오직 부르시는 이로 말미암아 서게 하려 하사 12 리브가에게 이르시되 큰 자가 어린 자를 섬기리라 하셨나니 13 기록된 바 내가 야곱은 사랑하고 에서는 미워하였다 하심과 같으니라 14 그런즉 우리가 무슨 말을 하리요 하나님께 불의가 있느냐 그럴 수 없느니라 15 모세에게 이르시되 내가 긍휼히 여길 자를 긍휼히 여기고 불쌍히 여길 자를 불쌍히 여기리라 하셨으니 16 그런즉 원하는 자로 말미암음도 아니요 달음박질하는 자로 말미암음도 아니요 오직 긍휼히 여기시는 하나님으로 말미암음이니라 17 성경이 바로에게 이르시되 내가 이 일을 위하여 너를 세웠으니 곧 너로 말미암아 내 능력을 보이고 내 이름이 온 땅에 전파되게 하려 함이라 하셨으니 18 그런즉 하나님께서 하고자 하시는 자를 긍휼히 여기시고 하고자 하시는 자를 완악하게 하시느니라 19 혹 네가 내게 말하기를 그러면 하나님이 어찌하여 허물하시느냐 누가 그 뜻을 대적하느냐 하리니 20 이 사람아 네가 누구이기에 감히 하나님께 반문하느냐 지음을 받은 물건이 지은 자에게 어찌 나를 이같이 만들었느냐 말하겠느냐 21 토기장이가 진흙 한 덩이로 하나는 귀히 쓸 그릇을, 하나는 천히 쓸 그릇을 만들 권한이 없느냐 22 만일 하나님이 그의 진노를 보이시고 그의 능력을 알게 하고자 하사 멸하기로 준비된 진노의 그릇을 오래 참으심으로 관용하시고 23 또한 영광 받기로 예비하신 바 긍휼의 그릇에 대하여 그 영광의 풍성함을 알게 하고자 하셨을지라도 무슨 말을 하리요 24 이 그릇은 우리니 곧 유대

인 중에서뿐 아니라 이방인 중에서도 부르신 자니라 25 호세아의 글에도 이르기를 내가 내 백성 아닌 자를 내 백성이라, 사랑하지 아니한 자를 사랑한 자라 부르리라 26 너희는 내 백성이 아니라 한 그곳에서 그들이 살아 계신 하나님의 아들이라 일컬음을 받으리라 함과 같으니라 27 또 이사야가 이스라엘에 관하여 외치되 이스라엘 자손들의 수가 비록 바다의 모래 같을지라도 남은 자만 구원을 받으리니 28 주께서 땅 위에서 그 말씀을 이루고 속히 시행하시리라 하셨느니라 29 또한 이사야가 미리 말한 바 만일 만군의 주께서 우리에게 씨를 남겨두지 아니하셨더라면 우리가 소돔과 같이 되고 고모라와 같았으리로다 함과 같으니라 30 그런즉 우리가 무슨 말을 하리요 의를 따르지 아니한 이방인들이 의를 얻었으니 곧 믿음에서 난 의요 31 의의 법을 따라간 이스라엘은 율법에 이르지 못하였으니 32 어찌 그러하냐 이는 그들이 믿음을 의지하지 않고 행위를 의지함이라 부딪칠 돌에 부딪쳤느니라 33 기록된 바 보라 내가 걸림돌과 거치는 바위를 시온에 두노니 그를 믿는 자는 부끄러움을 당하지 아니하리라 함과 같으니라

옛날에는 대부분 자녀를 많이 낳아 키웠습니다. 7~8명이나 되는 자녀를 키우느라고 한평생 고생하신 부모님들의 이야기를 가끔 들을 때가 있습니다. 애써 키웠는데도 늘 불평만 하는 자식이 있는가 하면 별로 사랑해주지 못했는데도 늘 은혜를 잊지 못하는 자식이 있다는 말을 합니다. 한 지붕 아래서 자랐지만 부모님의 은혜를 아는 자식이 있고 은혜를 모르는 자식이 있듯이, 예수님을 믿는 하나님의 자녀들 가운데서도 하나님의 은혜를 아는 자가 있고 은혜를 모르는 자가 있습니다. 하나님의 은혜를 아는 자는 늘 감사하며 감격하는 삶을 살지만, 은혜를 모르는 자는 불평과 불만 속에서 일그러진 삶을 살아갑니다.

그러면 이 두 부류의 신자를 구별하는 방법은 무엇일까요? 본문 9장 6절 이하의 말씀을 받아들이는 자세를 보면 알 수 있을 것 같습니다. 이 말씀에 대해 어떤 반응을 보이는가에 따라 은혜를 아는 사람, 혹은 모르는 사람으로 판단할 수 있다고 봅니다.

우선 우리가 읽은 본문의 요지를 알아야 합니다. 한마디로 하나님께서는 사람들을 자신의 마음대로 사랑하기도 하시고 미워하기도 하셨다는 것입니다. 사랑하신 자는 구원을 얻도록 선택하셨지만 미워하신 자는 구원을 얻지 못하도록 버리셨습니다.

하나님이 무슨 기준과 근거로 그렇게 하셨습니까? 아무 근거도 없습니다. 단지 하나님이 그렇게 하고 싶으셔서 그랬다고 말씀합니다. 이것이 9장 전체의 핵심입니다. 이는 우리가 납득하기 어려운 이야기입니다. 그리고 기분이 썩 좋지 않습니다. 뭔가 따지고 싶은 생각이 울컥 치밀어 오르는 것을 느낄 수 있습니다.

이와 같이 본문은 우리에게 독특한 반응을 불러일으키는 내용이기 때문에 우리 자신이 은혜를 아는 사람인가, 모르는 사람인가를 판단하는 데 매우 적절한 말씀이 될 수 있습니다. 이제부터 본문을 자세히 살펴보겠습니다. 우리는 그 내용을 분명히 알아야 합니다. 정확하게 깨달아야 정직한 반응을 할 수 있기 때문입니다.

사명적 선택과 구원적 선택

우리가 앞에서 살펴본 것처럼 바울은 자기 동족이 예수님을 믿지 않는 것 때문에 큰 고통을 안고 있었습니다. 그는 동족의 구원 문제를 놓고 얼마나 깊이 고민했는지 모릅니다. '대체 이스라엘 백성이 회개하고 돌아오지 않는 이유가 어디에 있을까?' 그는 깊이 고심한 결과 마침내 답을 찾아냈습니다. 그것이 6절 이하에 기록된 내용입니다.

> 그러나 하나님의 말씀이 폐하여진 것 같지 않도다…(6절).

바울은 하나님의 약속이 절대로 헛되이 돌아가지 않는다고 확신했습니다. 이스라엘이 아무리 예수님을 대적하고 믿지 않아도 택함을 받은 자는 반드시 구원을 얻는다고 믿었습니다. 이스라엘은 선택받은 민족이었고 또한 그들을 선택하신 하나님은 신실하신 분임을 믿었기 때문입니다. 그래서 그는 절망하지 않았습니다.

그러나 많은 이스라엘 사람이 계속 예수님을 배척하는 현실에서 그 이유가 무엇인지 알고 싶었습니다. 이 문제에 대한 성경적인 대답을 찾고 싶었습니다. 그는 구약을 가지고 씨름했습니다. 그 결과 그가 얻은 해답이 있었습니다. 아브라함의 자손이라 해서 전부 구원받는 것은 아니라는 사실입니다. 다 같이 아브라함의 혈통을 가지고 태어났지만 어떤 사람은 구원을 받고 어떤 사람은 버림을 받았기 때문입니다.

좋은 예로 아브라함의 아들인 이스마엘과 이삭을 들 수 있습니다. 아브라함은 첩으로부터 첫아들 이스마엘을 얻었습니다. 그리고 노년에 본처의 몸에서 이삭을 얻었습니다. 둘 다 아브라함의 혈통을 타고난 정상적인 후손입니다. 그럼에도 하나님께서는 이스마엘은 버리고 이삭은 택하셨습니다. 이것을 보면 아브라함에게서 났다고 다 구원받는 것이 아님을 알 수 있습니다. 하나님이 버리시는 자가 있는가 하면, 택하시는 자가 있습니다. 이것이 바울이 깨달은 놀라운 진리였습니다.

> 기록된 바 내가 야곱은 사랑하고 에서는 미워하였다 하심과 같으니라 (13절).

이번에는 이삭의 아들인 에서와 야곱을 예로 들고 있습니다. 그들은 한 아버지에게서 태어난 쌍둥이 형제입니다. 그런데 하나님께서 야곱은 사랑하고 에서는 미워하셨습니다. 배 속에 있을 때부터 그렇게 갈라놓으셨다고 했습니다. 여기서 '미워했다'는 말은 하나님이 미워해서는 안 될 사람을 고의로 미워하셨다는 의미가 아닙니다. 그것은 사랑하지 않았음을 의미하는 다른 표현에 지나지 않습니다. 야곱을 사랑하신 반면 에서는 사랑하시지 않았고, 야곱은 불쌍히 여기셨지만 에서는 불쌍하게 보시지 않았다는 말입니다. 하나님이 야곱에게는 은혜를 주셨지만 에서에게는 은혜를 안 주셨다는 뜻입니다. 이것을 미워했다는 말로 표현하고 있습니다. 이런 점에서 볼 때 아브라함의 자손이라고 해서 무조건 사랑받고 구원받는 것이 아님을 확실히 알 수 있습니다.

이스라엘의 역사를 보아도 우리는 바울이 깨달은 진리가 옳다는 것을 알 수 있습니다. 성경에 기록되어 있는 자료를 토대로 살펴보면, 이스라엘 사람 중에서 버림받은 자가 구원받은 자보다 훨씬 많습니다. 그리고 성경 이후의 역사, 즉 지난 2천여 년 동안 이스라엘이 걸어온 발자취를 살펴보아도 그들 대부분은 구원받지 못한 것을 알 수 있습니다. 예수님을 거역하고 율법에 매달리다 결국에는 망한 사람이 구원받은 자보다 몇 배 더 많습니다.

그러므로 우리는 여기에서 중요한 진리 하나를 깨달을 수 있습니다. 하나님이 아브라함을 통해 이스라엘을 민족 단위로 선택하신 것은 개개인의 영혼을 구원하시기 위한 부르심이 아니었다는 것입니다. 오히려 그들에게 어떤 임무를 맡기시려고 따로 불러 세우셨다고 보는 것이 타당합니다. 사명적 선택과 구원적 선택이 일치하지 않았다는 말입니다.

그러면 이스라엘 민족에게 맡기신 사명은 무엇입니까? 그들의 혈통을 통해서 예수님이 세상에 오시는 것입니다. 예수 그리스도가 구원자로 오시는 그 중차대한 사명을 감당하기 위해 이스라엘이 민족 단위로 택함을 받았습니다. 그러나 이 선택이 이스라엘 혈통을 가진 모든 사람의 영혼 구원을 보장하는 것은 아니었습니다. 사울 왕만 보아도 이런 사실을 알 수 있습니다.

사울은 이스라엘의 왕으로 선택받은 사람이었습니다. 그러나 그의 영혼은 버림받았습니다. 사명을 위해서는 선택을 받았지만 그의 영혼은 구원받지 못했습니다. 아브라함의 자손으로 태어난 사람이라도 자기 영혼이 구원받기 위해서는 개인적으로 하나님의 사랑을 입는 은혜가 따라야 했습니다.

> 또 이사야가 이스라엘에 관하여 외치되 이스라엘 자손들의 수가 비록 바다의 모래 같을지라도 남은 자만 구원을 받으리니(27절).

여기서 '남은 자'는 하나님의 사랑을 입은 자요, 선택받은 사람을 가리킵니다. 그 숫자는 알 수 없지만 하나님은 분명히 이스라엘 사람 가운데 남은 자만 구원하신다고 말씀하셨습니다.

그러면 남은 자들이 택함을 받은 이유가 무엇입니까? 또 그 나머지가 버림받은 이유는 무엇입니까? 바울은 에서와 야곱 쌍둥이를 놓고 그 이유를 설명하고 있습니다.

> 그 자식들이 아직 나지도 아니하고 무슨 선이나 악을 행하지 아니한 때에 택하심을 따라 되는 하나님의 뜻이 행위로 말미암지 않고(11절).

하나님이 선택하시는 근거가 사람에게 있지 아니함을 분명히 밝히는 구절입니다. 우리는 "택하심을 따라 되는 하나님의 뜻"이 유일한 근거였다는 사실을 인식해야 합니다.

에베소서 1장 5절은 "그 기쁘신 뜻대로"라고 말합니다. 이것이 택하시는 근거였습니다. 좀 더 실감 나게 표현한다면, 하나님이 그저 좋으셔서 어떤 사람은 택하시고 어떤 사람은 버리셨다는 것입니다. 이것 외에 다른 이유가 없습니다. 야곱과 에서가 배 속에 있을 때 선과 악을 행했나요? 그런 것과 전혀 관계없이 하나님이 무조건 야곱을 사랑하시고 에서는 버리셨습니다. 그들이 나기도 전에 하나님께서 그렇게 하신 것입니다. 이것이 선택의 유일한 이유입니다. 이것 밖에 납득할 만한 다른 근거가 없습니다.

하나님께 불의가 있느냐?

많은 사람들이 이런 이야기를 들으면 이해하지 못합니다. "하나님이 그저 좋으셔서 어떤 사람은 택하시고 어떤 사람은 버리셨다니 그게 말이 됩니까? 인간을 이렇듯 불공평하게 다루는 법이 어디 있습니까?" 하고 하나님의 처사를 못마땅하게 생각할 수도 있습니다. 그러나 대답은 간단합니다.

··· 하나님께 불의가 있느냐···(14절).

하나님께서 좋으신 대로 누구는 택하시고 누구는 버리셨지만 그렇다고 하나님이 불의하시다 할 수는 없습니다. 하나님이 결정하신 일을 가지고 불의니 불공평이니 평가할 존재는 아무도 없습니다. 왜 그렇습니까? 하나님은 천상천하 유아독존의 존재이시기 때문입니다. 그분이 좋다고 생각하시면 모두가 선이요 의로운 것이 됩니다. 15-16절에서 이 점을 잘 설명하고 있습니다.

모세에게 이르시되 내가 긍휼히 여길 자를 긍휼히 여기고 불쌍히 여길 자를 불쌍히 여기리라 하셨으니 그런즉 원하는 자로 말미암음도 아니요 달음박질하는 자로 말미암음도 아니요 오직 긍휼히 여기시는 하나님으로 말미암음이니라.

'달음박질한다'는 말은 '노력한다'는 뜻입니다. 그러므로 15-16절은 하나님께 잘 보이려고 노력한다고 해서 선택받는 것이 아니라는 뜻입니다. 하나님은 인간의 조건을 전혀 고려하지 않으십니다. 단순히 하나님이 좋으셔서 선택하셨다고 합니다. 마치 하나님이 "내 것 가지고 내 뜻대로 하는데 무슨 말이 많아?" 하고 반문하시는 것 같습니다.

사실 그렇습니다. 우리는 누구의 것입니까? 하나님의 것입니다. 하나님이 우리를 인격적인 존재로 창조하셨기에 망정이지 그렇지 않았다면 길가에 굴러다니는 돌멩이나 다를 바가 무엇이겠습니까? 인간은 창조자가 어떻게 다루어도 탓할 수 없는 피조물임을 안다면 하나님의 처사가 조금도 잘못된 것이 아님을 인정할 수 있을 것입니다. 우리는 하나님의 것입니다. 인간이 하나님의 것이니까 그분 마음대로 하실 수 있습니다.

이 사실이 너무나 중요하기 때문에 바울은 예를 또 하나 들었습니다. 애굽의 바로 이야기입니다.

성경이 바로에게 이르시되 내가 이 일을 위하여 너를 세웠으니 곧 너로 말미암아 내 능력을 보이고 내 이름이 온 땅에 전파되게 하려 함이라 하셨으니 그런즉 하나님께서 하고자 하시는 자를 긍휼히 여기시고 하고자 하시는 자를 완악하게 하시느니라(17-18절).

우리가 잘 아는 대로, 바로는 이스라엘 백성을 해방시키지 않으려고 끝까지 버텼습니다. 그는 열 가지 재앙이 임해 나라가 쑥대밭이 될 때까지 미련을 버리지 못하고 버티다가 결국은 자기도 망하고 나라도 망하고 이스라엘 백성까지 놓치고 말았습니다. 이렇게 된 이유가 바로의 완악한 마음 때문이라고 성경은 설명하고 있습니다. 그런데 출애굽기 4장 21절에 따르면 그가 강퍅해진 배후에는 그의 마음을 완악하게 하신 하나님이 계셨습니다. 하나님이 왜 그를 완악하게 하셨습니까? 하나님만이 진짜 신이요, 이스라엘의 주권자가 되심을 바로를 통해 온 세상에 보여주고자 그렇게 하셨다고 합니다.

하나님은 우리 마음을 선하게 만드실 수도 있고 악하게 만드실 수도 있는 마음의 주인이십니다. 그러나 완악하게 한다는 말을 잘 이해해야 합니다. 하나님이 짓궂은 사람처럼 선한 사람의 마음을 일부러 배배 꼬아서 말씀을 듣지 못하도록 악하게 만드셨다는 의미가 아닙니다. 완악하게 했다는 말은 '내버려두었다'는 뜻입니다. 사람의 마음은 본래 악합니다. 창세기 6장 5-6절을 보면 하나님께서 "그의 마음으로 생각하는 모든 계획이 항상 악할 뿐임을 보시고 땅 위에 사람 지으셨음을 한탄"하셨다고 했습니다.

그러므로 원래의 마음 그대로 내버려두면 그것은 저절로 완악하게 되어버립니다. 인간에게는 하나님이 계신다는 것을 잘 알면서도 하나님을 공경하지 않으려는 못된 근성이 있습니다. 마치 강변에서 떠다놓은 진흙을 그대로 두면 굳어져버리는 것과 같습니다. 만약 하나님이 바로에게 은혜를 주셨다면 그의 마음은 부드러워졌을 것입니다. 고집 부리지 않고 순종했을 것입니다. 그러나 하나님이 원래 마음대로 내버려두셨기 때문에 그의 마음이 강퍅해져서 화를 자초하고 말았던 것입니다.

선택은 하나님의 절대 주권이다

우리는 다음과 같은 항변을 할 수 있습니다. "그렇다면 구원받지 못하는 것은 누구의 탓인가? 하나님이 사랑하고 선택하셨으면 구원받았을 텐데 그대로 내버려두셔서 이 꼴이 되었다면 왜 나를 벌하시는가? 사랑받지 못한 것도 서러운데 믿지 않았다고 심판하신다면 정말 억울한 일 아닌가? 왜 힘없는 인간을 탓하시는 것일까?" 그러나 바울은 우리에게는 그렇게 항의할 자격이 없다고 합니다.

> 이 사람아 네가 누구이기에 감히 하나님께 반문하느냐 지음을 받은 물건이 지은 자에게 어찌 나를 이같이 만들었느냐 말하겠느냐 토기장이가 진흙 한 덩이로 하나는 귀히 쓸 그릇을, 하나는 천히 쓸 그릇을 만들 권한이 없느냐(20-21절).

이 내용을 알기 쉽게 풀어서 설명하겠습니다. "너 입 좀 조심해. 너는 지금 자신이 누군지를 잘 몰라서 그래. 진흙을 빚어서 질그릇을 만드는 토기장이를 생각해봐. 그는 왕의 수라상에 올라가는 식기를 만들기도 하고 구박을 받는 요강 단지를 만들기도 해. 그런데 요강이 된 진흙이 토기장이에게 왜 나를 이렇게 대접하느냐고 대들 수 있어? 절대 그렇게 하지 못해. 너의 위치가 뭔지 아나? 창조자 하나님 앞에서 진흙이요, 질그릇이야. 창조주에게는 자유와 주권이 있어. 그것을 놓고 네가 이러니 저러니 하고 따질 수 있니? 그가 좋아서 하시는 일을 네가 불공평하다고 말한다면 그 불공평은 무엇에 근거하는 거야? 네 존재를 모르니까 떠드는 거라고. 하나님이 누구신지를 안다면 네가 그렇게 건방지게 나올 수 없어. 하나님 앞에서는 무조건 입을 다물어야 해."

피조물은 창조자의 공의와 자유와 권리를 논할 자격이 없습니다. 오직 그분의 처분에 따를 뿐입니다. 창조자는 자기가 만든 것에 대해 절대 자유, 절대 주권을 행사합니다. 하나님은 진노를 내리기로 작정하실 수도 있고, 긍휼을 내리기로 작정하실 수도 있습니다. 그러므로 22-23절에 언급된 것처럼 어떤 사람은 진노의 그릇이 되고 어떤 사람은 긍휼의 그릇이 됩니다. 하나님이 내버려두기로 작정하신 사람은 진노의 그릇이고 불쌍히 여겨 택하신 사람은 긍휼의 그릇입니다. 이것이 어디 우리 뜻대로 될 일입니까? 전적으로 하나님의 절대 주권에 속한 일입니다.

하나님의 놀라운 선택의 은혜를 생각하면 이방인인 우리로서는 입이 만 개가 있어도 할 말이 없어집니다. 따지고 보면 원래 우리는 이스라엘에 비해 사랑받지 못했고 버림받은 것처럼 보인 존재가 아니었습니까? 선민인 이스라엘을 부러운 눈초리로 쳐다만 보고 있어야 할 처지였지 않습니까? 마치 그들은 긍휼의 그릇이 되고 우리는 진노의 그릇이 된 것처럼 얼마나 처량했습니까? 그런데 큰 이변이 일어났습니다.

> 호세아의 글에도 이르기를 내가 내 백성 아닌 자를 내 백성이라, 사랑하지 아니한 자를 사랑한 자라 부르리라(25절).

옛날에 이스라엘 백성은 하나님의 택하심을 받은 자녀였습니다. 그러나 우리는 하나님의 자녀가 아니었습니다. 옛날에 하나님은 이스라엘을 사랑한다고 말씀하셨습니다. 그러나 우리에게는 사랑한다는 말씀을 하지 않으셨습니다. 지금은 어떻게 되었나요? 진짜 하나님의 백성이었던 그들은 버림받았지만 우리는 예수님을 믿고 그분의 자녀로 부름을 받았습니다. 놀랍게도 우리가 하나님의 거룩한 백성이 된 것입니다. 반면에 이스라엘 백성은 예수님을 거부한 채 율법을 붙들고 고집하다가 망하고 말았습니다. 그러므로 예수 믿고 구원받는 길이 그들에게는 오히려 멸망으로 향하는 죽음의 길이 되고 만 것입니다.

> 어찌 그러하냐 이는 그들이 믿음을 의지하지 않고 행위를 의지함이라 부딪칠 돌에 부딪쳤느니라(32절).

하나님의 복음이 그들에게는 오히려 부딪혀서 넘어지게 하는 장애물이 되었다는 말입니다. 그러나 우리는 이 놀라운 복음 때문에 구원받았습니다. 그들과 우리의 운명이 바뀐 것입니다.

이런 의미에서 "하나님의 은혜는 선택받기에 합당한 자를 발견하는 것이 아니라 만들어내는 것이다"라고 한 어거스틴의 말은 옳습니다. 하나님의 은혜는 선택받을 자, 받지 못할 자를 가려내는 것이 아니라 선택받을 자를 만들어낸다는 말입니다. 하나님은 인간의 조건을 따지지 않으십니다. 자기가 좋아하는 사람을 무조건 선택하십니다. 그 덕분에 우리가 부름을 받았으니 하나님의 은혜가 얼마나 감사한지요.

한번은 국가조찬기도회에 초청을 받아 설교한 적이 있습니다. 대통령과 정치인들이 모인 자리에서 제가 설교하는 것을 못마땅하게 여긴 우리 교회의 한 청년이 "까마귀 노는 곳에 백로야 가지 마라"라는 구절을 서두에 쓴 장문의 편지를 보내왔습니다. 가급적 가지 말았으면 좋겠다는 충언이었습니다. 저를 아끼고 염려해서 그렇게 한 줄로 압니다.

우리는 정치적으로 매우 혼란스러운 시대에 살고 있습니다. 정의의 투사가 까마귀로 보일 수도 있고 까마귀가 정의로운 사람으로 보일 수도 있는, 어지러운 시기에 놓여 있다고 해도 과언이 아닙니다. 그래서 그때 저는 나름대로 생각을 많이 했습니다. 대통령이 이제 갓 취임한 분이라면 저는 응하지 않았을 것입니다. 그런 분은 꿈이 많고 자신만만하기 때문에 마음을 잘 열지 않습니다.

그러나 당시의 대통령은 곧 퇴임을 앞두고 있는 상태였습니다. 그렇기 때문에 이런저런 생각도 많고, 어떤 면에서는 인생의 허무를 느끼거나 인간의 본질적인 문제를 가지고 고민하고 있을지도 모른다는 생각이 들었습니다. 그래서 말씀을 전하면 들을 수 있으리라고 판단했습니다.

제가 거기서 설교를 한다고 해서 누구를 설득할 수 있겠습니까? 그들을 향해 세례 요한처럼 큰 소리로 경고한다고 그들의 마음을 열 수 있을까요? 인간의 설득으로 구원받을 사람은 아무도 없습니다. 제가 그곳에 참석한 이유는 행여나 대통령과 정치인들 가운데 하나님이 불쌍히 여기사 택하신 자가 있을지도 모른다는 기대감 때문이었습니다. 보잘것없는 사람이 가서 말씀을 전해도 하나님이 택하신 사람은 복음을 받아들일 수 있다는 것을 믿었기 때문입니다. 그리고 대통령이 그런 사람일지 누가 알겠습니까?

설교를 마치고 식사 시간이 되자 그분과 단둘이 담소를 나눌 기회가 왔습니다. 저는 그의 영혼 문제를 대화의 주제로 올려놓으려고 기회를 엿보고 있었습니다. 그날 기도회에 특송을 맡아서 찬양하신 분들은 머리가 희끗희끗한 장로님들입니다. 장로들로 구성된 찬양대인데 그렇게 잘할 수가 없었습니다. 제가 대통령께 "우리나라 대통령도 퇴임한 다음에 저런 찬양대에서 함께 찬양을 할 수 있다면 얼마나 좋을까요?"라고 했더니 그분은 기대 밖으로 활짝 웃으며 공감을 표시했습니다. 그다음에 제가 예수님을 믿으라고 말을 꺼냈는데, 그때 저는 생각보다 하나님이 그분을 불쌍히 여기고 계시다는 걸 알았습니다. 어느 목사님의 강력한 권고에 따라 가족은 이미 교회에 출석하고 있고 자기는 얼마 동안 유예 기간을 갖고 있다고 했습니다. 어머님이 불공을 드리는 데 너무 심취해 있기 때문에 자식 된 도리로 어머님의 마음에 상처를 줄 수 없어서 기다리고 있다는 것입니다. 하나님께서 그 마음에 무언가 은혜를 주고 계신 것을 보았습니다. 저는 '설교하러 오기를 잘했구나' 하고 생각했습니다.

젊은이들은 세상에 백로도 많은데 하필이면 까마귀냐고 말할지 모르지만 하나님께서는 "까마귀라도 내가 좋으면 구원한다"라고 말씀하십니다. 이것이 선택 교리의 은혜입니다. 젊은이들의 눈에는 현 정권의 정치 지도자들이 다 까마귀로 보일지 모르지만 그 사람들 중에도 하나님이 택하신 자가 있습니다. 이런 의미에서 우리는 하나님의 절대 주권을 반드시 인정해야 합니다.

선택 교리에 관한 두 가지 위험

사실 이 선택 교리는 불가사의한 진리입니다. 솔직히 말해서 선택 교리라든지 불가항력적인 은혜의 교리라든지, 제한 속죄의 교리는 전부 다 인간의 지각을 뛰어넘는 하나님의 지혜입니다. 칼빈은 이 교리가 지니는 이와 같은 불가사의한 성격 때문에 두 가지 위험을 경고했습니다.

호기심을 충족시키려는 위험

첫째로 호기심을 충족시키려고 하는 위험입니다. 이 선택 교리를 탐구할 때 우리는 하나님 지혜의 성역 안으로 들어가게 됩니다. 하나님만이 온전하게 알고 계시는 지혜의 세계로 발을 옮겨놓는 것입니다. 그런데 한번 따져보고 이해가 되면 믿겠다는 심산으로 들어가면 어떻게 될까요? 미로에 빠져 헤어나지 못하고 나중에는 스스로 망하게 됩니다. 오늘날 지식인들 가운데 그런 사람이 얼마나 많습니까? 특히 신학자들 중에 많은 것 같습니다.

가장 건전한 태도는 무엇입니까? 말씀을 통해서 가르쳐주시는 만큼만 배우고 만족하는 것입니다. 하나님이 말씀하시지 않은 것에 대해서는 관심을 기울일 필요가 없습니다. 호기심을 가질 필요도 없습니다. 더 알려고 담을 뛰어넘어서는 안 됩니다. 이 태도는 무척 중요합니다. 하나님이 침묵하시면 우리도 침묵해야 합니다. 호기심을 가지고 자꾸만 하나님이 말씀하시지 않은 것까지 알고 싶어서 기웃거리는 것은 이단들이 하는 짓입니다. 하나님의 말씀을 바로 배우는 사람은 그렇게 하지 않습니다. 우리가 잘 모르는 진리일수록 칼빈의 충고를 따르는 것이 현명합니다. "이 선택 교리에 대해서 모르는 점이 있다는 것을 부끄러워하지 말아야 한다. 이것은 일종의 '유식한 무식'인 것이다."

유식한 무식이라는 말이 얼마나 재미있습니까? 무식한 것 같지만 사실은 유식한 것입니다. 하나님이 누구시며 그분의 뜻이 얼마나 심오한가를 조금이라도 아는 사람은 무식 그 자체를 은혜로 받아들입니다. 속이 텅 빈 호기심을 채우려고 당치도 않는 질문을 들고 나오지 않습니다. 은혜를 아는 자는 하나님 앞에서 항상 손으로 자기

입을 가리게 마련입니다. 하나님이 누구신지를 조금이라도 아는 사람은 하나님이 좋아서 하시는 일에 대해 입을 다물 수밖에 없습니다. 토기가 어찌 자기를 만든 장인의 생각을 알 수 있단 말입니까?

조나단 에드워즈는 이렇게 말했습니다. "하나님은 우리에게 이성에 상반되는 굴복을 요구하는 것이 아니다. 굴복할 수 있는 이유와 근거를 깨닫게 하심으로 굴복하게 하신다." 옳습니다. 하나님의 절대 주권, 선택 교리는 우리의 이성으로 저울질하라고 주신 것이 아닙니다. 우리가 하나님 앞에 무조건 복종하고 그 은혜를 찬양할 수 있는 이유와 근거로 주신 것입니다.

하나님이 우리의 이해와 관념을 초월하시는 분임을 조금이라도 안다면 그분이 하시는 일도 우리의 이성으로 도달할 수 없는 지고한 지혜에 해당하는 것임을 인정해야 합니다. 단적으로 말하면, 하나님을 하나님으로 인정해야 합니다. 우리가 질그릇임을 인정해야 합니다. 어리석은 호기심에 끌려 하나님과 상대할 수 있다는 망상을 버리십시오. 오직 하나님을 경외하고 찬양하십시오.

침묵하는 위험

선택 교리에 대한 두 번째 위험은 침묵하는 것입니다. "이것은 잘 모르는 거야. 도무지 논리가 통하지 않아. 그러니까 가급적 다루지 않는 것이 좋아" 하면서 마치 선장이 암초를 피하듯이 피해 가는 것을 상책으로 여기는 태도는 옳지 않습니다.

우리는 진리를 논할 때 하나님이 성경을 통해 가르쳐주신 것이면 이해가 되든 안 되든 그대로 배워야 하고 또 말해야 합니다. 이해가 안 된다고 무시하거나 피하면 짐승과 같은 무지로 만족하는 사람이 되기 쉽습니다.

비밀로 두신 것은 탐색하지 말아야 하고 하나님이 공개하신 것은 버리지 말아야 합니다. 과도한 호기심은 피해야 하지만 은혜에 무지하다는 말은 듣지 않아야 합니다.

우리는 하나님의 절대 주권이 무엇인지, 선택 교리가 무엇인지 알았습니다. 이제 스스로를 검토해볼 시간입니다. 당신은 어떻습니까? 지적 호기심을 채우려고 이성의 저울에 올려놓고 이리저리 재고 있지는 않습니까? '하나님은 불공평해. 구원받지 못한 자의 손해 배상은 하나님이 하셔야 해'라고 생각하지는 않습니까? 그렇다면 당신은 아직 은혜가 무엇인지 모르는 사람입니다.

반면에 "저는 절대 주권과 선택 교리가 무엇인지 잘 이해하지 못해요. 그러나 하나님의 은혜는 정말 기가 막혀요. 입이 만 개라도 할 말이 없어요. 대체 저에게 뭐 잘난 것이 있다고 하나님이 이렇게 저를 사랑하셔서 선택하셨단 말입니까?"라고 감사할 수 있습니까? 그렇다면 당신은 은혜를 아는 사람입니다.

하나님의 대답

본래 인간은 자기 마음에 차지 않는다 해도 "왜?"라는 질문을 잘하고, 반대로 분수에 지나쳐도 "왜?"라는 질문을 잘합니다. 창세전에 무조건 하나님이 좋으셔서 구원을 주기로 선택하셨다는 진리는 우리가 주체할 수 없을 만큼 분에 넘치는 은혜입니다. 그러니 이 은혜를 아는 사람은 자주 하나님께 "왜?"라고 질문합니다.

저는 특히 네 가지 사실에 대해 자주 하나님께 질문을 던집니다. 먼저, 하나님이 저 같은 것을 선택하셔서 그분의 자녀가 되게 하신 이유를 알 수 없습니다. 도무지 하나님이 저를 사랑하실 만한 근거가 없고 저를 선택하셔서 당신의 자녀로 삼으실 만한 어떤 이유도 없는데 이렇게 구원해주신 것이 너무 기가 막힙니다. 또 하나님께서 저를 목사로 삼아주신 섭리를 저는 이해하지 못합니다. 저보다 깨끗한 사람도 많고 저보다 거룩하게 살려는 사람도 많고, 더 은혜받은 사람도 많은데 왜 저같이 형편없는 사람을 택하셔서 목사로 세우셨는지 알 수 없습니다.

특히 저는 목사로서 하나님의 복을 많이 받은 사람입니다. 저보다 더 노력하는 목회자가 얼마나 많습니까? 모든 면에서 능력이 탁월한 목회자가 제 주변에 얼마나 많습니까? 그런데 그들보다도 제가 훨씬 더 하나님의 복을 많이 받았으니 이것 또한 이유를 알 수 없습니다. 또 저는 병상에서 일어나고부터 자주 하나님께 질문을 던집니다. 저보다 더 경건한 목회자들도 병이 들어서 꺾이는데 왜 저를 다시 일으켜 세워주셨습니까? 뭐 잘난 것이 있나요? 깨끗한 것이 있나요? 남보다 죄를 덜 지었나요? 왜 이렇게 하십니까?

제가 이렇게 질문할 때마다 하나님의 대답은 한결같습니다. "내가 좋아서 그렇게 하는 거야." 저는 이 대답 앞에서 말을 잃어버립니다. 입이 만 개라도 할 말이 없습니다.

사랑하는 형제자매들이여, 각자 질문해보십시오. "하나님, 저 같은 것이 무엇인데 하나님이 아셨다는 것입니까? 왜 저같이 형편없는 사람을 사랑하셨다는 것입니까?" 우리가 질문할 때마다 하나님은 "내가 좋아서 그랬다"라고 말씀하십니다. 그 대답 앞에서 감격해 무릎을 꿇고 눈물을 뚝뚝 떨어뜨릴 줄 아는 사람이 바로 은혜를 아는 사람입니다.

하나님께서 우리에게 이와 같은 복을 주신 이유가 무엇입니까?

우리를 겸손케 하시려고, 무조건 하나님 앞에 굴복하게 하시려고 이 은혜를 주신 것입니다. 만약에 우리에게 어떤 좋은 점이 있어서 그것을 조건으로 하나님이 우리를 선택하셨다면 얼마나 불안하겠습니까? 지금은 우리가 하나님의 눈에 들지 모르지만 언젠가 하나님의 눈에서 벗어날 수도 있습니다. 그렇다면 우리가 하루인들 안심하고 살 수 있겠습니까? 그러나 하나님이 무조건 좋아서 우리를 택하셨다는데 무슨 할 말이 있습니까?

하나님의 무조건 좋아하심은 세상 끝 날까지 변하지 않습니다. 하나님은 어제나 오늘이나 영원히 동일하시기 때문입니다. 그러므로 나는 변해도 하나님은 안 변합니다. 이 은혜를 어찌 우리가 노래하지 않겠습니까? "주님, 감사합니다. 저에게는 자랑할 것이 하나도 없습니다. 이 모든 것이 은혜입니다. 아, 하나님의 은혜로 이 쓸데없는 자 왜 구속하여 주셨는지 저는 알 수 없습니다. 왜 제게 성령 주셔서 제 맘을 감동해 주 예수 믿게 하셨는지 저는 모릅니다." 이렇게 고백하는 것이 은혜입니다.

은혜를 아는 사람은 겸손합니다. 은혜를 아는 사람은 하나님을 찬양합니다. 은혜를 아는 사람은 구원의 확신이 있습니다. 당신은 어느 편에 속한 사람입니까? 아직도 따집니까? 아직도 무엇인가 자꾸 저울질합니까? 제발 그렇게 하지 맙시다. 성경이 말씀하는 것 이상으로 알려고 들지 맙시다. 하나님이 가르쳐주신 것으로 만족합시다. 그리고 그 은혜 앞에 마음을 쏟아놓기 바랍니다. 에서보다 선한 것이 없었지만 사랑받았던 야곱처럼 우리 모두는 하나님의 사랑을 받았습니다. 얼마나 놀라운 은혜입니까? 날마다 감격하는 가슴을 안고 그분의 이름을 소리 높여 찬양합시다.

31

잘못된 열심

로마서 10장 1-13절

1 형제들아 내 마음에 원하는 바와 하나님께 구하는 바는 이스라엘을 위함이니 곧 그들로 구원을 받게 함이라 2 내가 증언하노니 그들이 하나님께 열심이 있으나 올바른 지식을 따른 것이 아니니라 3 하나님의 의를 모르고 자기 의를 세우려고 힘써 하나님의 의에 복종하지 아니하였느니라 4 그리스도는 모든 믿는 자에게 의를 이루기 위하여 율법의 마침이 되시니라 5 모세가 기록하되 율법으로 말미암는 의를 행하는 사람은 그 의로 살리라 하였거니와 6 믿음으로 말미암는 의는 이같이 말하되 네 마음에 누가 하늘에 올라가겠느냐 하지 말라 하니 올라가겠느냐 함은 그리스도를 모셔 내리려는 것이요 7 혹은 누가 무저갱에 내려가겠느냐 하지 말라 하니 내려가겠느냐 함은 그리스도를 죽은 자 가운데서 모셔 올리려는 것이라 8 그러면 무엇을 말하느냐 말씀이 네게 가까워 네 입에 있으며 네 마음에 있다 하였으니 곧 우리가 전파하는 믿음의 말씀이라 9 네가 만일 네 입으로 예수를 주로 시인하며 또 하나님께서 그를 죽은 자 가운데서 살리신 것을 네 마음에 믿으면 구원을 받으리라 10 사람이 마음으로 믿어 의에 이르고 입으로 시인하여 구원에 이르느니라 11 성경에 이르되 누구든지 그를 믿는 자는 부끄러움을 당하지 아니하리라 하니 12 유대인이나 헬라인이나 차별이 없음이라 한 분이신 주께서 모든 사람의 주가 되사 그를 부르는 모든 사람에게 부요하시도다 13 누구든지 주의 이름을 부르는 자는 구원을 받으리라

어느 믿음 좋은 자매와 대화를 나누었습니다. 안타깝게도 그의 가정은 몹시 흔들리고 있었습니다. 남편이 5년 전부터 탈선하여 가정을 돌보지 않기 때문입니다. 그 남편은 예수님을 믿지 않습니다. 그의 무분별한 생활은 가정을 파탄 지경으로 몰아갔습니다. 이제는 아내와 남편 사이에 파인 골을 도저히 메울 수 없는 지경에 이르렀습니다. 부인은 이혼을 생각하고 있었습니다. 그가 이혼하는 것은 성경적으로 조금도 잘못되지 않았습니다. 그만큼 남편은 가장으로서 책임을 저버린 지 오래였습니다.

제가 그 부인에게 정말 이혼을 하겠느냐고 물었습니다. 그는 한참 동안 침묵하더니 이렇게 대답했습니다. "그이의 영혼을 구원할 수만 있다면… 이혼을 보류하겠어요." 그는 남편의 영혼을 구원할 수만 있다면 이혼을 보류하고 기다려보겠다는 말을 여러 번이나 되뇌었습니다. 가정의 평화를 파괴하는 사람, 가장으로서 책임을 지지 아니하는 사람, 사랑보다도 미움이 앞서는 그 사람을 구원해야겠다는 부인의 마음은 어디서 오는 것일까요? 그 마음은 대체 누가 주는 것일까요? 사람들이 보기에는 참으로 부자연스럽고 어리석은 생각일 따름입니다.

제가 시무하는 교회에서는 종종 일본 목사님들을 모시고 제자훈련 지도자 세미나를 합니다. 사실 세미나가 열릴 때마다 제 마음에 갈등이 일어나는 것을 숨길 수 없습니다. '왜 우리가 이 일을 해야 하는가?'라는 의구심이 자주 고개를 들기 때문입니다. 지금은 어느 때보다 그들에 대해 좋지 못한 감정이 고조되어 있는 상태입니다. 그동안 우리는 언론 보도를 통해서 종군 위안부에 대한 일본의 만행을 접할 때마다 경악을 금치 못했습니다. 과거의 치욕사를 대하면서 우리는 그들의 짐승 같은 추악함에 치를 떨었습니다.

그러나 깊이 따지고 보면 이야기는 달라집니다. 일본 성도들도 과거 제국주의 시대에는 우리나라 성도들과 똑같이 핍박을 받았습니다. 믿음을 지키려다가 차가운 감옥 바닥에서 신음하며 죽어간 이가 한둘이 아니었습니다. 그러므로 우리가 그들을 세미나에서 섬긴다는 것이 신앙 안에서는 문제가 되지 않습니다. 그러나 민족적인 감정 때문에 때로는 갈등을 느낄 때가 있습니다. 사랑할 수 없는 사람, 원수나 다름이 없는 자들의 영혼을 걱정한다는 것은 여간 어려운 문제가 아닙니다. 원수의 구원을 바라고 기도하는 마음은 하나님의 사랑이 우리 안에 충만할 때에만 가능합니다.

> … 만일 우리가 서로 사랑하면 하나님이 우리 안에 거하시고 그의 사랑이 우리 안에 온전히 이루어지느니라(요일 4:12).

하나님의 사랑이 우리 안에 온전히 이루어질 때에만 비로소 원수를 진심으로 사랑하며 그들의 영혼을 놓고 근심하는 사람이 될 수 있는 것입니다.

로마서 10장 1절을 읽어보면, 하나님의 사랑이 바울의 마음속에 온전히 이루어졌음을 알 수 있습니다. 그는 여전히 동족의 구원을 놓고 애타게 기도하고 있습니다.

> 형제들아 내 마음에 원하는 바와 하나님께 구하는 바는 이스라엘을 위함이니 곧 그들로 구원을 받게 함이라(1절).

그는 원수의 영혼이 멸망당하지 않기를 간절히 바라고 있습니다. 그들에게 쫓겨 다니며 핍박을 당하는 신세였지만 그럴 때도 그들을 위해 기도하는 바울의 심정을 한번 상상해보십시오. 이것이 바로 하나님의 사랑을 담은 거룩한 사람의 태도입니다. 그는 9장에서 자기가 동족의 구원 때문에 밤낮없이 큰 고통을 당한다고 실토했습니다. 그리고 이스라엘 백성이라고 해서 다 구원을 얻는 것이 아니라 오직 하나님이 선택하신 자만이 구원을 얻을 수 있다는 중요한 교리를 밝힌 바 있습니다.

잘못된 열심

바울은 10장에 들어와서 자기 동족 이스라엘이 아직도 회개하지 않고 돌아오지 않는 또 하나의 근본 이유를 제시합니다. 그들이 예수님을 믿지 않는 이유는 잘못된 열심에 빠져 버렸기 때문이라고 진단합니다.

> 내가 증언하노니 그들이 하나님께 열심이 있으나 올바른 지식을 따른 것이 아니니라(2절).

그들은 하나님을 위한다는 명분으로 열심을 냈습니다. 그 명분은 아주 훌륭합니다. 우리가 잘 아는 것처럼 열심 그 자체가 나쁜 것은 절대로 아닙니다. 하나님을 위한 열심은 좋은 것입니다. 누구든지 열심이 없으면 하나님을 섬길 수 없습니다. 우리 가운데서 마음이 미지근한분들에게 다시 말씀드립니다. 행동이 몹시 굼뜬 분들에게 말씀드립니다. 마음이 뜨거워지지 아니한 분들을 위해서 제가 꼭 한마디 드리고 싶습니다. 열심이 없이는 하나님을 섬길 수 없습니다. 꺼진 엔진이 아무것도 움직이지 못하듯이 열심 없는 신앙은 아무것도 해내지 못합니다.

그러나 열심이라고 해서 모두 건전한 것은 아닙니다. 이스라엘 사람들이 하나님을 위한다고 떠벌린 열심은 가히 극성이라고 할 만큼 대단했습니다. 그렇지만 그 열심에는 문제가 있었습니다. 자기도 망치고 다른 사람도 망치는 독소가 들어 있었던 것입니다. 2-3절에서 이 사실을 분명히 가르쳐줍니다. 그들의 열심이 나쁜 이유는 지식을좇지 아니하는 열심이요, 자기 의를 드러내는 열심이었기 때문입니다. 이 두 가지가 비슷한 내용입니다만 선명하게 이해하기 위해서 나누어 생각해보고자 합니다. 그리고 논리적으로 설명하는 데 도움이 되도록 순서를 바꾸어서 설명하는 것이 좋을 듯합니다.

자기 의를 드러내려는 열심

첫째로 자기 의를 드러내는 데 목적을 둔 열심에 대해서 함께 생각해보겠습니다. 원래 이스라엘 백성은 율법의 중요성을 잘 알고 있었습니다.

> 모세가 기록하되 율법으로 말미암는 의를 행하는 사람은 그 의로 살리라 하였거니와(5절).

율법을 완전히 지키면 의롭게 되고 영원히 살게 되어 있습니다. 그렇지만 구약시대에 율법대로 살아보려고 했던 수많은 성도는 의를 행하려고 부단히 씨름하면서 매우 중요한 진리 한 가지를 발견할 수 있었습니다. 자기 힘으로는 율법을 완전히 지킬 수 없고, 결국 선행을 통해 의롭게 되는 것은 불가능하다는 사실이었습니다. 인간의 불완전성은 절대로 하나님의 완전성을 충족시킬 수 없음을 알게 된 것입니다. 자연히 그들은 자신이 무엇을 할 수 있다는 생각을 버리고 하나님이 불쌍히 여겨주셔야만 구원받을 수 있음을 믿는 겸손한 자들이 되었습니다.

시편을 보십시오. 하나님의 인자와 긍휼을 구하는 기도가 많이 나옵니다. 아무리 열심을 내어 율법에 순종하려고 해도 하나님 앞에 들고 나갈 의가 없으니 불쌍히 여겨달라는 소원이 그 기도에 담겨 있습니다. "하나님, 제가 이 일을 하느라 열심을 내었습니다. 도와주십시오"라고 기도하기보다는 "하나님, 저를 불쌍히 여겨주옵소서"라고 기도했습니다. 율법을 지킬 수 없는 자기 한계성을 하나님 앞에 자인하며 그분의 은총을 기다리는 사람이 된 것입니다.

이스라엘 백성이 조상들의 경건한 태도를 그대로 이어받았더라면 얼마나 좋았을까요? 그렇다면 율법을 지키느라고 쓸데없이 극성을 부리는 행동은 하지 않았을 것이요, 그리스도를 배척하는 비극도 일어나지 않았을 것입니다.

그런데 역사를 돌이켜보면 참 이해하기 어려운 점이 있습니다. 이스라엘 백성은 70~80년간의 바벨론 포로생활을 마치고 고국으로 돌아온 다음부터 오히려 더욱 병적으로 율법에 열심을 내는 민족이 되었습니다. 그리고 율법에 열심을 내기 시작하면서 점점 잘못된 길로 빠져들었습니다. 사회의 분위기가 '어떻게 하든 이 율법을 완전히 지켜야 한다. 그리고 노력만 하면 반드시 지킬 수 있다'는 자신감을 부추기는 쪽으로 기울고 있었습니다.

이렇게 율법을 완전히 지킬 수 있다는 교만 때문에 그들이 만들어낸 것이 한 가지 있었습니다. 주님께서 지적하신 대로 "장로들의 전통"(마 15:2; 막 7:3, 5, 개역한글판에서는 "장로들의 유전")이라는 것입니다. 그것은 일종의 율법 해설집이라고 할 수 있습니다. 하나님이 주신 율법에 사람의 이런저런 생각과 해석을 보탠 책입니다. 그 책은 날이 갈수록 분량이 늘어났습니다. 이렇게 사람의 생각을 덧붙이다 보니 나중에는 어디에 무엇이 있는지 찾기 어려울 만큼 복잡한 경전이 되어버렸습니다. 이렇게 장로들의 전통은 내용 중에서 정작 하나님이 말씀하신 율법은 조금이고, 사람들의 의견이 대부분을 차지하는 이상한 책이 되어버렸습니다.

예수님은 이 사실을 날카롭게 비판하셨습니다. 마태복음 23장 23절을 보면 잘 알 수 있습니다.

> 화 있을진저 외식하는 서기관들과 바리새인들이여 너희가 박하와 회향과 근채의 십일조는 드리되 율법의 더 중한 바 정의와 긍휼과 믿음은 버렸도다…(마 23:23).

그들은 하나님이 율법 속에 담아놓으신 믿음과 정의와 자비의 정신은 송두리째 내버리고 중요하지도 않은 형식적인 법조문만 잔뜩 실어놓았습니다. 그리하여 하루살이는 걸러내고 약대는 삼키는 모순투성이의 악법이 되고 말았습니다. 그것은 사람의 법이지 하나님의 법이 아니었습니다.

지금도 이 장로들의 전통을 지키는 유대 사람들 중에는 안식일에 전원 스위치도 켜지 않는 사람들이 있습니다. 꼭 전등을 켜야 할 경우에는 유대인이 아닌 이방인을 불러서 그에게 돈을 주고 대신 그 일을 하게 합니다. 그 정도로 그들은 율법을 완전히 지키겠다며 극성을 부렸습니다. 바울은 이러한 모습을 이스라엘 백성이 자기 의를 드러내기 위한 잘못된 열심이라고 지적하는 것입니다. 그들은 이런 악법을 지켜야 의로워질 줄 알고 거기에 매달렸습니다. 율법을 지키는 자가 아니라 율법의 노예가 되어버린 것입니다. 회심하기 전의 바울이 바로 그와 같은 인물의 전형적인 예였습니다.

> 내가 내 동족 중 여러 연갑자보다 유대교를 지나치게 믿어 내 조상의 전통에 대하여 더욱 열심이 있었으나(갈 1:14).

바울은 주님을 만나기 전에는 전혀 다른 사람이었습니다. 예전에 그는 자기 의를 드러내려고 지나치게 열심을 내었습니다. 유대 사람 모두가 다 그 꼴이었습니다. 그뿐만이 아닙니다. 그들은 자기들처럼 이 유전을 지키지 않는 자를 사정없이 비판하고 이간질했습니다. 더 나아가 살인 행위도 서슴지 않았습니다. 그러면서도 하나님을 위해서 하는 일이라고 큰소리를 쳤습니다. 예수님은 이 사실을 분명히 지적하셨습니다.

> 사람들이 너희를 출교할 뿐 아니라 때가 이르면 무릇 너희를 죽이는 자가 생각하기를 이것이 하나님을 섬기는 일이라 하리라(요 16:2).

사람까지 죽일 수 있는 열심, 이것이야말로 얼마나 끔찍하고 잘 못된 열심입니까?

하나님의 의를 좇지 않는 열심

둘째로 지식을 따르지 않는 열심에 대해 생각해보겠습니다. 유대인들의 열심이 잘못된 이유는 지식을 따르지 않았기 때문입니다. 다른 말로 하면 무식한 열심입니다. '지식을 따르지 않는다'는 말의 의미를 좀 더 자세하게 따져봅시다. 3절을 보면 보충 설명을 하고 있습니다. 이것은 하나님의 의에 대해 모르는 것을 가리킵니다. 그러면 무엇이 하나님의 의입니까?

> 그리스도는 모든 믿는 자에게 의를 이루기 위하여 율법의 마침이 되시니라(4절).

예수 그리스도 하나님의 의입니다. 우리 모두를 의롭다 하기 위해서 하나님이 내어놓으신 의가 예수 그리스도입니다. 어떻게 예수님은 하나님의 의가 될 수 있었을까요? 그분은 율법의 마침이 되시기 때문입니다.

'율법의 마침이 되셨다'는 말은 매우 중요한 의미를 가지고 있습니다. 성경 중 여기에만 이 말이 나옵니다. 다른 곳에서는 '율법의 완성'이라는 말을 합니다. 이 말에 대해서는 누누이 설명한 바 있습니다. 주님은 우리가 지키지 못하는 율법을 대신 지키기 위해서 이 세상에 오셨고 우리가 지키지 못해서 꼭 받아야 될 율법의 형벌을 대신 다 받으셨습니다. 그러므로 예수님은 율법의 요구를 충족시키신 분이요 율법을 완성하신 분입니다. 그 결과 우리는 하나님의 공의를 만족시키기 위해서 율법을 지켜야 하는 무거운 짐을 벗게 되었습니다. 율법 아래서 두려워할 필요도 없어졌습니다. 지금은 누구든지 예수님을 믿기만 하면 의롭게 되는 은혜의 시대입니다.

예수님이야말로 하나님의 의입니다. 즉, 우리를 의롭게 하기 위해서 하나님이 보여주신 의입니다. 하나님의 의란 하나님이 인정하고 받아주시는 의를 말합니다. 그것은 오직 예수 그리스도의 의입니다. 우리가 열심을 낸다고 이 의를 얻을 수 없습니다. 우리는 오직 믿음으로만 얻을 수 있습니다.

사람이 의롭게 되는 길이 따로 있는 것처럼 생각하면 안 됩니다. 의는 굉장한 탐구와 노력을 통해서 얻는 것이 아닙니다. 예수 그리스도는 하나님이 주신 의이므로 어려운 것도 아니요, 멀리 있는 것도 아닙니다. 예수님이 스스로 오셨습니다. 우리가 그분을 하늘에서 끌어내린 것도 아니요 불러낸 것도 아닙니다. 우리가 손발을 비벼서 얻은 의가 아닙니다. 그 의는 하나님이 주신 것입니다. 그가 친히 오셔서 선물하신 은총의 의인 것입니다. 따라서 예수 그리스도는 율법의 마침이 되셨습니다. 그다음에 참 재미있는 말씀이 나옵니다.

> 믿음으로 말미암는 의는 이같이 말하되 네 마음에 누가 하늘에 올라가겠느냐 하지 말라 하니 올라가겠느냐 함은 그리스도를 모셔 내리려는 것이요(6절).

이 본문을 제대로 이해하는 분이 많지 않으리라고 생각합니다. 그러나 신명기 30장 12절부터 14절까지를 읽고 비교하면 그렇게 어려운 말씀이 아닙니다. 신명기의 내용을 전부 다 인용하지 않고 "누가 우리를 위하여 하늘에 올라가"(신 30:12)라는 말 한마디만 따로 떼어 인용했기 때문에 뜻이 잘 통하지 않는 것입니다.

> 하늘에 있는 것이 아니니 네가 이르기를 누가 우리를 위하여 하늘에 올라가 그의 명령을 우리에게로 가지고 와서 우리에게 들려 행하게 하랴 할 것이 아니요 이것이 바다 밖에 있는 것이 아니니 네가 이르기를 누가 우리를 위하여 바다를 건너가서 그의 명령을 우리에게로 가지고 와서 우리에게 들려 행하게 하랴 할 것도 아니라(신 30:12-13).

왜 그렇습니까? 이어지는 14절이 답입니다.

> 오직 그 말씀이 네게 매우 가까워서 네 입에 있으며 네 마음에 있은즉 네가 이를 행할 수 있느니라(신 30:14).

하나님의 명령은 이미 우리 가까이 와 있고 이미 전파되어 우리 마음에 들어와 있기 때문에 하늘로 올라가거나 땅속으로 들어가려고 노력할 필요가 없다는 말입니다.

이것을 바울은 하나님의 의이신 예수 그리스도께 그대로 적용했습니다. 우리가 의롭다 함을 받기 위해서 예수 그리스도를 모시려고 하늘에 올라가서 찾아다닐 필요도 없고 하나님의 의 되신 예수 그리스도를 찾아보려고 죽은 자들의 세계를 돌아다녀야 할 필요도 없다는 것입니다. 하늘에 계신 주님은 우리가 오라고 해서 오신 분이 아닙니다. 그분이 십자가에 못 박혀 죽으시고 다시 살아나신 것은 전적으로 하나님이 하신 일입니다. 우리가 손발로 빌어서 부활하신 것이 아닙니다. 우리가 노력해서 얻은 것은 하나도 없습니다. 열심을 내고 극성을 피워서 된 것이 하나도 없습니다. 오직 하나님이 하신 것입니다. 이것이 하나님의 의입니다.

하나님의 의는 믿음으로 받을 수 있습니다. 열심을 내거나 극성을 떠는 것과는 아무런 관계가 없습니다. 율법의 마침이 되신 예수 그리스도를 믿음으로 받아들이면 그것으로 족합니다. 예수 그리스도는 멀리 계시지 않습니다.

> 그러면 무엇을 말하느냐 말씀이 네게 가까워 네 입에 있으며 네 마음에 있다 하였으니 곧 우리가 전파하는 믿음의 말씀이라(8절).

하나님의 의는 멀리 있거나 찾기 어려운 곳에 감추어져 있지 않습니다. 하늘을 헤매고 땅속을 뒤질 필요가 없습니다. 복음은 가장 가까운 곳에 있습니다. 하나님께서는 누구나 들을 수 있도록 복음을 가까이에 두셨습니다. 그러므로 믿기만 하면 됩니다.

구원에 이르는 믿음

예수님을 주(主)로 시인해야 한다

우리가 구원을 얻기 위해서는 몇 가지 조건이 반드시 구비된 믿음을 가져야 합니다. 그 조건은 9-10절이 가르쳐줍니다. 우선 예수 그리스도를 구주로 시인해야 합니다. 다시 말해, 예수님이 나의 생사화복을 주관하시는 하나님이심을 고백해야 합니다.

우리 가운데는 예수님이 자기의 구원자라는 사실은 인정하면서도 그분이 자기가 절대적으로 생명을 바쳐 충성하며 순종해야 할 주님이라고 고백하지는 못하는 분들이 있습니다. 믿음이 아직 어려서 그렇습니다. 어린 믿음은 '살려준다'는 말에는 매달리지만 '순종하라'는 말에는 머뭇거립니다.

예수님의 죽으심과 부활하심을 시인해야 한다

또 하나 중요한 것이 있습니다. 반드시 예수님의 죽으심과 부활하심을 시인하는 것입니다. 이것은 예수 그리스도가 우리를 위해 무엇을 하셨는가를 알고 고백할 수 있어야 함을 말합니다. 막연히 예수님을 주님이라고 부를 수 없습니다. 그분이 무엇을 하셨길래 나의 주가 되시는지 알아야 합니다. 그리고 그 사실을 그대로 인정해야 합니다. 그럴 때 우리를 구원하는 참된 믿음이 되는 것입니다.

마음에 뿌리를 두어야 한다

또 하나 빼놓을 수 없는 조건이 있습니다. 그 믿음은 마음에 뿌리를 두어야 한다는 사실입니다.

> 사람이 마음으로 믿어 의에 이르고 입으로 시인하여 구원에 이르느니라(10절).

그 믿음은 반드시 마음에서 우러나와야 합니다. 사람이 듣기에 좋도록 고백하는 것이 아니라 마음에 뿌리를 두고 진실하게 고백하는 믿음이어야 합니다.

입으로 시인해야 한다

또 한 가지가 있습니다. 믿음이란 입으로 시인하는 것입니다. 마음으로 믿기만 하면 안 됩니다. 사람들 앞에서 "나는 주님을 믿습니다"라고 공적으로 고백해야 합니다. 간혹 마음으로 믿는다고 하면서 고백하라고 하면 입을 열지 않는 사람을 보게 됩니다. 그런 믿음은 문제가 있습니다. 직장에 다니는 형제분들에게 말씀드립니다. 여러분이 아무리 주님을 철석같이 믿는다고 해도 안 믿는 사람들 앞에서 내가 예수님의 사람이요, 예수님께 속했다는 것을 고백하지 못한다면 여러분의 믿음은 어린 믿음이든지 잘못된 믿음일 수 있습니다. 다른 사람 앞에서 자기의 달라진 신분과 소속을 밝힐 수 있는 용기와 확신을 가졌을 때 비로소 그것을 참된 믿음이라고 할 수 있습니다.

하나님께서는 이와 같은 믿음을 가진 사람에게, 즉 유대인이나 이방인을 가리지 않고, 빈부귀천을 가리지 않고, 남녀노소를 구별하지 않고 누구에게든지 구원을 주십니다. 이 내용이 11절부터 13절까지의 말씀입니다.

> 성경에 이르되 누구든지 그를 믿는 자는 부끄러움을 당하지 아니하리라 하니 유대인이나 헬라인이나 차별이 없음이라 한 분이신 주께서 모든 사람의 주가 되사 그를 부르는 모든 사람에게 부요하시도다 누구든지 주의 이름을 부르는 자는 구원을 받으리라.

불행하게도 이스라엘 사람들은 하나님이 누구에게나 차별 없이 주시는 이 의에 대해서 무지했습니다. 무지하면서 열심을 내었다는 말입니다. 주님이 이 땅에 오신 지 이천여 년이 지난 오늘날에도 이러한 무지의 비극이 그들을 사로잡고 있다는 것을 생각하면 정말 기가 막힙니다. 하나님이 원하시는 의가 무엇인지 알지 못한 채 율법 준수에만 극성을 피우는 그들의 무식한 열심, 잘못된 열심은 그들이 예수님을 믿는 데 가장 큰 걸림돌로 작용하고 있습니다. 자기 의를 내세우기 위한 공로와 열심 때문에 그들은 예수님을 죽였을 뿐 아니라 지금까지 사탄의 어둠에 사로잡혀 있습니다.

우리 주변을 한번 살펴보십시오. 유대인처럼 잘못된 열심을 가지고 극성을 부리는 사람이 어디 한둘입니까? 종교나 사상이 잘못되었을수록 거기에 빠진 자들은 더 무서운 광신자가 되는 것을 봅니다. 기독교 역사를 돌이켜보면 열심이 없어서 망하는 자보다 잘못된 열심 때문에 망하는 자가 훨씬 많았다고 할 수 있습니다. 잘못된 신앙, 잘못된 사상은 그 사이비성을 감추기 위해서 추종자들에게 극단적인 열성을 강요합니다. 그들의 열심을 누가 따르겠습니까? 유대인이 그랬던 것처럼 오늘날 이단에 빠진 사람들의 열심은 그 자체가 그들이 진리에서 떠나 있음을 증명하고 있습니다.

모 일간지에 게재된 어느 아버지의 수기를 읽은 적이 있습니다. 사랑하는 딸을 대학에 입학시킨 아버지는 가슴이 뿌듯했습니다. 늘 대견스러운 눈빛으로 딸을 지켜보았습니다. 그런데 그 딸이 잘못된 길로 갈 줄 누가 알았겠습니까? 딸은 입학 후 얼마 지나지 않아 사이비 기독교 집단에 빠졌습니다. 학교에 간답시고 나간 아이가 공부는 안 하고 하루 종일 캠퍼스를 누비며 포덕하는 일에만 마음을 쏟았습니다.

'포덕'은 전도에 해당하는 그들의 용어입니다. 이렇게 잘못된 이단에 충성을 하고 야밤중에 귀가하는 딸을 맞는 아버지의 심정이 어떠했겠습니까? 다행히도 아버지는 그 딸을 사이비 집단에서 끌어 내기는 했습니다만 지금도 캠퍼스 곳곳에는 순진한 학생들을 유혹하는 검은 손길이 숨어 있습니다.

교회에 다니다가 불행하게도 이단에 빠진 성도들은 한결같이 광신자가 되어버립니다. 밤낮없이 출석하던 교회 성도들의 집에 전화를 걸고 자기 돈 써가면서 매일 만나 대접하고, 거의 하루 종일 들락거리며 아첨하는 말을 늘어놓습니다.

잘못된 열심을 가지고 열광하는 사람들이 우리 주변에 너무나 많습니다. 무지에서 비롯된 극성은 치료할 약이 없습니다. 머리는 차가워야 하고 가슴은 뜨거워야 하는데 머리까지 열을 받았으니 그 머리를 누가 식혀주겠습니까? 병적인 열광주의자에게는 약이 없습니다. 병적인 열광주의자가 된 사람보다 불 꺼진 가슴을 안고 있는 사람이 훨씬 낫습니다. 열심이 없는 자는 자기 자신을 해칠 수는 있어도 다른 사람을 해치지는 않습니다. 그러나 잘못된 열심에 빠진 자는 자기도 죽이고 남도 죽이기 때문입니다.

지금 교회에 잘 다니는 형제들 중에는 한때 자기 아내가 교회에 너무 깊이 빠지지 않을까 몹시 불안해했던 분들이 있을 것입니다. 그러나 이제는 교회가 잘못된 열심을 강요하는 곳이 아님을 알았을 것입니다. 우리는 잘못된 열심을 철저히 경계해야 합니다. 그러나 그렇게 하다가 올바른 열심마저 죽이는 일은 없어야 합니다.

하나님의 의가 되시는 예수 그리스도를 위해서 우리 모두가 뜨거운 가슴을 안고 충성해야 합니다. 이단에 빠진 자들을 보십시오. 잘못된 진리를 가지고도 저렇게 생명을 내놓고 설치는데 하나님의 의이신 예수 그리스도를 값없이 받은 우리가 열심을 내지 않는다면 말이 되겠습니까? 이 좋은 예수님을 알고도 열심을 내지 못한다면 그것을 바른 믿음이라고 할 수 있겠습니까?

그러므로 우리는 참된 열심과 잘못된 열심을 구별하는 영안을 가져야 합니다. 참된 열심은 그리스도를 대상으로 삼고 그분으로 말미암아 고쳐지는 열심입니다. 모라비안 공동체를 이끈 진젠도르프가 이런 말을 했습니다. "내게는 오직 한 가지 열정이 있다. 그 열정은 주님, 오직 주님 한 분뿐이다." 하나님의 의이신 예수 그리스도 때문에 내는 열심, 그분에게 사로잡혀 하나님 앞에 전부를 드리는 열심은 하나도 나무랄 데 없습니다. 우리는 이런 열심을 가져야 합니다.

행여나 마음속에 자기 의를 드러내려고 하는 은근한 열심이 있습니까? 빨리 꺼버리기 바랍니다. 마음속에 아무것도 아닌 것을 가지고 열심을 부리는 어리석음이 있습니까? 빨리 물동이를 가지고 와서 꺼야 합니다. 그것은 백해무익합니다. 여러분의 마음속에 예수 그리스도 때문에 미치는 열심이 있습니까? 거기에는 기름을 좀 더 부으십시오. 더 부어도 괜찮습니다. 지나치다고 걱정하지 마십시오. 주님은 지나치게 하지 않으십니다. 성령은 지나치면 절제하도록 은혜를 주십니다.

바울의 심정을 가져라

끝으로, 우리가 마음에 새겨두어야 할 교훈이 하나 있습니다. 이스라엘 민족은 잘못된 열심에 빠져서 예수님을 믿지 않았을 뿐 아니라 복음 전하는 바울을 평생 따라다니며 핍박했습니다. 그런 동족을 위해 쉬지 않고 기도하는 바울의 모습에서 우리 모두는 큰 도전을 받아야 합니다.

주변을 둘러보십시오. 우리의 동족은 어떠합니까? 우리나라만큼 이단이 극성을 부리는 나라도 찾아보기 힘들 것입니다. 우리나라에서 자칭 메시아라고 떠드는 사람을 헤아리자면 열 손가락도 부족할 정도입니다. 대한민국, 정말 보통 나라가 아닙니다. 북한을 보십시오. 세계에서 저만큼 극성을 피우며 거짓된 주체사상에 속아 발광하는 민족이 또 있습니까?

우리 주변에는 유대인처럼 잘못된 열심에 빠진 사람들이 너무 많습니다. 그러므로 하나님께서 오늘 말씀을 통해 우리에게 물으십니다. "이 잘못된 열심에 빠져 있는 너희 동족을 구원하기 위해 바울처럼 고통스러워하고 있느냐? 아니면 비판하고 욕하고 비웃기만 하느냐? 그들의 영혼을 위해서 기도하고 있느냐?" 이 질문에 당신은 무엇이라고 대답하겠습니까?

예전에 서대반 선교사님이 우리 교회에 와서 은혜로운 간증을 해주었습니다. 그분은 오늘날 북한에도 진실한 그리스도인들이 있다고 하시면서 몇 가지 감동적인 이야기를 들려주었습니다. 그중에 두 가지만 소개하고자 합니다. 어느 공산당원이 예수님을 알게 되었다고 합니다. 그는 예수님께 사로잡혀 그 뜨거운 마음을 주체하지 못한 나머지 가는 곳마다 예수님 이야기를 했습니다. 그러다가 붙잡혀 들어가 죽도록 두들겨 맞고 나왔습니다. 지체가 높은 당원이니까 함부로 다룰 수 없어서 풀어주었나 봅니다. 그런데 그가 석방되고 나서도 계속 예수님을 전하자 이번에는 그의 성대를 잘라버렸다고 합니다. 말을 못하게 한 것입니다. 그리고 그는 몹시 두들겨 맞아서 다리를 쓰지 못하는 불구자 신세가 되었다고 합니다.

또 한 가지는 서 선교사님이 북한의 봉수교회에 가서 예배 드릴 때의 이야기입니다. 특송 시간에 그가 찬송할 기회를 얻어 〈고통의 멍에 벗으려고 예수께로 나옵니다〉라는 찬송가를 불렀습니다. 그런데 도중에 눈물이 나서 제대로 부를 수 없었나 봅니다. 그가 눈물을 흘리자 예배에 참석한 약 150명의 사람들도 울기 시작했습니다. 예수님의 은혜에 감격해서 우는 것인지, 서러워서 우는 것인지 모르지만 온통 눈물바다가 되었다고 합니다. 독창을 마친 그 선교사님은 몹시 감동해서 다 함께 찬송을 부르자고 제의했습니다. 그래서 모인 사람들 모두가 한마음이 되어 이 찬송을 불렀다고 합니다. 이처럼 북한에는 비록 잘못된 사상에 속아서 살지만 예수의 이름만 들으면 금방 반응을 보일 수 있는 동포가 많습니다. 여러분의 가정에, 여러분의 주변에도 그런 사람이 있습니다.

그들을 놓고 주님은 우리에게 다시 물으십니다. "너는 바울의 심정을 가지고 있느냐? 비록 잘못된 열심에 빠졌다 할지라도 예수만 전하면 구원받을 수 있는 영혼들이 네 주변에 많은데 네 동족에 대해서 네가 얼마만큼 관심을 가지고 기도하고 마음 아파하느냐?" 우리는 주님의 질문 앞에 "주님, 저는 그들을 위해 날마다 마음 아파하며 기도합니다"라고 대답할 수 있는 사람들이 되어야 합니다.

하나님의 의가 되신 예수 그리스도를 주신 은혜에 감사합시다. 아직도 그리스도를 알지 못해서 쓸데없는 일에 열심을 부리며 살고 있는 내 동족을 위해 열심히 기도하는 우리 모두가 되어야겠습니다.

32

전파하는 자가 없이 어찌 믿으리요?

로마서 10장 14-21절

14 그런즉 그들이 믿지 아니하는 이를 어찌 부르리요 듣지도 못한 이를 어찌 믿으리요 전파하는 자가 없이 어찌 들으리요 15 보내심을 받지 아니하였으면 어찌 전파하리요 기록된 바 아름답도다 좋은 소식을 전하는 자들의 발이여 함과 같으니라 16 그러나 그들이 다 복음을 순종하지 아니하였도다 이사야가 이르되 주여 우리가 전한 것을 누가 믿었나이까 하였으니 17 그러므로 믿음은 들음에서 나며 들음은 그리스도의 말씀으로 말미암았느니라 18 그러나 내가 말하노니 그들이 듣지 아니하였느냐 그렇지 아니하니 그 소리가 온 땅에 퍼졌고 그 말씀이 땅 끝까지 이르렀도다 하였느니라 19 그러나 내가 말하노니 이스라엘이 알지 못하였느냐 먼저 모세가 이르되 내가 백성 아닌 자로써 너희를 시기하게 하며 미련한 백성으로써 너희를 노엽게 하리라 하였고 20 이사야는 매우 담대하여 내가 나를 찾지 아니한 자들에게 찾은 바 되고 내게 묻지 아니한 자들에게 나타났노라 말하였고 21 이스라엘에 대하여 이르되 순종하지 아니하고 거슬러 말하는 백성에게 내가 종일 내 손을 벌렸노라 하였느니라

18세기에 혜성같이 나타났다 사라진 전도자, 조지 휫필드를 알고 있습니까? 아마 그가 없었더라면 18세기에 미국에서 일어났던 대각성 운동이 크게 지장을 받았을지도 모릅니다. 그리고 미국 교회가 언더우드 같은 위대한 선교사를 우리나라에 파송하지 못했을지도 모릅니다. 더 나아가 그렇게 탁월한 선교사가 오지 않았더라면 우리나라 교회의 형편도 지금과 다를 수 있습니다.

휫필드는 복음을 전하는 일이 너무 좋아서 30여 년 동안 자기 몸을 돌보지 않고 초인적으로 헌신했습니다. 그는 보통 한 주에 40시간에서 60시간을 설교했습니다. 그것이 얼마나 무서운 중노동인지는 설교를 해본 사람만이 압니다. 그 정도로 강행군을 한다는 것은 사실상 자살 행위나 다름이 없습니다. 그는 설교를 끝낸 다음에도 휴식을 취하는 것이 아니라 기도를 하거나 자신을 초청해준 집에 가서 함께 찬양하고 중보기도 하는 것을 잊지 않았습니다. 그의 말을 통해 그가 어떤 마음으로 살았는지 알 수 있습니다. "녹이 슬어 없어지느니 닳아서 없어지는 것이 더 낫다." 평안하게 살다가 나이 들어 죽는 것보다는 차라리 있는 힘을 다해 일하다가 진이 빠져 죽는 사역자가 되고 싶다는 뜻입니다. 우리는 그에게서 위대한 전도자의 삶을 읽을 수 있습니다.

그는 1770년 9월 29일, 전도 집회를 마치고 보스턴으로 돌아가던 중 '엑스터'라는 작은 마을에 당도했습니다. 그곳을 통과하려고 했지만 수많은 사람들이 그를 알아보고 몰려들어서 그냥 지나칠 수 없었습니다. 군중들은 그에게 설교를 해달라고 요청했습니다. 들판에 임시 강단이 마련되었습니다. 그가 강단으로 걸음을 옮기자 그를 지켜보던 한 노인이 말했습니다. "선생님, 선생님은 설교하는 것보다 침대에 가서 눕는 것이 더 좋겠습니다." 그만큼 그는 지쳐 있었고 환자나 다름없이 병약한 모습이었습니다.

그럼에도 휫필드는 강단에서 눈을 감고 이렇게 기도했습니다. "주 예수님, 저는 주님의 일에 지쳐 있기는 하지만 그 일에 싫증을 느끼지는 않습니다. 제가 아직 갈 길을 다 가지 못했다면 저로 하여금 다시 한번 들판에 서서 주님의 복음을 말하게 하시고 주님의 진리로 모든 사람의 마음에 인치게 하시고 그다음에 죽어 본향으로 돌아가게 하소서." 그는 기도를 마친 후 혼신의 힘을 다해 말씀을 전했습니다. 그날 얼마나 많은 사람들이 은혜를 받았는지 모릅니다. 그날 전한 메시지는 그가 평생을 통해 증거 했던 말씀 가운데 가장 감동적인 설교 중 하나로 평가되고 있습니다.

그다음 날은 주일이었습니다. 사람들이 아침 일찍 일어나서 그를 찾아갔습니다. 그런데 그는 이미 잠자는 중에 평안히 주님의 부름을 받아 천국으로 떠난 뒤였습니다. 그때가 그의 나이 56세였습니다. 오래 사는 사람에 비하면 조금 빨리 갔고, 일찍 떠나는 사람에 비해서는 오래 살았다고 할 수 있습니다. 얼마나 기막히고 멋있는 인생을 살다 갔습니까? 우리 모두가 그처럼 멋있게 살다 죽었으면 좋겠습니다. 몇 살까지 살든 그것은 하나님의 계획대로 될 것입니다. 중요한 것은 살아가는 동안 주를 위해 최선을 다해 일하다가 부름을 받아야 한다는 것입니다.

"전파하는 자가 없이 어찌 들으리요"

왜 횃필드는 그토록 자기를 돌보지 않고, 너무 많이 사용해서 닳아 없어지는 인생을 살기 원했을까요? 바울은 그 이유를 다음과 같이 설명하고 있습니다.

> 유대인이나 헬라인이나 차별이 없음이라 한 분이신 주께서 모든 사람의 주가 되사 그를 부르는 모든 사람에게 부요하시도다(롬 10:12).

자기를 부르는 자에게 참으로 부요하신 예수 그리스도를 할 수 있는 대로 많은 사람에게 알리고 싶은 뜨거운 열정이 그를 사로잡았기 때문입니다.

예수 그리스도를 통해 우리가 누리는 복은 우주 공간을 다 채우고도 남을 만큼 부요합니다. 믿는 자는 누구든지 구원을 받을 수 있으니 얼마나 그 은혜가 부요합니까? 예수님을 주로 인정하는 사람에게 하나님이 선물로 주시는 의는 영원토록 다함이 없으니 얼마나 부요합니까? 우리 주님이 주시는 영생은 죽음의 그림자를 완전히 쫓아버리는 영원한 생명이니 얼마나 부요합니까? 저 하늘나라의 영광은 이 세상의 어느 것과도 비교가 안 되는 행복이니 얼마나 부요합니까? 이 부요함을 깨달은 사람은 횃필드처럼 지칠 때까지, 병이 드는 것을 마다하지 않고 죽는 순간까지도 자기의 모든 것을 바쳐 예수 그리스도를 증거 하려고 합니다.

그러나 아무리 예수님의 복음 안에 우리 모두를 부요하게 하는 복이 가득하다 할지라도 그분의 이름을 듣지 못하는 자는 그 복을 누릴 수 없습니다. "부뚜막의 소금도 집어넣어야 짜다"라는 속담이 있지 않습니까? 들어야 믿을 수 있습니다. 본문에서 바울은 이 문제를 중요하게 다루었습니다. 만약 이스라엘 백성이 복음을 듣지 못해 못 믿었다고 한다면, 설혹 들었다 해도 무슨 소리인지 몰라서 못 믿었다고 한다면 충분히 변명의 여지가 있다고 생각합니다. 이 점에 대해서는 하나님도 인정하고 계십니다.

> 그런즉 그들이 믿지 아니하는 이를 어찌 부르리요 듣지도 못한 이를 어찌 믿으리요 전파하는 자가 없이 어찌 들으리요(14절).

이것을 거꾸로 말하면 누군가 전해야 들을 수 있고, 들어야 믿을 수 있고, 믿어야 주님이라고 부를 수 있다는 이야기입니다. 이 내용을 17절에서 다시 반복합니다.

> 그러므로 믿음은 들음에서 나며 들음은 그리스도의 말씀으로 말미암았느니라.

예수님의 복음을 들을 때 믿음이 생긴다는 말입니다. 그렇게 해야 예수님의 부요함을 자기 것으로 만들 수 있습니다.

이런 의미에서 저는 가끔 '예수'의 '예' 자도 듣지 못하고 세상을 떠난 우리 조상들을 하나님께서 어떻게 하셨을까 궁금해집니다. "안 믿었으니까 물으나 마나 뻔한데 뭘 그래?" 하고 넘기기에는 마음이 편치 않을 때가 있습니다.

이스라엘의 변명

그런데 한 가지 놀라운 사실이 있습니다. 못 들어서 못 믿었다는 변명이 타당한 논리이긴 하지만, 이스라엘 사람에게는 통하지 않는다는 것입니다. 왜냐하면 그들이 못 들었다는 말은 사실이 아니기 때문입니다.

보내심을 받지 아니하였으면 어찌 전파하리요 기록된 바 아름답도다 좋은 소식을 전하는 자들의 발이여 함과 같으니라(15절).

하나님은 구약시대부터 이스라엘 백성이 들을 수 있도록 그들에게 복음 전하는 종을 보내주셨습니다. 복된 소식을 전하는 종들이기 때문에 그들의 발은 아름다운 발이요, 복된 발이라고 했습니다.

그러나 내가 말하노니 그들이 듣지 아니하였느냐 그렇지 아니하니 그 소리가 온 땅에 퍼졌고 그 말씀이 땅 끝까지 이르렀도다 하였느니라(18절).

하나님께서 많은 종들을 보내어 복음을 전하게 하셔서 그 소리가 온 천지에 가득한데 어떻게 이스라엘 백성이 못 들었다는 말을 할 수 있느냐고 하십니다.

사실 우리가 잘 아는 바와 같이 이스라엘 백성만큼 예수 그리스도에 대해 자주 듣고 많이 볼 수 있는 기회를 가졌던 민족도 없었습니다. 예수님은 그들을 제일 먼저 찾아오셨습니다. 그리고 그들과 함께 33년을 살면서 그들을 위해 활동하셨습니다. 예수님은 제자들에게 명령하셨습니다. "오히려 이스라엘 집의 잃어버린 양에게로 가라"(마 10:6). 이는 먼저 이스라엘 백성에게 복음을 전하라는 말씀이었습니다. 그에 따른 이스라엘 백성은 제일 첫 자리에 있었고, 그만큼 기득권을 소유하고 있었습니다.

> 오직 성령이 너희에게 임하시면 너희가 권능을 받고 예루살렘과 온 유대와 사마리아와 땅 끝까지 이르러 내 증인이 되리라 하시니라(행 1:8).

성령이 오시면 복음이 어디서부터 증거 된다고 했습니까? 첫째가 '예루살렘'이요, 둘째는 '온 유대와 사마리아'입니다. 이곳들은 모두 이스라엘 백성이 살던 영역입니다. '땅 끝까지'만 이방인들에게 해당되는 영역입니다.

이런 점을 놓고 볼 때 이스라엘 백성이 듣지 못했다는 말은 도무지 앞뒤가 맞지 않습니다. 주님께서 사도 바울을 보내어 복음을 전하게 하실 때도 이방 사람들에게 먼저 전하도록 하지 않았습니다. 바울은 유대인에게 먼저 전했습니다. 바울을 고소한 변사 더둘로는 그를 이렇게 비난하며 고소했습니다.

> 우리가 보니 이 사람은 전염병 같은 자라 천하에 흩어진 유대인을 다 소요하게 하는 자요 나사렛 이단의 우두머리라(행 24:5).

바울은 전염병이라는 욕을 들을 정도로 유대인에게 열심히 전도했습니다. 하나님이 이스라엘 백성에게 복음을 들을 수 있는 기회를 이만큼 많이 주셨는데 못 들어서 못 믿었다는 말이 어찌 통하겠습니까?

그리고 이스라엘 백성이 또 하나 들고 나오는 변명이 있었습니다. 그들이 복음을 듣기는 들었지만 이해하지 못해서 못 믿었다는 것입니다. 이것 역시 억지에 지나지 않았습니다. 왜냐하면 유대 민족만큼 말씀을 잘 깨달을 수 있는 은혜를 받은 백성이 없기 때문입니다. 그들은 율법을 가지고 있었습니다. 하나님을 알고 있었습니다. 그들 가운데 많은 선지자가 있었습니다. 위대한 믿음의 조상도 있었습니다. 모두가 하나님을 섬기는 종교적인 분위기에서 자랐습니다. 그런 사람들이 말씀을 깨닫지 못해서 못 믿었다는 말은 통하지 않습니다. 이 사실을 19-20절에서 설명하고 있습니다.

> 그러나 내가 말하노니 이스라엘이 알지 못하였느냐 먼저 모세가 이르되 내가 백성 아닌 자로써 너희를 시기하게 하며 미련한 백성으로써 너희를 노엽게 하리라 하였고(19절).

유대인은 하나님이 택하신 백성이지만 이방인은 그렇지 않습니다. 그럼에도 미련한 이방인들은 복음을 듣자 회개하고 믿었습니다. 그런데 조상 때부터 하나님을 섬겨온 유대인들이 무슨 말인지 몰라서 못 믿었다는 것은 논리상 도저히 맞지 않는 이야기입니다.

> 이사야는 매우 담대하여 내가 나를 찾지 아니한 자들에게 찾은 바 되고 내게 묻지 아니한 자들에게 나타났노라 말하였고(20절).

이방인들은 하나님을 구하거나 찾지 않았습니다. 그들은 우상숭배자였습니다. 얼마나 어두운 백성입니까? 그럼에도 결국 그들은 복음을 듣고 거룩한 백성이 되었습니다. 유대인들은 이방인들을 가리켜 '지옥의 땔감'이라고 하며 멸시했습니다. 그런 이방인들도 복음을 깨닫는데 하물며 유대인들이 깨닫지 못했다니 말이 됩니까?

정말 알 기회나 능력이 없어서 생긴 무지(無知)는 용납될 수 있을지도 모릅니다. 그렇지만 게을러서 생긴 무지는 변명할 수 없습니다. 이것을 설명하기 위해 보험과 관련된 예를 들 수 있습니다. 우리는 흔히 보험 약관을 잘 읽지 않습니다. 처음 계약할 때 소개인의 몇 마디 말만 듣고는 그냥 넘어가는 경우가 허다합니다. 그러다가 정작 사건이 터지면 불이익을 당하는 사례가 많습니다. 약관 내용을 정확히 알려고 하지 않았기 때문에 속은 것에 대해서는 권리 주장을 할 수 없습니다. 게을러서, 고의로 안 읽은 것은 나중에 변명할 여지가 없습니다.

유대 사람들이 꼭 그 꼴이었습니다. 예수 그리스도에 대해 하나님이 숱하게 말씀해주셨지만 그들은 게을러서 귀담아들으려고 하지 않았고 알려고 하지도 않았습니다. 이것이 그들로 하여금 멸망에 이르게 한 원인이었습니다. 그러나 하나님께서는 여전히 이스라엘 백성들이 구원받기를 기다리고 계십니다.

> 이스라엘에 대하여 이르되 순종하지 아니하고 거슬러 말하는 백성에게 내가 종일 내 손을 벌렸노라 하였느니라(21절).

하나님께서 오늘도 "돌아오라, 돌아오라" 하시며 손을 벌리고 계신다는 말입니다. 이천 년이 지난 오늘도 하나님은 손을 벌린 채 기다리고 계십니다. 그러나 그들은 여전히 돌아오지 않고 있습니다. 소수의 유대인을 제외하고는 아직도 율법을 지키는 행위로 구원받을 수 있다고 고집하고 있습니다. 정말 안타까운 일입니다.

우리는 보냄받은 소명자다

우리 주변을 둘러보면 이스라엘 사람들처럼 "못 들었다. 들어도 무슨 소리인지 몰라서 못 믿었다"라고 변명하는 사람이 얼마나 많은지 모릅니다. 물론 실제로 복음을 들을 수 없어서 믿지 못하는 사람도 어마어마하게 많습니다. 세계 인구 중 3분의 2가 이런 처지에 놓여 있다고 합니다. 하나님은 아직 이런 자들을 위해서 문을 닫지 않고 계십니다. 지금은 은혜를 받을 때요 구원의 날입니다. 구원의 날은 아직 저물지 않았습니다. 오늘도 하나님께서 주의 종들을 사방에서 불러내어 복음을 세계 곳곳에 전하게 하시는 것을 보면 알 수 있습니다. 하나님은 오늘도 복음 전하는 자들을 보내고 계십니다.

보내심을 받지 아니하였으면 어찌 전파하리요…(15절).

그렇습니다. 누구든지 하나님께서 보내셔야만 가서 복음을 전할 수 있습니다. 보내심을 받지 아니한 사람이 스스로 복음을 전할 수는 없습니다.

그러면 하나님이 보내시는 자들은 누구입니까? 지상에 있는 교회입니다. 구원받은 하나님의 자녀입니다. 안타깝게도 사람들은 선교사나 신학 공부를 한 목회자만이 소명자라는 좋지 못한 선입관을 가지고 있습니다. 하나님은 지금도 교회를 보내고 계십니다. 그 교회 안에 내가 포함된 것입니다.

그러므로 하나님이 보내시는 사람은 구체적으로 '나 자신'이라고 할 수 있습니다. 예수님은 부활하신 후 제자들에게 찾아오셔서 "너희에게 평강이 있을지어다 아버지께서 나를 보내신 것같이 나도 너희를 보내노라"(요 20:21)라고 말씀하셨습니다. 이때 '너희'는 예수님의 제자들입니다. 그리고 제자들을 통해서 지상에 나타날 하나님의 교회와 그 교회에 소속된 모든 성도를 가리킵니다. 그러므로 주님께서 말씀하시는 '너희' 속에는 우리 모두가 포함되어 있다는 것을 알아야 합니다.

에베소서 2장 20절은 "너희는 사도들과 선지자들의 터 위에 세우심을 입은 자"라고 말씀합니다. 사도들이 닦아놓은 터 위에 교회가 세워졌습니다. 사도들이 전해준 말씀을 듣고 우리는 예수님을 믿었습니다. 그뿐 아니라 사도들이 예수님께 받았던 소명, 즉 '모든 민족에게 가라'고 하는 소명 역시 우리 모두가 계승했습니다. 따라서 지상 교회는 보냄을 받은 소명자입니다. 교회가 보냄을 받은 것은 바로 내가 보냄받았음을 의미합니다.

베드로전서 2장 9절에서 베드로 사도는 우리를 어두운 데서 구원해주신 예수 그리스도의 아름다운 덕을 모든 사람에게 전하고자 주님이 우리를 왕 같은 제사장으로 부르셨다고 했습니다. 우리는 복음을 전하기 위해 부름받은 왕 같은 제사장들입니다. 우리는 모두 제사장입니다. 제사장은 하나님과 죄인을 화목하게 하는 사람입니다. 우리 모두는 전도해서 세상을 하나님과 화목하게 하는 제사장적 사명을 가지고 있습니다. 이런 의미에서 이 시간이 성령께서 우리 각자의 마음을 열어 '아, 내가 보냄을 받은 증인이구나. 다른 사람이 보냄을 받은 것이 아니라 내가 보냄을 받았구나' 하는 깊은 인식을 새롭게 하는 계기가 되기를 바랍니다. 그리고 우리의 마음속에 보냄받은 자로서의 열정이 불꽃처럼 타오를 수 있기를 바랍니다. 주님의 명령을 거역하지 마십시오. 보냄을 받은 사람은 반드시 가야 합니다. 주님은 제자들에게 명령하셨습니다. "그러므로 너희는 가서 모든 민족을 제자로 삼아"(마 28:19).

우리는 가야 합니다. 세상으로 보냄받았으면 세상으로 가야 합니다. 먼저 이웃에게 가까이 가야 합니다. 직장으로, 가정으로, 학교로, 우리가 살고 있는 사회 안으로 들어가야 합니다. 다시 말해 우리의 생활 현장이 바로 보냄받은 선교지가 되어야 하는 것입니다.

이렇게 가야 한다고 말하면 "나는 전도의 은사를 못 받았어요" 하며 핑계를 대는 사람들이 있습니다. 이는 옳은 자세가 아닙니다. 물론 가라고 하신 것은 특별히 전도의 은사를 받은 사람들에게 주신 명령입니다. 그러나 자신에게는 은사가 없다고 생각하는 사람들에게도 똑같이 주신 명령입니다.

하나님께서 우리나라에 5만여 교회를 세우신 목적이 무엇입니까? 아직도 예수님의 이름을 듣지 못해 믿지 못하는 이 땅의 수많은 사람들을 위해서입니다. 은사를 받고 소명을 받았다고 특별히 자각하는, 불과 5퍼센트 미만의 사람들만 가야 합니까? 그렇다면 이 땅에 교회가 존재하는 이유는 무엇입니까? 가라고 하시는 하나님의 명령은 교회 안에서 소명받은 5퍼센트 미만의 사람들에게만 주신 것이 아닙니다. 전도의 은사가 없다고 생각하는 95퍼센트의 신자들에게도 똑같이 주신 명령임을 잊어서는 안 됩니다.

'우리끼리'라는 틀을 벗어나라

우리가 이웃에게 다가가기 위해서는 불신자들과 좀 더 적극적인 인간관계를 가질 필요가 있습니다. 그리스도인끼리만 교제하는 것은 전도하러 가지 않는 행동과 같습니다. 우리끼리의 틀 속에서 뱅뱅 돌면 안 됩니다. 아무리 그 교제가 아름답다고 해도 교회 밖에 있는 사람에게 관심이 없다면 그 사람은 하나님의 명령에 순종하지 않는 것입니다. 믿지 않는 자들이 복음을 듣게 하려면 그들 개개인과 성실한 관계를 만드는 노력이 앞서야 합니다. 기회를 만들어 그들을 찾아가야 합니다. 친해질 수 있도록 진실하게 교제해야 합니다. 그리스도를 이야기할 수 있는 분위기를 만들기 위해서 수고를 아끼지 말아야 합니다.

어느 주부는 믿지 않는 이웃집을 전도하기 위해서 매일 기도했다고 합니다. 그런데 기도만 해서 됩니까? 안 됩니다. 한 걸음 더 나아가 어떻게 하면 그 가정과 좋은 인간관계를 맺을까 궁리해야 합니다. 그 부인은 전도하려는 가정의 식구들 생일을 알아내어 달력에 적어놓고는 생일 때마다 예쁜 카드를 준비해서 보냈다고 합니다. 그들과 좋은 인간관계를 맺기 위해서였습니다. 이는 우리 모두 본받을 만한 자세가 아닙니까? 여기에 비해 우리의 문제는 지나치게 우리끼리의 틀 속에 갇혀 있다는 것입니다. 그렇게 해서 어떻게 사람들이 복음을 들을 수 있습니까? 또 못 들은 그들이 어떻게 믿을 수 있겠습니까?

어떤 자료에 의하면 남아메리카, 특히 브라질 같은 나라에서 개신교가 부흥하고 있다고 합니다. 전통적인 가톨릭 국가였던 이곳에서 개신교로 돌아서는 사람들이 급증하고 있습니다. 1년에 50만명 이상이 개종한다고 합니다.

언젠가 교황이 그 나라를 방문했습니다. 정부에서 굉장한 환영 집회를 준비했습니다. 그런데 똑같은 시간대에 같은 도시에서 또 다른 대형 집회가 열릴 예정이었습니다. 개신교의 전도 집회였습니다. 정부가 주도하는 환영 집회에는 적어도 50만 명 이상이 모일 것이라고 예상했는데 불과 10만 명 정도 참석했다고 합니다. 반면에 전도 집회에는 그 배가 되는 20만 명 이상이 모였습니다. 이 사실을 보아도 지금 남미 대륙에서 일고 있는 부흥의 열기가 얼마나 대단한가를 짐작할 수 있습니다.

남미 대륙의 부흥은 그 원인을 어디서 찾아야 할까요? 한마디로 교회가 열심히 전도했기 때문입니다. 여러 교단 가운데 오순절 교단의 전도 열심은 타의 추종을 불허할 정도라고 합니다. 그 교단에 속한 교회들은 이제 갓 예수를 믿은 새신자들을 앉혀놓고 이렇게 가르친다고 합니다. "당신은 지금 예수님을 믿었지요? 그렇다면 그 예수님을 당신 혼자 모시지 마세요. 아직도 예수님을 몰라 멸망하는 사람이 주변에 얼마나 많습니까? 당장 나가서 전도하십시오."

이처럼 누구든지 예수님을 믿은 즉시 가까운 이웃에게 찾아가 예수님을 전하도록 지도한 것이 오늘의 부흥을 일으키는 데 빼놓을 수 없는 기본 전략이었던 것입니다. 이렇게 되니까 백 명 모이는 교회는 백 명의 선교사가 생활 현장으로 복음을 들고 나가는 것입니다. 천 명이 모이는 곳에는 천 명의 선교사가 매일매일 복음을 전하는 것입니다. 그러니 전도가 안 될 리 있겠습니까?

여기에 비해 남미의 가톨릭교회는 어떻게 하고 있는지 압니까? 누구든지 믿으면 그들을 성당 안에 붙들어놓고 미사만 드리는 사람으로 만들어버립니다. 그러니 그 사람을 통해서 무슨 전도가 되겠습니까?

'우리끼리'의 병은 반드시 고쳐야 합니다. 당신 자신을 한번 돌아보십시오. 주변에 믿지 않는 사람이 얼마나 있습니까? 매일 접촉하는 사람들 중 믿지 않는 사람이 몇 명인지 알아보십시오. 놀랍게도 한 명도 없는 사람이 있을 것입니다. 그래서는 안 됩니다. 우리는 그들과 사귀어야 합니다.

미국에 있는 어느 목사님은 믿지 않는 사람과 교제하며 그들을 전도하려고 일부러 경주용 자동차를 구입해서 일주일에 한 번씩 그들과 함께한다고 합니다. 조금 지나친 것 같지만 그 정신은 좋다고 봅니다. 목사라고 해서 날마다 교회 안에만 머물러 있으면 전도하기 어렵습니다. 평신도들도 마찬가지입니다. 믿는 사람끼리 서로 교제를 나누는 것도 좋지만 안 믿는 사람과도 접촉해야 합니다. 이것이 주님의 명령에 순종하는 일입니다.

땅 끝까지 가라

그리고 우리는 이웃에게만 가면 안 됩니다. 땅 끝까지 가야 합니다. 땅 끝까지는 특별히 소명받은 자들이 가게 되어 있습니다. 휫필드처럼 위대한 전도자가 많이 나오도록, 복음을 위해 자신을 온전히 바치는 젊은이들이 교회 안에서 속속 일어나도록 기도해야 합니다.

저는 최근에 가슴 뭉클한 기사를 하나 보았습니다. 둘로스 선교선에 관한 이야기입니다. 둘로스호가 필리핀에서 선교할 때 이슬람교도가 던진 수류탄에 맞아 두 소녀가 순교했다는 것은 이미 25장에서 언급했습니다. 그 순교한 선교사 중 한 명은 뉴질랜드 태생의 자매입니다. 그에게는 다이아나라고 하는 언니가 있었습니다. 다이아나는 동생이 순교했다는 소식을 들은 뒤 기자와 인터뷰를 할 때 이렇게 말했습니다. "동생이 죽었다는 것을 알았을 때 나는 나 자신에게 이렇게 말했습니다. '그래 이제는 내 차례야. 내가 100퍼센트 주님을 위해서 나갈 차례야.'" 그는 동생의 뒤를 이어 지금 둘로스호에서 사역하고 있습니다.

이와 같이 특별한 소명을 받은 사람들은 땅 끝까지 가야 합니다. 그러나 땅 끝까지 가라고 하면 특별한 소명이 없다고 변명하는 사람이 많습니다. 오늘날 우리 모두는 지구촌에서 살고 있습니다. 짧은 시간 안에 어느 곳이나 여행할 수 있고 지구촌 곳곳에서 일어나는 사건들을 어렵지 않게 접할 수 있으니 마치 작은 촌락에 사는 것이나 다름없습니다. 그러므로 전문 선교사뿐만 아니라 평범한 성도 역시 세계 어느 곳에서나 사람들을 만나 복음을 전할 수 있습니다. 지금이야말로 평신도 자비량 선교사들이 세계를 향해 진군할 때가 왔다고 봅니다. 우리는 땅 끝까지 가야 합니다.

둘로스 선교선이 인천항에 들어왔을 때 저는 그곳에 가서 안내를 받으며 꼭대기에 있는 브릿지부터 물 밑에 있는 엔진 기관실까지 돌아보았습니다. 그때 큰 충격을 받았습니다. 엔진 기관실로 들어가서 둘러보는데 얼마나 후덥지근하고 기름 냄새가 진동하던지 얼른 그 자리에서 벗어나고 싶었습니다. 더워서 힘들지 않냐고 물어보았더니 그나마 우리나라는 일하기에 아주 양호한 편이라고 대답했습니다. 인도양이나 아프리카 지역으로 가면 기관실 온도가 섭씨 40~50도를 오르내린다고 합니다. 푹푹 찌는 것이지요.

마침 그곳에서 기름 묻은 옷을 입고 열심히 일하는 선교사를 만났습니다. 첫인상으로는 70세 가까이 된 노인처럼 보였습니다. 그분에게 가서 함께 사진을 찍자고 했어요. 그리고 나이를 물어보았더니 63세라고 하는 것이었습니다. 얼마 동안 기관실에서 일했느냐고 묻자 15년째라고 대답했습니다. 그는 부인과 함께 그 배에서 지내고 있었습니다. 그는 목사가 아닙니다. 평범한 성도입니다. 그럼에도 복음을 위해서 자기의 생을 주님께 드리겠다고 결단하여 기관실에서 열심히 일하고 있는 것입니다. 기온이 높아 비지땀이 쉴 사이 없이 흐르는 곳에서 그토록 장기간 일을 했으니 나이에 비해 늙어 보이는 것은 당연한 일이라는 생각이 들었습니다. 그러나 그의 얼굴은

홍안의 소년처럼 맑고 기쁨이 가득했습니다. 제가 그 형제에게 받은 감동과 충격은 쉽게 식지 않을 것입니다.

오늘날 우리는 얼마든지 복음을 위해 땅 끝까지 보냄을 받을 수 있는 시대에 살고 있습니다. 주님께 자기를 드리기만 한다면 어떤 형태로든지 복음을 땅 끝까지 전할 수 있습니다. 성령께서 이 소명을 오늘 이 시간 우리 모두에게 주시기를 바랍니다. 자녀를 키웁니까? 보냄을 받은 선교사라는 소명을 가지고 자녀를 키우십시오. 직장생활을 하십니까? 보냄을 받은 선교사라는 소명을 가지고 직장생활을 하십시오. 사업을 하십니까? 소명을 가지고 당신의 사업 전부가 선교를 위해서 쓰임받을 수 있도록 거룩하게 구별하기를 바랍니다. 사업을 확장하는 데만 돈을 투자하지 마십시오. 그 돈의 일부를 땅 끝까지 복음을 전할 수 있는 일에 투자해야 보냄받은 자로서의 삶을 사는 것입니다.

"나를 보내소서"

보냄을 받았으면 반드시 나가서 전해야 합니다. 우리 중에는 "나의 삶이 전부 다 복음을 증거 하는 것인데 꼭 입을 열고 전해야 하는가?"라며 의아해하는 사람들이 있습니다. 그들은 말로 전도하는 것 자체를 문화인답지 못하다고 여깁니다. 그래서 좀처럼 입을 열지 않습니다. 하지만 그것은 잘못된 생각입니다. 소금과 빛의 역할은 중요합니다. 그런데 말하지 않는다면 전도가 되지 않습니다. 복음은 전하라고 주신 것이지 보여주라고 주신 것이 아닙니다. 경건한 삶이 복음의 시녀는 될 수 있으나 복음 자체는 아닙니다. "듣지도 못한 이를 어찌 믿으리요 전파하는 자가 없이 어찌 들으리요"(14절).

그러므로 우리는 전해야 합니다. 우리의 인격과 우리의 삶이 확실한 메시지를 담고 있어야 합니다. 자동차의 연료를 점검하듯 날마다 내 인격과 삶을 통해서 복음을 전할 준비가 되어 있는지 항상 점검하십시오. 그러나 이웃 사람이 당신에게 감동을 받기까지 기다리지는 마십시오. 이웃 사람이 당신을 보고 '예수 믿는 사람이라 정말 다르구나!' 하고 감동받을 때까지 입을 다물고 기다리면 안 됩니다. 그러다가 감동받기 전에 죽으면 당신이 책임져야 합니다. 설혹 그들을 감동시킬 만한 덕이 별로 없다 할지라도 전하십시오. 그들이 복음을 들어야 믿을 것 아닙니까? 그러니 욕을 먹는 한이 있더라도 전할 때는 전해야 합니다.

이처럼 우리는 예수 그리스도를 개인주의의 틀 안에서 오해하지 말아야 합니다. 예수님은 세상 모든 사람이 자기를 통해서 부요해지기를 원하십니다. 주님은 나만 구원받는 것을, 내 가족만 구원받는 것을 원하지 않으십니다. 모든 사람이 영원한 나라에서 부요함을 누리는 아름다운 백성이 되기를 원하십니다. 자기 혼자만 이 부요함을 독차지하고 즐기려 한다면 그는 예수님을 슬프게 하는 사람입니다. 예수님은 땅 끝까지 복음이 전해지기를 원하십니다. 모든 사람이 구원받고 모든 민족이 하나님을 찬송하길 원하십니다. 그분은 지금 그 날을 기다리고 계십니다.

만약 천국이 당신 혼자 들어갈 수 있는 곳이라면 이것 한 가지는 분명히 알아두십시오. 그곳에는 예수 그리스도가 계시지 않을 것입니다. 주님은 나 하나 구원받아 천국에 들어가는 것으로 만족하실 분이 아닙니다. 그분은 많은 형제들 중에서 맏아들이 되기를 원하십니다. 모든 민족이 무릎 꿇고 영광 돌리기를 원하십니다. 그러므로 오늘도 주님은 우리를 향해서 가라고 명령하십니다. 구원받았다면 가서 전하라고 하십니다. 못 들어서 못 믿었다는 소리를 하는 사람이 없도록 가라고 말씀하십니다.

이사야 6장 8절을 보면, 이사야는 하나님의 보좌 앞에서 이런 음성을 들었습니다. "내가 누구를 보내며 누가 우리를 위하여 갈꼬." 그때 이사야가 지체 없이 대답했습니다. "내가 여기 있나이다 나를 보내소서."

우리 모두가 동일하게 대답하기를 원합니다. 가슴을 열고 이와 같이 주님께 말씀드린다면 예수님이 얼마나 기뻐하실까요? 빛도 없이, 이름도 없이 평범하게 사는 사람도 좋습니다. "주님, 제가 여기에 있습니다. 저를 보내시옵소서." 이렇게 고백하기만 하면 주님은 우리에게 성령을 물 붓듯이 부어주실 것입니다. 왜냐하면 예수님의 증인이 되기를 원하는 사람에게 먼저 성령을 주신다고 약속하셨기 때문입니다.

성령을 받고 우리의 가정과 이웃에게 복음을 전합시다. 우리나라에 있는 70퍼센트 이상의 불신자들이 우리를 통해 예수님을 믿게 합시다. 우리를 통해 북한에 있는 동포가 예수 그리스도를 알게 합시다. 그러면 그들이 하나님 앞에 가서 듣지 못해 못 믿었다는 변명은 하지 못할 것입니다. 우리 가족 중 그 누구도 나중에 주님 앞에 가서 '듣지 못해 예수님을 믿지 못했다'고 말하지 않도록 해야 합니다. 우리 교회 주변에 살고 있는 어떤 사람도 주님의 심판대 앞에서 못 들어서 못 믿었다고 말하지 않도록 해야 합니다.

우리 교회를 독수리가 모이는 죽음의 골짜기로 만들어서는 안 됩니다. 보냄을 받은 우리를 통하여 주위 사람들이 예수님을 믿고 군대와 같이 살아나는 에스겔 골짜기로 만들어야 합니다. 주님은 이것을 원하고 계십니다. 우리끼리 뭉쳐서 맴돌지 맙시다. 가지 않으면서 간다고 말하지 맙시다. 입을 열지 않으면서 전한다고 말하지 맙시다. 전하지도 않으면서 믿기를 기다리는 사람이 되지 맙시다.

33

은혜로 남은 자

로마서 11장 1-10절

1 그러므로 내가 말하노니 하나님이 자기 백성을 버리셨느냐 그럴 수 없느니라 나도 이스라엘인이요 아브라함의 씨에서 난 자요 베냐민 지파라 2 하나님이 그 미리 아신 자기 백성을 버리지 아니하셨나니 너희가 성경이 엘리야를 가리켜 말한 것을 알지 못하느냐 그가 이스라엘을 하나님께 고발하되 3 주여 그들이 주의 선지자들을 죽였으며 주의 제단들을 헐어버렸고 나만 남았는데 내 목숨도 찾나이다 하니 4 그에게 하신 대답이 무엇이냐 내가 나를 위하여 바알에게 무릎을 꿇지 아니한 사람 칠천 명을 남겨두었다 하셨으니 5 그런즉 이와 같이 지금도 은혜로 택하심을 따라 남은 자가 있느니라 6 만일 은혜로 된 것이면 행위로 말미암지 않음이니 그렇지 않으면 은혜가 은혜 되지 못하느니라 7 그런즉 어떠하냐 이스라엘이 구하는 그것을 얻지 못하고 오직 택하심을 입은 자가 얻었고 그 남은 자들은 우둔하여졌느니라 8 기록된 바 하나님이 오늘까지 그들에게 혼미한 심령과 보지 못할 눈과 듣지 못할 귀를 주셨다 함과 같으니라 9 또 다윗이 이르되 그들의 밥상이 올무와 덫과 거치는 것과 보응이 되게 하시옵고 10 그들의 눈은 흐려 보지 못하고 그들의 등은 항상 굽게 하옵소서 하였느니라

유대인들의 교육 방법은 탁월하기로 정평이 나 있습니다. 그들은 자녀가 어려서부터 고상한 꿈을 갖고 매사에 긍정적으로 생각하도록 교육합니다. 가령 구약에 나오는 다윗과 골리앗의 이야기를 자녀들에게 가르칠 때에는 이렇게 설명한다고 합니다. "얘야, 사울 왕과 이스라엘 군대가 블레셋하고 싸울 때 골리앗이라는 무시무시한 거인이 나타났거든. 그때 기가 질린 사울 왕과 이스라엘 군사들이 무엇이라고 떠들었는지 아니? '너무 커서 상대하여 싸우기는 틀렸어'라고 했단다. 그러나 다윗은 어린 소년이었지만 달랐어. 뭐라고 했는지 아니? '야, 그놈 커서 물맷돌로 맞히기가 좋겠구나'라고 했어." 이처럼 같은 이야기라도 가르치는 방법에 따라 효과는 달라집니다. 어려서부터 유대 아이들처럼 교육을 받고 자란 사람은 사고력이나 판단력이 비범해질 수밖에 없을 것입니다.

사도 바울이 어려서부터 매사를 긍정적으로 보는 법을 배우며 자란 탓인지는 모르지만, 예수님을 거부하며 핍박하는 자기 동족의 모습에 조금도 절망하지 않는다는 것을 오늘 본문에서 다시 한번 확인할 수 있습니다.

자기 동족의 구원 문제만은 어떤 일이 있어도 낙관해야 한다는 것이 바울의 생각이었던 것 같습니다. 그는 자기의 심정을 1절에서 이렇게 말합니다.

> 그러므로 내가 말하노니 하나님이 자기 백성을 버리셨느냐 그럴 수 없느니라….

바로 이것입니다. 겉으로 보기에는 소망이 없는 것 같지만 하나님께서는 자기 백성을 절대로 버리시지 않는다는 것이 그의 믿음이었습니다. 왜 그렇게 확신했습니까? 그는 확신의 근거로 두 가지를 제시합니다.

먼저, 바울 자신이 구원받은 사실을 근거로 제시합니다. 그는 1절에서 자신을 이렇게 소개합니다.

> … 나도 이스라엘인이요 아브라함의 씨에서 난 자요 베냐민 지파라.

이 말씀의 깊은 의미는 다음과 같습니다. "순수 아브라함의 혈통을 타고난 사람치고 나만큼 예수님을 배척한 사람이 어디 있는가? 그럼에도 하나님께서 나 같은 놈을 선택해서 믿게 하시지 않았는가?" 유대교 골수분자요, 핍박자였던 자기를 하나님이 구원하신 것을 보면 아직 믿지 않고 거역하는 이스라엘도 버리실 리가 없다는 것입니다. 결국 희망이 있다는 이야기입니다.

하나님이 이스라엘을 버리시지 않는다는 근거로 그가 또 하나 제시하는 것이 있습니다. 구약시대에 있었던 사건입니다. 구약에 기록된 이스라엘 역사를 보면 이스라엘 백성이 국가적으로 하나님을 떠나서 버림받은 것처럼 보이는 암흑기가 여러 번 있었습니다. 그중에서 가장 대표적인 시기는 아합 시대가 아니었나 생각합니다. 당시에 이스라엘의 많은 백성이 왕의 유혹을 받아서 바알과 아세라 우상을 섬기는 타락의 길을 걸었습니다. 그때는 엘리야 선지자가 활약하고 있었던 시기였습니다. 그는 하나님을 경배하는 자가 남아 있나 하고 찾았지만 아무도 없는 것 같았습니다. 그의 눈에는 이스라엘 백성이 온통 하나님을 떠난 것처럼 보였습니다. 하나님을 섬기는 사람은 자기뿐인 것 같았습니다. 너무나 절망한 나머지 그는 이렇게 부르짖었습니다.

> 주여 그들이 주의 선지자들을 죽였으며 주의 제단들을 헐어버렸고 나만 남았는데 내 목숨도 찾나이다 하니(3절).

그때 엘리야의 기도를 들으신 하나님이 놀라운 대답을 하셨습니다. 우리가 모르기는 해도 껄껄 웃으며 대답하신 것 같습니다.

> 그에게 하신 대답이 무엇이냐 내가 나를 위하여 바알에게 무릎을 꿇지 아니한 사람 칠천 명을 남겨 두었다 하셨으니(4절).

엘리야의 눈에는 이스라엘 백성이 몽땅 우상숭배에 빠진 것처럼 보였지만 그게 아니었습니다. 바알에게 입 맞추지 않고, 바알 앞에 무릎 꿇지 아니한 경건한 사람 칠천 명을 하나님이 남겨놓으셨던 것입니다. 엘리야가 그 사실을 알고 난 후 절망했던 자신이 얼마나 부끄러웠겠습니까? 바울은 엘리야의 예를 들어 이렇게 말합니다.

그런즉 이와 같이 지금도 은혜로 택하심을 따라 남은 자가 있느니라(5절).

이스라엘 백성 중에 하나님이 남겨놓으신 칠천 명이 아직 있다고 합니다. 이스라엘 백성 전부가 하나님을 떠난 것이 아니라는 말입니다. 그렇게 장담할 수 있는 이유가 무엇입니까?

만일 은혜로 된 것이면 행위로 말미암지 않음이니 그렇지 않으면 은혜가 은혜 되지 못하느니라(6절).

'남은 자'에 대한 확신

하나님께서 남겨놓으신 그들은 무슨 선을 행해서가 아니라 하나님의 은혜로 남아 있습니다. 그렇지 않으면 값없이 주는 구원의 선물이 더 이상 은혜가 될 수 없기 때문입니다. 은혜가 떠나지 않는 한 이스라엘 백성에게는 소망이 있습니다. 지금은 참담해 보이지만 그 가운데서도 하나님의 은혜는 도도하게 흐르고 있다는 것이 바울의 확신이었습니다.

'남은 자'라고 하는 것은 멀리 구약시대부터 이스라엘 역사와 함께 꺼지지 않고 이어져 내려오는 희망의 상징이었습니다. 남은 자는 분명히 이스라엘 백성의 소망이었습니다. 동시에 남은 자는 우리에게 중요한 진리를 가르쳐줍니다. 지금까지 역사를 통해서 입증된 것처럼 어느 민족이든 국가 전부가 구원받는 일은 있을 수 없다는 사실입니다. 그리고 어느 시대를 막론하고 한 교회가 전부 다 구원받는 일도 있을 수 없습니다. 그것은 우리의 소망일 뿐입니다.

어느 교회든 그 안에서 구원받을 수 있는 사람은 하나님의 은혜로 택함을 입은, '남은 자'뿐입니다. 불행하게도 남은 자에 속하지 못한 많은 사람이 이스라엘 백성 가운데 섞여 있었듯이 교회 안에도 많을 수 있습니다. 그들은 은혜로 택함을 입는 데서 제외된 자들이었습니다. "교회를 다니면 택함을 받는 것이 아닌가요"라고 물을지 모르지만 대답은 분명 "아닐 수 있다"입니다. 구원은 어디까지나 개인적으로 이루어집니다. 우리는 이 사실을 성경 여러 곳에서 발견할 수 있습니다.

아무리 구원이 개인적이고, 교회를 다닌다고 해서 구원받는 것이 아니라 할지라도 우리가 바울에게 꼭 배워야 할 것이 하나 있습니다. 자기 민족의 구원을 긍정적으로 보는 자세입니다. 우리도 바울처럼 동족 때문에 절망하지 말아야 합니다. 사람들이 아무리 우상숭배에 젖어 있어도 은혜로 택함을 받은 자들이 있다는 확신을 가지고 동족을 보아야 합니다. 사람들이 아무리 도덕적으로 부패했다 할지라도 그중에는 경건하게 살고자 애쓰는 '남은 자'가 있다는 꿈을 가지고 우리 사회와 국가를 보아야 합니다. 아무리 세상이 어두워도, 그 가운데에는 하나님이 남겨놓으신 칠천 명이 있다는 것을 믿어야 합니다. 아직 돌아오지 않은 남북한 동포들 가운데 그 칠천 명이 있다는 확신을 버리지 말아야 합니다.

우리 민족은 지난 반세기 동안 남북이 둘로 나뉘어 극한 대립 속에서 살아왔습니다. 그럼에도 절망하지 않는 이유가 있습니다. 하나님께서 이 나라의 남은 자를 보존하고 계시기 때문입니다. 우리는 북한 동포에 대해서도 같은 시각을 가져야 합니다. 북한 정권이 아무리 교회와 성도들을 핍박한다 할지라도 우리는 절망하지 말아야 합니다. 이 세상에서 북한 동포만큼 진실을 모르고 핍박을 받는 불쌍한 사람들이 또 있을까요? 그러나 하나님은 그 가운데 주체사상에 무릎 꿇지 않은 칠천 명을 남겨놓으셨습니다. 우리는 이것을 확신하기에 절망하지 않습니다. 아합 정권이 하루아침에 무너졌듯이 북한 정권도 어느 날 갑자기 무너질 날이 올 것입니다. 그때가 되면 남은 자 칠천 명이 할렐루야 찬송하며 영광스러운 모습으로 우리 앞에 나타날 것입니다.

택함받지 못하는 사람들

또 한 가지 우리가 생각해볼 문제가 있습니다. 만약 하나님의 은혜로 택함을 받은, '남은 자'에 포함되지 못하면 어떻게 될까요? 끝까지 믿지 않는 자들은 어떻게 됩니까? 이 문제를 바울은 7절 이하에서 다루고 있습니다. 쉽게 말하면 하나님의 은혜를 받고 싶어 함에도 그들은 은혜를 받지 못했고 그 결과 우둔해졌다고 합니다.

> 그런즉 어떠하냐 이스라엘이 구하는 그것을 얻지 못하고 오직 택하심을 입은 자가 얻었고 그 남은 자들은 우둔하여졌느니라(7절).

여기서 '남은 자'들이란 앞에서 말한 남은 자가 아닙니다. 하나님이 택한 자들을 제외한 나머지를 가리키는 말입니다.

> 기록된 바 하나님이 오늘까지 그들에게 혼미한 심령과 보지 못할 눈과 듣지 못할 귀를 주셨다 함과 같으니라(8절).

하나님이 은혜를 주시지 않으면 사람은 우둔해집니다. '우둔'은 영적인 일에 대해 전혀 반응을 보이지 못하는 것을 말합니다. '우둔'

의 원래 뜻이 무엇인지 압니까? 일을 많이 한 사람은 손에 굳은살이 박입니다. 그러면 살갗이 두터워져서 감각이 없어집니다. 이 무감각 상태가 바로 '우둔'의 원래 의미입니다. 그러므로 우둔해졌다는 것은 신령한 것에 대해서 아무리 설명해주어도 귀가 열리지 않는 상태를 말합니다. 감각이 전혀 없는 살갗처럼 신령한 일에 반응하지 못하는 굳은 마음을 의미합니다.

우리는 참 이해하기 어려운 말씀을 앞에 놓고 있습니다. 7절을 다시 보십시오.

> 그런즉 어떠하냐 이스라엘이 구하는 그것을 얻지 못하고 오직 택하심을 입은 자가 얻었고 그 남은 자들은 우둔하여졌느니라.

구원을 받고 싶어 하는데도 못 받았다는 말입니다. 얻고 싶어서 구하는데도 얻지 못했다고 합니다. 하나님이 고의적으로 은혜를 주지 않으셨다는 것입니다. 더 나아가서는 우둔하게 만드셨다고 합니다. 그러니까 우둔해진 책임이 누구에게 있습니까? 마치 하나님에게 그 책임이 있는 것처럼 말하고 있습니다. 이 사실은 우둔해진 근본 원인이 우리 자신의 부패한 성품만으로는 다 설명되지 않는다는 것을 이야기해줍니다. 우둔함의 배후에는 하나님의 불가사의한 숨은 뜻이 작용하고 있는 것입니다. 8절을 보십시오.

> 기록된 바 하나님이 오늘까지 그들에게 혼미한 심령과 보지 못할 눈과 듣지 못할 귀를 주셨다 함과 같으니라.

하나님이 그들에게 혼미한 심령을 주셨고, 보지 못할 눈을 주셨고, 듣지 못할 귀를 주셨다고 말하고 있습니다. 복음에 대해 인간은 본성적으로 우둔합니다. 그러나 본성의 우둔만입니까? 아닙니다. 하나님이 막으시는 의도적인 우둔이 있다는 것입니다. 우리로서는 정말 불가사의한 일입니다.

은혜가 무엇입니까? 하나님께서 깨닫게 하시는 것입니다. 마음이 열려서 받아들이게 하는 것입니다. 내 눈으로 볼 수 없는 것을 보게 하는 것이 은혜입니다. 우리는 이와 같은 은혜 때문에 예수님의 십자가를 보았고, 예수님의 영광스러운 부활의 메시지를 듣는 귀가 열렸고, 예수 그리스도가 나의 구주라는 사실을 고백하는 마음의 문이 열린 것입니다. 이것이 은혜입니다.

그런데 놀랍게도 하나님께서 어떤 사람에게는 이 은혜를 주시지 않을 뿐만 아니라 받지 못하도록 귀를 막아버리시고 눈도 가려버리십니다. 여러분은 이 말씀을 이해할 수 있습니까? 하나님이 듣지도 보지도 못하게 마음을 우둔하게 만드시면 결과적으로 어떤 일이 일어나는지 압니까? 바울은 시편을 인용하여 기가 막힌 말을 하고 있습니다.

> 또 다윗이 이르되 그들의 밥상이 올무와 덫과 거치는 것과 보응이 되게 하시옵고 그들의 눈은 흐려 보지 못하고 그들의 등은 항상 굽게 하옵소서 하였느니라(9-10절).

얼마나 무서운 저주입니까? 슬프게도 어떤 자들한테는 이 저주가 그대로 임하고 있습니다. 그들의 밥상은 올무와 덫이 됩니다.

'밥상'이란 세상 사람들이 밤낮없이 추구하는 육적 관심사를 가리키는 상징적인 말입니다. 먹고 마시며 즐기는 것을 바라지 않는 자가 어디 있습니까? 이것은 사람이 누리는 분복이요, 그 자체가 잘못된 것은 아닐지 모릅니다. 그러나 먹고 마시는 데 빠져서 즐기는 생활은 많은 사람을 죽음의 길로 이끄는 덫이 될 수 있습니다. 다시 말해 쾌락을 누릴 수 있는 부요한 환경이 결국은 멸망을 자초하는 불행의 덫이 되고 올무가 된다는 말입니다. 한번 생각해보십시오. 매일 몇 차례씩 먹고 마시는 밥상이 우리에게 건강을 주지 않고 도리어 병을 주며, 기쁨이 되지 않고 슬픔이 된다면 이처럼 불행한 경우가 어디 있겠습니까?

제가 아는 어떤 분은 평생 돈의 노예가 되어 정신없이 돈을 끌어모았습니다. 그의 어머니는 예수님을 잘 믿었지만 그는 믿지 않았습니다. 평생 그런 식으로 살다 죽었습니다. 돈을 벌어 상다리가 부러지도록 차린 그의 밥상이 사실은 복이 아니라 영원한 저주가 되고 만 것입니다.

요즈음 교회 지도자들 중에 '부와 건강 신학'이라는 것을 가르치는 사람이 있습니다. 돈 잘 벌고 건강해서 장수하면 그것이 예수님을 잘 믿는 사람들이 받는 복이라는 것입니다. 저는 그들의 가르침이 다 틀린 말이라고는 보지 않습니다. 그러나 중요한 것은, 반드시 그렇지는 않다는 사실입니다. 잘 벌고 잘 먹는 형통이 올무가 되어 교회를 다녀도 평생 바른 신앙을 갖지 못하다 세상을 떠나는 자들이 어디 한둘입니까? 교회를 다니는 자에게도 올무가 될 수 있는 밥상이라면 교회 밖에 있는 자들에게 진수성찬이 올무가 안 되겠습니까? 차라리 초라한 밥상을 가지고 살았다면 복이 되었을 자들이 얼마나 많습니까? 그들이 막대한 돈 때문에 예수님을 못 믿었다면, 그들에게는 그 돈이 '밥상'이 된 것입니다.

우리가 잘 아는 어떤 분은 대통령이 되어 이 세상의 온갖 부귀영화를 누리며 살았습니다. 그는 카터 대통령이 왔을 때 전도를 받았다고 합니다. 예수님을 믿으라고 하는 그의 간절한 말을 듣고도 끝까지 무시해버렸습니다. 결과적으로 보면 일국의 대통령 자리를 손에 넣은 그의 형통이 그에게는 영원히 돌이킬 수 없는 저주가 되었던 것입니다. 교회에 나와 앉아서 예배는 드리지만 머릿속에는 골프 칠 생각, 스윙할 생각으로 가득 찬 사람이 있습니다. 그런데 이상하게도 그런 사람이 세상적으로 성공하는 예가 종종 있습니다.

그런 사람을 보고 하나님이 복을 많이 주셔서 그렇다고 말할 수 있습니까? 성경적으로 볼 때 그것은 감사할 문제가 아닙니다. 밥상이 올무요 덫인지도 모르기 때문입니다. 만약에 그것이 밥상의 올무요 덫이 되어서 결국은 구원받지 못하고 만다면 하나님이 그 사람을 버렸다고 말할 수밖에 없습니다. 이런 의미에서 흔히 말하는 행복과 형통에 대해 다시 한번 숙고해볼 필요가 있다고 생각합니다. 예수님은 말세가 되면 밥상이 올무가 되어 망할 자들이 많을 것이라고 경고하신 적이 있습니다.

> 홍수 전에 노아가 방주에 들어가던 날까지 사람들이 먹고 마시고 장가 들고 시집 가고 있으면서 홍수가 나서 그들을 다 멸하기까지 깨닫지 못하였으니 인자의 임함도 이와 같으리라(마 24:38-39).

예수님이 재림하실 때 이와 같이 저주스러운 영적 암흑기가 찾아올 것이라고 했습니다. 먹고 마시고 장가들고 시집가는 것이 죄가 아닙니다. 그것이 전부인 줄 알고 사는 자세가 문제입니다. 이는 하나님께서 은혜를 주시지 아니한 사람의 생활이요, 우둔한 사람의 특징입니다.

따질 수 없는 은혜

　　　　　　　　우리를 놀라게 하는 사실이 또 하나 있습니다. 세상에서 통하는 논리대로라면, 하나님이 우둔하게 하셔서 구원받지 못한 사람에 대한 책임은 하나님이 지셔야 마땅합니다. 그러나 사실은 그렇지 않다는 것입니다. 하나님이 책임지시지 않는다고 합니다. 그 책임은 우둔해서 믿지 않은 사람이 져야 합니다. 하나님이 은혜를 안 주셔서 그랬다는 변명이 통할 수 없다는 것입니다. 정말 우리가 이해하기 어려운 말씀입니다.

　그러나 다시 한번 곰곰이 생각해보면 결코 이해하기 어려운 말이 아니라고 봅니다. 가령 어떤 남자가 친구의 꾐에 빠져 술집에 갔다고 합시다. 그곳에서 희희낙락하며 밤늦도록 술을 퍼마셨습니다. 그러다가 술이 취한 채 운전을 하며 집으로 가는데 급기야 과속으로 달리다가 사람을 치었습니다. 그래서 경찰서 유치장에 수감되었습니다. 술이 깬 다음 경관이 취조할 때 "왜 나를 탓하느냐, 나를 술집에 데리고 간 친구에게 책임이 있지 않느냐?"라고 말할 수 있습니까? 술에 취해서 지나가는 사람을 보지 못했다고 변명을 하면 통합니까? 통하지 않습니다. 사고의 책임은 자기가 져야 합니다. 친구에게 돌릴 수 없습니다. 물론 마신 술을 탓할 수도 없습니다.

　마찬가지로 우리가 구원받지 못한 책임을 하나님께 돌리면서 이러니저러니 하며 변명할 수는 없는 것입니다. 구원받지 못한 책임은 전적으로 자기가 져야 합니다.

　일반적으로 사람들은 하나님이 고의로 어떤 사람들을 버리시고 믿지 못하게 하셨다는 것을 매우 불쾌하게 생각합니다. 교회에 다니는 성도 중에서 유식하다고 자부하는 사람일수록 거부반응이 더 강한 것 같습니다. "그런 하나님이라면 나는 믿을 필요가 없어" 하고 항변하고 싶을 수도 있습니다. 하지만 이런 태도는 논리적인 모순에 빠진 것입니다. 하나님이 어떤 사람은 그 마음을 우둔하게 해서 구원받지 못하게 하셨다는 말씀에 불쾌감을 느끼는 사람은, 하나님이 자기를 너무 사랑하셔서 창세전부터 택하시고 마음을 열어 믿게 하셨다는 말씀에도 같은 반응을 보여야 하기 때문입니다.

내가 선택을 받았다는 것은 다른 누군가가 선택받지 못했다는 사실을 전제할 때 성립될 수 있는 말입니다. 선택받지 못한 자가 하나도 없다면 선택받았다는 말 자체가 의미를 잃어버립니다. 그렇지 않습니까? 내가 만약 하나님의 특별한 은혜로 남은 자가 되었다고 합시다. 그러면 그 대신 어떤 사람은 우둔한 자로 남아 있어야 합니다. 어떻게 보면 나를 구원하느라 하나님의 관심권 밖으로 밀려난 다른 사람들이 있는 것입니다. 그들에게 하나님이 은혜를 베풀지 않은 것이 나 때문인지 누가 압니까? 야곱과 에서 가운데 어차피 하나만 택해야 했다면 야곱이 왜 형을 버렸느냐고 따질 수 있을까요?

이런 의미에서 어떤 사람을 하나님이 고의로 버리셨다는 사실에 대해 반발하면 안 됩니다. 그것은 논리적으로 맞지 않습니다. 내가 예수님을 믿도록 내게 부드러운 마음을 주시고 들을 수 있는 귀를 주셨다고 한다면, 하나님이 버림받은 사람에게 들을 귀를 주지 않으신 것도 논리적으로 통하는 이야기입니다. 선택받았음을 믿습니까? 그러면 하나님이 버리신 자가 있다는 것도 믿어야 합니다. 하나님이 내 마음을 부드럽게 하셔서 내가 복음을 듣게 하셨다고 믿습니까? 그러면 복음을 듣지 못하도록 귀를 막으신 사람도 있다는 것을 믿어야 합니다. 이것을 믿지 않으면 나를 선택하신 역사는 의미를 잃어버립니다.

같은 설교를 들어도 백 명 중에서 열 명은 뜨거운 감격을 가지고 복음을 받아들입니다. 그러나 나머지는 아무런 가치가 없는 것처럼 비웃거나 싫어합니다. 이 현상을 단지 마음이 악해서라는 이유로 설명할 수 있을까요? 마음이 악하기는 믿는 우리도 마찬가지입니다. 부부가 나란히 앉아 예배를 드릴 때 부인은 마음을 열고 하나님의 말씀을 받아들이는데 남편은 눈을 감고 조는지 전혀 반응이 없습니다. 이런 현상을 놓고 부인은 마음이 부드러워서 믿었는데 남편은 마음이 우둔해서 믿지 않았다고 말할 수 있습니까? 본래 마음이 우둔하기는 남편이나 부인이나 똑같습니다. 그러므로 마음이 우둔하다는 것만 가지고는 구원받지 못하는 이유를 다 설명할 수 없습니다. 결국 무엇입니까? 보이지 않는 하나님의 뜻이 작용하는 것입니다. 이 뜻에 따라 하나님이 어떤 사람은 듣게 하시고 어떤 사람은 듣지 못하게 하십니다. 부인은 하나님이 은혜를 주셔서 복음을 들은 것입니다.

주님이 세상에 계실 동안 복음을 전하면서 자주 하신 말씀이 있습니다. "귀 있는 자는 들을지어다." 이는 하나님이 귀를 열어주시지 않으면 못 듣는다는 것을 전제로 하시는 말씀입니다. 아무리 수만 명의 무리가 예수님을 따라온다고 해도 그 가운데 들을 수 있는 사람은 제한되어 있다는 말입니다. 하나님의 아들이 직접 세상에 오셔서 그 영광스러운 복음을 전하는데도 하나님이 듣도록 하신 자만 들을 수 있다고 선언하시는 말씀이 바로 "귀 있는 자는 들을지어다" 입니다. 하나님이 영생을 주기로 작정하신 자들은 근본 마음이 아무리 악해도 믿게 되고, 멸망하기로 준비된 진노의 그릇에 해당하는 자들은 설혹 덜 악하다고 해도 믿을 수 없다는 것입니다.

어거스틴은 이 사실을 놓고 이렇게 말했습니다. "하나님께서는 전능하시므로 악인들의 뜻을 선하게 만드실 수 있을 것이다. 분명히 그러실 수 있을 것이다. 그러나 왜 그렇게 하시지 않는가? 그분의 뜻이 다른 데에 있기 때문이다. 왜 다른 데 있는지는 그분만이 아신다. 우리는 분에 넘치는 지혜를 가지려고 해서는 안 된다." 칼빈은 여기에 대해 한마디 더 했습니다. "왜 하나님이 어떤 사람은 버리고 믿지 못하게 하셨을까 하는 문제를 가지고 이상하게 생각하며 자꾸 파고들면 결국은 쓸데없는 고통만 당할 것이다."

사랑하는 형제자매 여러분, 하나님이 우둔하게 만드셔서 구원받지 못하게 하신 사람들에 대해 마음은 괴롭지만 더 이상 생각하지 않도록 합시다. 하나님이 사랑하시지 않은 사람이면 우리가 아무리 동정해도, 아무리 위로해도 그들을 구원할 수 없습니다. 예수님을 믿지 않고 이미 세상을 떠난 분들에 대해 우리가 아무리 통곡해도 소용이 없는 것과 똑같습니다.

하나님은 왜 나 같은 자를 택하셨을까?

우리는 지금까지 '하나님이 왜 저 사람들을 버리셨을까?'라는 문제에 관심을 기울였습니다. 그 문제도 불가사의한 일이지만 그에 못지않게 이해하기 어려운 수수께끼가 있습니다. '왜 나 같은 사람을 택하셨을까? 왜 믿고 싶어 하지도 않았던 나에게 듣는 귀를, 보는 눈을, 깨닫는 마음을 주셨을까?'입니다.

이 문제는 '왜 저 사람은 마음을 우둔하게 만드셔서 믿지 못하게 하셨을까?'보다 훨씬 풀기 어려운 수수께끼입니다. 버림받은 자에 대해 대답할 수 없는 것처럼 택함을 받은 나에 대해서도 대답할 수 없는 것은 마찬가지입니다. "하나님, 왜 저 같은 놈을 택하셔서 은혜를 주셨습니까?" 하고 밤낮없이 고심해보십시오. 아무리 논리를 펴서 증명해보려 해도 답을 할 수 없습니다. 버림받은 자를 놓고 "왜 그를 우둔하게 하셔서 믿지 못하게 하셨습니까?"라고 따질 때와 같습니다. 그러므로 우리는 겸손해야 합니다. 나 자신의 구원에 대한 수수께끼도 풀지 못하면서 다른 사람이 버림받은 문제를 가지고 하나님을 향해 이러니저러니 할 수는 없습니다.

교회 안에는 '저런 사람을 하나님이 무엇을 보고 믿게 하셨을까?'라고 생각되는 사람이 있습니다. 생긴 것도 잘나지 않았고, 머리가 똑똑하냐 하면 그렇지도 않고, 사회에서 다른 사람에 비해 잘되는 일이 있느냐 하면 그것도 아니고, 게다가 성격까지 괴팍해서 가까이 하기 싫은 사람이 있습니다. 그러나 믿음 하나는 끝내주게 좋은 것을 봅니다. 그런 사람을 놓고 우리는 분명히 말할 수 있습니다. 하나님께서 그에게 듣는 귀를 주셨고 보는 눈을 주셔서 믿게 하셨다는 것입니다. 이런 형제를 놓고 우리는 다음과 같이 생각합니다. '하나님도 눈이 머셨지. 저런 사람을 좋다고 택하시다니.'

사실 하나님을 두고 눈이 머셨다는 표현을 하기가 굉장히 두렵습니다. 그래서 설교하러 들어오기 전에 제가 하나님께 기도했습니다. "말씀의 의미를 좀 더 선명히 전달하기 위해 하나님이 눈이 머셨는지도 모른다는 말을 하고 싶은데 어떻게 생각하십니까?" 그랬더니 아무런 말씀도 안 하세요. 그래서 허락하신 줄로 알고 제가 감히 그렇게 표현한 것입니다.

우리 말대로 하나님이 눈이 멀어서 누구를 택하셨다면 그중에 첫 번째가 누구입니까? 우리 모두 "나요, 나" 하고 대답해야 합니다. 이것만큼 불가사의한 사건이 또 있습니까? 자기의 선택받음을 놓고 하나님이 실수하셨다거나 모순을 범하셨다고 말할 사람이 있습니까? 자기가 구원받은 사실을 우연한 실수로 해석하고 싶은 사람이 있겠습니까? 버림받은 자의 문제가 신비라면 선택받은 나의 구원은 신비 중의 신비임을 알아야 할 것입니다.

기가 막힌 구원의 이치를 깨달은 사람치고 하나님 앞에 감격하지 않은 사람이 없습니다. 은혜받지 못한 사람은 하나님께 버림받은 사람들을 가지고 자꾸 따지려 들지만 은혜받은 사람은 자신이 구원받았다는 사실에 감격해서 하나님 앞에 꿇어앉아 흐느끼게 됩니다.

찬송가 가사를 쓴 위대한 신앙 인물들 중에 이 감격을 노래한 사람이 많습니다. 아이작 왓츠는 "온 세상 만물 가져도 주 은혜 못 다 갚겠네. 놀라운 사랑 받은 나 몸으로 제물 삼겠네"라고 찬송했습니다. 다니엘 휘틀은 "아, 하나님의 은혜로 이 쓸데없는 자 왜 구속하여 주는지 난 알 수 없도다"라고 노래했습니다. 우리나라의 패니 크로스비라고 할 수 있는 송명희 씨도 너무나 아름다운 시를 썼습니다. "나 가진 재물 없으나 나 남이 가진 지식 없으나 나 남에게 있는 건강 있지 않으나 나 남이 없는 것 있으니, 나 남이 못 본 것을 보았고 나 남이 듣지 못한 음성 들었고 나 남이 받지 못한 사랑 받았고 나 남이 모르는 것 깨달았네." 그리고 존 뉴튼은 "나 같은 죄인 살리신 주 은혜 놀라워 잃었던 생명 찾았고 광명을 얻었네"라고 노래했습니다.

존 뉴튼이 남긴 유명한 말이 있습니다. "만일 당신이 천국에 들어가면 세 번 놀랄 것입니다. 첫째는 천국에 와 있을 줄 알았던 사람이 안 보여서 놀랄 것입니다. 둘째는 천국에 갈 수 없을 것이라고 생각했던 사람이 그 자리에 와 있는 것을 보고 놀랄 것입니다. 셋째는 노예 상인으로 악명 높았던 존 뉴튼이 그곳에 들어오는 것을 보고 놀랄 것입니다."

자기가 하나님에게 왜 선택되어 구원받았는지 아무리 생각해도 그 이유를 알 수 없어 감격하고 감사하는 것이 은혜받은 사람의 특징입니다. 우리의 가장 큰 수수께끼는 '왜 저 사람을 우둔하게 하셨는가?'가 아닙니다. '왜 나 같은 사람을 믿게 하셨는가?'입니다. 이 풀 수 없는 불가사의한 진리 때문에 날마다 얼떨떨해하는 자가 예수 믿는 사람이요, 황송해서 몸둘 바를 모르는 자가 예수 믿는 사람이요, 감사하고 찬송하면서 하나님을 영화롭게 하지 않으면 견딜 수 없는 자가 예수 믿는 사람입니다. 길을 가다가도 이렇게 중얼거려 보십시오. "허허, '하나님도 눈이 머셨지. 나 같은 놈이 뭐가 좋아서 택하셨을까? 정말 모를 일이야." 이 은혜를 생각하면 할수록 우리 모두는 할 말을 잃어버립니다. 꿀 먹은 벙어리가 됩니다. 이 감격이 있는 자가 예수 믿는 사람입니다.

당신에게 이 감격이 있습니까? 이 감격이 있으면 세상살이가 아무리 고생스러워도 범사에 감사할 수 있습니다. 이 감격이 있으면 병상에서 숨이 끊어지는 순간에도 "할렐루야" 하고 찬송할 수 있습니다. 당신의 마음속에 이 감격이 샘솟기를 바랍니다. 우리 모두에게 반석에서 터지는 샘물처럼 이 감격이 넘치도록 성령께서 은혜 주시기를 바랍니다.

34

택함받았다고 교만할 수 없는 이유

로마서 11장 11-24절

11 그러므로 내가 말하노니 그들이 넘어지기까지 실족하였느냐 그럴 수 없느니라 그들이 넘어짐으로 구원이 이방인에게 이르러 이스라엘로 시기 나게 함이니라 12 그들의 넘어짐이 세상의 풍성함이 되며 그들의 실패가 이방인의 풍성함이 되거든 하물며 그들의 충만함이리요 13 내가 이방인인 너희에게 말하노라 내가 이방인의 사도인 만큼 내 직분을 영광스럽게 여기노니 14 이는 혹 내 골육을 아무쪼록 시기하게 하여 그들 중에서 얼마를 구원하려 함이라 15 그들을 버리는 것이 세상의 화목이 되거든 그 받아들이는 것이 죽은 자 가운데서 살아나는 것이 아니면 무엇이리요 16 제사하는 처음 익은 곡식 가루가 거룩한즉 떡덩이도 그러하고 뿌리가 거룩한즉 가지도 그러하니라 17 또한 가지 얼마가 꺾이었는데 돌감람나무인 네가 그들 중에 접붙임이 되어 참감람나무 뿌리의 진액을 함께 받는 자가 되었은즉 18 그 가지들을 향하여 자랑하지 말라 자랑할지라도 네가 뿌리를 보전하는 것이 아니요 뿌리가 너를 보전하는 것이니라 19 그러면 네 말이 가지들이 꺾인 것은 나로 접붙임을 받게 하려 함이라 하리니 20 옳도다 그들은 믿지 아니하므로 꺾이고 너는 믿으므로 섰느니라 높은 마음을 품지 말고 도리어 두려워하라 21 하나님이 원가지들도 아끼지 아니하셨은즉 너도 아끼지 아니하시리라 22 그러므로 하나님의 인자하심과 준엄하심을 보라 넘어지는 자들에게는 준엄하심이 있으니 너희가 만일 하나님의 인자하심에 머물러 있으면 그 인자가 너희에게 있으리라 그렇지 않으면 너도 찍히는 바 되리라 23 그들도 믿지 아니하는 데 머무르지 아니하면 접붙임을 받으리니 이는 그들을 접붙이실 능력이 하나님께 있음이라 24 네가 원돌감람나무에서 찍힘을 받고 본성을 거슬러 좋은 감람나무에 접붙임을 받았으니 원가지인 이 사람들이야 얼마나 더 자기 감람나무에 접붙이심을 받으랴

우리가 읽은 본문을 이해하기 위해서 사도 바울이 무슨 주제로 말씀하는지를 다시 한번 정확하게 상기할 필요가 있습니다. 그는 11장 1절에서 "하나님이 자기 백성을 버리셨느냐 그럴 수 없느니라"라고 했습니다. 그는 이 사실을 11절 이하에서도 계속해서 설명하고 있습니다. 그가 앞부분에서 주장한 내용을 한마디로 말하면, '하나님이 은혜로 보존하고 계시는 남은 자'가 있기 때문에 이스라엘이 버림받았다는 말을 하면 안 된다는 것입니다. 이 놀라운 진리를 더 확실히 증명하기 위해 그는 세 가지 사실을 추가해서 설명합니다. 우선, 이 세 가지가 무엇인지를 살펴보겠습니다.

첫째로 이스라엘이 완악해진 덕분에 이방 사람들이 믿게 되었다는 점을 이야기합니다.

> 그러므로 내가 말하노니 그들이 넘어지기까지 실족하였느냐 그럴 수 없느니라 그들이 넘어짐으로 구원이 이방인에게 이르러 이스라엘로 시기 나게 함이니라(11절).

이 말씀을 잘 이해해야 합니다. "넘어지기까지 실족하였느냐"는 실족해서 완전히 넘어져버렸냐는 뜻입니다.

여기에 나오는 '실족'과 '넘어짐'은 의미가 다릅니다. '실족'은 발을 헛디뎌 비틀거리는 것을 말합니다. 그러니까 잘못하면 넘어질 수도 있지만 비틀거리다가 바로 설 수도 있는 것이 실족입니다. 이 구절에서 실족이란 무엇을 말하는 걸까요? 이스라엘 백성이 완악해서 아직 예수님을 믿지 않는 것을 가리킵니다. 반면에 '넘어짐'은 그 의미가 다릅니다. 넘어짐은 이스라엘이 하나님 앞에 완전히 버림받아 멸망당하는 것, 즉 소망이 없는 상태를 이야기합니다.

결국 사도 바울은 무엇을 말하고 있습니까? 이스라엘이 넘어질 정도로 실족하지는 않았다는 것입니다. 지금은 비록 완악해서 예수님을 믿지 않지만, 그것이 완전히 멸망했다는 증거가 될 수는 없습니다. 그리고 한 걸음 더 나아가, 그들이 예수님을 믿지 않은 것이 오히려 세상에는 유익을 주었다고 합니다. 왜냐하면 이스라엘이 믿기를 거부한 덕분에 이방 사람인 우리가 예수님을 믿게 되었기 때문입니다. 그러므로 바울은 그들이 믿지 않아 세상을 이롭게 했다면 그들이 안 믿는다고 해서 어찌 망한다고 단정할 수 있겠느냐는 주장을 펴는 것입니다. 이스라엘이 믿지 않아서 이방인이 예수님을 믿는 데 덕을 보았다는 사도 바울의 주장은 사도행전을 보면 매우 설득력이 있습니다.

사도행전은 전부 28장으로 되어 있는데, 10장부터 복음이 이방으로 전파되기 시작합니다. 왜 사도들과 전도자들이 이방 사람들에게 복음을 전하는 데 열을 올리기 시작했습니까? 그 이유는 이스라엘 사람들에게 복음을 전하려고 애를 써보았지만 그들이 듣지 않았기 때문입니다. 바울이 비시디아 안디옥에 가서 복음을 전했지만 유대인들이 들고일어나 예수님을 믿지 못하게 했고, 또 그들은 예수 믿고 돌아오는 이방 사람들을 질투한 나머지 복음 전파를 방해했습니다. 이때 바울이 한 유명한 말이 있습니다.

> 바울과 바나바가 담대히 말하여 이르되 하나님의 말씀을 마땅히 먼저 너희에게 전할 것이로되 너희가 그것을 버리고 영생을 얻기에 합당하지 않은 자로 자처하기로 우리가 이방인에게로 향하노라(행 13:46).

바울이 로마 감옥에서 2년 동안 수감생활을 할 때, 그는 비교적 자유롭게 그곳의 유대인들을 불러 하나님의 말씀을 전할 수 있었습니다. 그러나 받아들이는 사람은 소수였습니다. 대부분은 믿지 않고 오히려 배척했습니다. 이것을 보고 바울은 사도행전 28장 28절에서 이런 말을 합니다.

> 그런즉 하나님의 이 구원이 이방인에게로 보내어진 줄 알라 그들은 그것을 들으리라 하더라.

이제부터 마음을 돌려 이방인에게 가서 전하겠다는 말입니다. 이와 같은 사실을 보아 이스라엘 사람들이 믿지 아니한 덕분에 이방 사람인 우리가 호기를 만났다는 것은 틀린 주장이 아님을 알 수 있습니다.

여기에 대해서 우리가 한 가지 알아야 될 것이 있습니다. 신학적인 견해를 하나 말씀드리고자 합니다. '세대주의 학설'이라는 것이 있습니다. 우리나라는 알게 모르게 이 세대주의 신학에 대단히 많은 영향을 받았습니다. 세대주의가 이단은 아닙니다. 세대주의가 말하는 내용 가운데 좋은 것들이 많습니다. 그러나 우리가 동의할 수 없는 내용도 더러 있습니다. 그 예를 하나 들겠습니다.

우리는 이미 이스라엘이 복음을 받아들이지 않으니까 하나님께서 복음을 이방 사람에게 전하도록 했다는 사실을 알았습니다. 이것을 놓고 세대주의 학자들은 이렇게 주장합니다. "예수님은 처음에 이스라엘 땅에 와서 복음을 전하여 그곳에 하나님 나라를 건설하려고 했다. 그러나 유대인들이 끝까지 거부하고 예수님을 십자가에 못 박아 죽였기 때문에 이스라엘 땅에 하나님 나라를 건설하려고 했던 예수님의 계획이 실패로 돌아가고 말았다. 그래서 새로운 대안으로 이 복음을 이방 사람에게 전했고 그 결과 오늘과 같은 세계 교회가 세워지게 되었다."

이것은 잘못된 해석입니다. 얼핏 듣기에는 오류가 없어 보일지도 모르지만 예수님의 처음 계획이 실패로 돌아갔다는 말 자체가 심각한 문제를 안고 있습니다. 또 이스라엘을 중심으로 세우려고 했던 것이 교회가 아니라 하나님 나라라는 주장도 잘못되었습니다. 그들은 교회와 하나님 나라를 구별하고 있습니다. 하지만 예수님이 베드로에게 무엇이라고 말씀하셨습니까?

… 내가 이 반석 위에 내 교회를 세우리니…(마 16:18).

이 말씀만 보아도 하나님의 나라와 교회를 따로 보는 그들의 견해가 잘못되었다는 것을 알 수 있습니다.

예수님은 실패자가 아닙니다. 그분은 십자가에서 돌아가시면서 다 이루었다고 선언하셨습니다. 그분은 승리자입니다. 승리했기 때문에 하나님께서는 그에게 하늘과 땅의 권세를 일임하셨습니다. 그리고 예수 안에서 유대인과 이방인이 함께 십자가로 화목을 이루고 하나님 나라의 백성으로 부름받는 구원의 길을 열어놓으셨습니다. 이런 의미에서 예수님은 절대 실패자가 아닙니다.

뿐만 아니라 하나님 나라와 교회는 분리될 수 없습니다. 현재는 교회가 하나님 나라로 완성되어가는 과정에 있지만 결국 교회는 하나님 나라가 됩니다. 그러므로 교회와 하나님 나라를 구별해서는 안 됩니다. 이방 사람이 복음을 듣고 구원받게 된 것은 이스라엘 땅에 세우려고 했던 하나님 나라가 실패로 돌아갔기 때문이 아니라 하나님이 영원부터 가지고 계셨던 구원 계획과 아브라함에게 주셨던 언약, 즉 "땅의 모든 족속이 너로 말미암아 복을 얻을 것이라"(창 12:3) 하신 말씀에 따른 것이었습니다.

기독교의 뿌리로서의 이스라엘

유대인이 믿지 않아서 복음이 이방인에게 전파되었다는 말은 그들이 믿었더라면 이방인에게 구원받을 기회가 주어지지 않았을 것이라는 의미가 아닙니다. 그들이 안 믿은 덕분에 이방 사람들이 예수님을 훨씬 더 빨리, 쉽게 믿을 수 있었다는 말로 받아들여야 합니다. 그러니 우리가 얼마나 덕을 보았습니까?

여기서 우리는 중요한 사실 하나를 발견할 수 있습니다. 복음이 이스라엘 사람에게 먼저 전해졌고 이스라엘 사람인 사도들의 입을 통해서 이방 사람인 우리에게 전파되었기 때문에 유대교는 기독교의 뿌리가 된다는 것입니다. 그러므로 이스라엘 사람이 없는 기독교는 상상할 수 없습니다. 이런 의미에서 이스라엘은 매우 독보적인 존재요, 존경을 받아야 할 위치에 놓여 있는 것입니다. 비록 그들이 예수님을 믿지 않고 거역하긴 했지만, 이 세상의 모든 사람들이 그들에게 빚을 진 셈입니다.

바울은 세 가지 비유를 가지고 이스라엘의 독보적인 위치를 설명합니다. 16절 이하에 나오는 내용입니다. 처음에는 하나님께 드리는 떡으로 비유합니다. 민수기 15장 19절 이하를 보면 이에 대해서 잘 알 수 있습니다. 하나님께서 명령하신 대로 이스라엘 사람들은 제일 먼저 익은 곡식을 하나님께 드렸습니다. 일종의 감사제라고 할 수 있습니다. 이렇게 처음 익은 곡식으로 제사를 드리고 나면 그 뒤로는 음식을 만들 때마다 그 곡식을 하나님께 드릴 필요가 없었습니다. 첫 번째 떡이 이미 거룩해졌기 때문에 그다음부터 만들어 먹는 모든 떡이 자동적으로 거룩해진 것입니다. 세계 모든 민족 앞에서 이스라엘은, 마치 처음 익은 곡식으로 만들어 하나님께 드려진 떡과 같습니다. 그들이 이미 거룩해졌으니 그들을 통해 예수님을 믿은 우리 모두가 거룩해진 것입니다. 이와 같이 우리 모두를 거룩하게 만드는 역할을 했으니 모든 민족 중에서 이스라엘의 위치가 얼마나 독보적입니까?

또 어린 나무 비유가 나옵니다. 어린 묘목을 가져다가 성전 마당 귀퉁이에 심으면서 "이 나무를 하나님께 드립니다" 하고 바치는 경우가 있습니다. 그러면 그 묘목은 하나님께 바쳐집니다. 그러므로 그 나무에서 나오는 모든 가지나 꽃이나 열매가 하나님께 드려지는 거룩한 제물이 됩니다. 가지가 날 때 그것을 가져다 하나님께 드리고 열매를 맺을 때 또 그것을 하나님께 드릴 필요가 없습니다. 이미 묘목을 드렸기 때문에 그렇습니다. 이스라엘은 어린 묘목과 같습니다. 이스라엘 백성이 처음 예수 그리스도를 영접했고 그 영접한 예수를 우리에게 전한 셈이 되니까 그들이 어린 묘목과 같은 셈입니다. 우리는 그 나무에서 나는 가지나 열매나 꽃과 같습니다. 그러니 이스라엘 백성이 우리에게 얼마나 중요한 역할을 했습니까?

또 다른 비유가 하나 있습니다. 돌감람나무와 참감람나무의 비유입니다. 참감람나무는 이스라엘을, 돌감람나무는 우리 이방인들을 가리킵니다. 참감람나무인 이스라엘이 예수님을 안 믿으니까 하나님이 가지를 쳐버리셨습니다. 그 대신 돌감람나무 가지인 이방인을 그 자리에다 접붙이셨습니다. 돌감람나무 가지의 입장에서는 참감람나무 가지에 접붙임을 받았으니까 굉장히 잘된 것입니다. 사실 이것은 원예법대로 한다면 말도 안 되는 이야기입니다. 일을 하는 방식 자체가 거꾸로 되었기 때문입니다. 접붙이려면 돌감람나무 가지에 참감람나무 가지를 붙여야 좋은 열매를 맺을 수 있습니다. 그런데 바울은 못된 돌감람나무 가지를 좋은 참감람나무에다 접붙였다고 하지 않습니까?

사도 바울은 자기 이론이 원예법에 맞느냐 안 맞느냐에 대해서는 관심이 없다는 것을 알아야 합니다. 무슨 열매를 맺느냐를 이야기하는 데 목적이 있는 것이 아닙니다. 그는 이 비유를 가지고 돌감람나무같이 형편없는 이방인이 참감람나무같이 대단한 유대인 덕분에 구원을 얻을 수 있게 되었다는 사실을 이해시키는 데만 관심을 가지고 있습니다. 사실 이방인은 구원받을 가능성이 없던 사람들입니다. 그런데 이스라엘이 믿지 않고 고집하다가 꺾여버리자 그 자리에 접붙임을 받았습니다. 이런 의미에서 이스라엘 사람들은 우리에게 대단히 고마운 존재라고 할 수 있습니다.

신앙의 뿌리를 기억하라

이방인으로서 예수님을 믿게 된 우리들은 이스라엘 사람들을 멸시하거나 스스로 교만해서는 절대 안 됩니다.

이 점을 바울은 이렇게 경고하고 있습니다.

> 그러면 네 말이 가지들이 꺾인 것은 나로 접붙임을 받게 하려 함이라 하리니 옳도다 그들은 믿지 아니하므로 꺾이고 너는 믿으므로 섰느니라 높은 마음을 품지 말고 도리어 두려워하라 하나님이 원가지들도 아끼지 아니하셨은즉 너도 아끼지 아니하시리라(19-21절).

대단히 무서운 말씀입니다. 이스라엘이 복음을 완강하게 배척하지 않았다면 이방인인 우리가 이렇게 쉽게 예수님을 믿을 수 있었을까 하는 의문을 가질 만도 합니다. 그들이 잘못되어서 우리가 잘 된 셈이니 어찌 그들을 욕할 수 있습니까? 우리 스스로 어떻게 교만할 수 있습니까? 비판할 수 있습니까? 그럴 수 없다는 말입니다.

제 친구 중 어느 목사님은 그의 전임자가 무언가 실수를 해서 사임을 하게 되자 그 덕분에 큰 교회를 담임하게 되었습니다. 그를 만나서 여러 가지 이야기를 나누곤 하는데, 제가 일부러 슬그머니 말꼬리를 돌려서 기회를 주어도 그는 자기 전임자에 대해 절대로 나쁜 말을 하지 않았습니다. 제가 볼 때 그의 행동거지가 매우 지혜롭다고 생각합니다. 전임자가 잘못해서 자기가 잘되었는데 왜 욕을 합니까? 그가 목회를 계속 잘했더라면 자기가 그 자리까지 올 수 있었겠습니까? 아마 어려웠을 것입니다. 그러니 욕할 수가 없지요. 우리도 마찬가지입니다. 이스라엘 사람들이 예수님을 지금까지 배척하고 있는 것은 가슴 아픈 일이지만 그 사람들이 잘못함으로 우리가 얼마나 득을 보고 있습니까? 그러니 그 사람들을 멸시해서는 안 된다는 이야기입니다.

우리는 각자의 영적 뿌리를 잊어서는 안 됩니다. 크고 작은 차이는 있겠지만, 우리 대부분은 과거의 영적 자본에 의존하고 있습니다. 신앙적인 면에서 홀로 선 사람은 한 명도 없습니다. 홀로 된 사람도 없습니다. 누군가 나에게 복음을 전해주어서 내가 믿게 되었습니다. 누군가 나의 신앙을 위해서 눈물로 기도해주었기 때문에 내가 이만큼 영적으로 자랄 수 있었습니다. 누군가 나를 가르치느라고 땀을 흘리며 애썼기 때문에 내가 이만큼 영적으로 성숙할 수 있었던 것입니다.

한글로 된 이 아름다운 성경책을 펴 볼 때마다 존 로스 선교사를 떠올리는 분이 우리 중에 몇 분이나 있을까요? 서상륜 씨를 기억하는 분이 몇 분이나 있겠습니까? 1875년부터 두 사람은 만주에서 성경을 한글로 번역하기 위해 피눈물 나는 수고를 아끼지 않았습니다. 7년 동안 각고의 노력을 기울인 끝에 그들은 누가복음을 번역해서 내놓았습니다. 서상륜은 예수님을 제대로 믿지 않던 사람이었지만 성경 번역에는 전심을 다했습니다. 번역을 할 뿐만 아니라 나무판에다 활자를 새기는 일도 했습니다. 그는 그렇게 해서 만든 성경을 들고 다니며 나누어 주는, 권서인 역할까지 했습니다. 서상륜은 누가복음을 번역한 다음 말씀의 능력에 사로잡혀 예수님을 믿게 되었고 자청해서 세례를 받았습니다. 우리는 성경을 펼 때마다 이 책을 위해 수고를 아끼지 않은 위대한 선조들과 선교사들에게 깊은 감사를 드려야 마땅할 것입니다.

우리는 우리나라에 복음을 전해준 언더우드 선교사를 잊어서는 안 될 것입니다. 저는 개인적으로 증조할아버지를 잊을 수 없습니다. 예수님을 믿는다고 마을에서 따돌림을 받고 가난하게 살면서도 예수님 한 분을 위해 생을 바쳤던 그 증조부가 안 계셨다면 우리 가문에 예수 그리스도가 제대로 증거 되었을까 하는 의문이 생깁니다.

우리 중에는 부모가 너무 가난한 생활을 했기 때문에 그 덕분에 예수님을 믿게 된 사람들도 있을 것입니다. 남편이 잘못된 길로 빠지자 그 고통을 혼자 감당할 수 없어 예수님 앞으로 나온 부인들도 있을 것입니다. 우리가 복음을 들을 수 있게 해준 사람이면 그가 누구든 우리 신앙의 뿌리가 되는 것입니다.

제가 시무하는 교회 신문에 대학부에 출석하는 정 모 자매의 감동적인 글이 실렸습니다. 그의 어머니는 결혼하기 전까지 교회를 다니고 봉사도 열심히 했다고 합니다. 그러나 믿지 않는 남편과 결혼하고 나서는 그만 신앙생활을 중단했습니다. 그 후 정 자매가 네 살 때 아버지가 갑자기 교통사고로 세상을 떠났습니다. 그의 어머니는 남편의 사고 소식을 듣고 가장 먼저 하나님을 떠올렸다고 합니다. 그때부터 어머니는 주님의 품으로 돌아왔고, 어린 삼남매를 키우면서도 하나님만 사랑하고 하나님만 위해서 사는 믿음의 사람으로 바뀌었습니다.

정 자매의 글을 그대로 인용합니다. "아버지의 목숨과 바꾼 나의 구원, 나의 새 삶. 이것을 생각하면 더 열심히 살면서 다른 이들에게 예수님의 사랑을 전하고 싶은 마음이 든다." 그는 자기 신앙의 뿌리를 깊이 기억하며 감사하고 있습니다. 비록 비극적인 사건이었지만 아버지의 죽음이 자기에게 구원을 가져다주었기 때문에 감격하고 있는 것입니다.

당신의 신앙은 어디에 뿌리를 내리고 있습니까? 그것을 놓고 얼마만큼 감사합니까? 얼마만큼 하나님께 찬양을 드립니까? 진실한 신앙을 가진 사람은 자기가 빚진 영적 뿌리를 잊어버리지 않습니다. 만약에 자기가 가지이면서 뿌리를 무시하고 스스로 잘난 체하면 그 사람은 가지에서 잘릴 가능성이 많다고 사도 바울은 경고합니다.

"하나님이 원가지들도 아끼지 아니하셨은즉 너도 아끼지 아니하시리라"(21절). 진실한 믿음을 가진 사람은 자기 신앙의 뿌리를 잊어버리고 교만할 수 없다는 말씀입니다.

우리가 지금까지 예수님을 믿고 하나님의 자녀로 남아 있는 것은 하나님의 은혜입니다. 우리가 잘나서 그렇게 된 것이 아닙니다. 전적으로 하나님의 은혜입니다. 나를 구원하시기 위해서 이스라엘 민족을 사용하셨든, 다른 사람을 사용하셨든 간에 하나님이 은혜를 주셨기 때문에 오늘의 내가 있습니다. 바울은 "내가 나 된 것은 하나님의 은혜로 된 것이니"(고전 15:10)라고 말했습니다. 그러면 이 은혜가 과연 어떤 것입니까?

> 그러므로 하나님의 인자하심과 준엄하심을 보라 넘어지는 자들에게는 준엄하심이 있으니 너희가 만일 하나님의 인자하심에 머물러 있으면 그 인자가 너희에게 있으리라 그렇지 않으면 너도 찍히는 바 되리라(22절).

좀 어려운 말씀입니다. 하나님이 불쌍히 여기시는 은혜와 하나님이 엄하게 다루시는 것을 보라는 말입니다. 하나님이 누구를 엄하게 다루셨습니까? 넘어지는 자들, 즉 이스라엘 사람들을 엄하게 다루셨습니다. 여기서 '넘어진다'는 말은 '실족한다'는 뜻입니다. 안 믿는 이스라엘 사람들은 하나님이 엄하게 다루셨지만 그 대신 접붙임을 받은 가지인 우리 이방인들은 인자로 다루셨습니다. 만일 이스라엘을 다루듯이 우리를 다루셨다면 누가 구원을 얻을 수 있었겠습니까? 하나님이 우리를 불쌍히 여기신 덕분에 우리가 살고 있는데 어떻게 교만할 수 있습니까? 뭐 자랑할 것이 있습니까? 그러므로 우리는 이와 같은 잘못을 범하지 않도록 늘 경계해야 합니다. 그리고 나의 구원을 위해서 눈에 보이게, 혹은 보이지 않게 수고해준 많은 분들게 늘 감사하는 마음을 가져야 합니다. 그 대상에는 이스라엘 사람들도 포함되어 있습니다. 무엇보다 우리는 그들의 구원을 위해 기도해주어야 합니다.

당신은 불신자를 사로잡을 매력을 가지고 있는가?

둘째로, 바울은 이방인들이 예수님을 믿고 구원 얻는 것을 보면 결국 이스라엘도 회개하고 돌아올 것이라고 이야기합니다. 왜냐하면 이스라엘은 질투가 많고 콧대 높은 백성이기 때문입니다.

> 이는 혹 내 골육을 아무쪼록 시기하게 하여 그들 중에서 얼마를 구원하려 함이라(14절).

이방 사람들이 먼저 예수님을 믿게 하신 이유는 이스라엘 백성들을 시기하게 해서 그들을 구원하시기 위한 하나님의 지혜요, 섭리라는 것입니다.

지난 2천 년 동안 이스라엘 백성 중에 얼마나 많은 사람이 예수 믿는 이방인들을 보고 질투해서 회개하고 돌아왔는지 정확한 숫자는 알 수 없습니다. 그러나 분명한 것은 그들의 질투가 대단했다는 사실입니다. 사도행전을 보면 알 수 있습니다. 대개는 그들의 질투가 잘못된 방향으로 흘러갔습니다. 자기가 못 먹는 밥, 남도 못 먹게 하자는 식으로 믿는 자를 핍박하고 믿지 못하게 했습니다. 그렇게 잘못된 질투도 있었지만 반면에 이방 사람들이 예수 믿고 가난한 가운데서도 늘 풍성한 삶을 누리는 모습을 보고 질투가 나서 돌아온 유대인도 많다는 것을 여기저기서 발견할 수 있습니다. 자기들에게 먼저 찾아오신 예수님을 이방 사람들이 가로채듯 먼저 믿는 것을 보고 감정이 좋을 리가 없었을 것입니다.

1988년에 나온 자료를 보면 지금 팔레스타인에는 440만 명 정도의 이스라엘 사람들이 살고 있다고 합니다. 그중에서 예수님을 믿는 사람이 어느 정도인지 압니까? 약 30개의 교회가 있으며, 한 교회에 평균 백 명 정도 모인다고 합니다. 그러니까 약 3천 명 정도가 믿는 것입니다. 얼마나 적은 숫자입니까? 이 3천 명은 이방인들이 믿는 예수가 너무 좋아서 그리고 어떤 면에서는 질투가 나서 예수님께로 돌아온 사람들인지도 모릅니다. 그뿐만이 아닙니다. 세계 도처에 흩어져 있는 수천만 명의 유대인 중에서 지금도 회개하고 예수님께로 돌아오고 있는 사람들의 수가 정확히는 모르지만 절대로 만만치 않을 것이라 생각합니다.

한편 팔레스타인에는 아직도 악의에 찬 단체들을 만들어 조직적으로 교회를 핍박하는 자들이 있는데 그 수는 무려 12개가 넘는다고 합니다. 이스라엘 가운데서 예수님을 믿는 형제들이 동족으로부터 얼마나 견디기 어려운 핍박을 당하고 있는지 짐작할 만합니다. 아직도 예수님을 믿지 않는 이스라엘 사람들은 유월절을 지키면서 〈아니마민〉이란 노래를 부르고 있습니다. 그 노래 가사는 이렇게 시작됩니다. "우리는 메시아가 오신다는 것을 알고 있다. 그러나 그는 조금 더디 오신다." 예수님이 메시아라는 것을 인정하지 않고 아직도 기다리는 것입니다. 제2차 세계대전 당시 나치 수용소에서 가스실로 끌려가면서도 그들은 이 노래를 불렀다고 합니다. 얼마나 처량한 사람들입니까?

제가 보기에는 그들이 안달이 나서 더 이상 참기 어려운 시점이 가까워오는 것 같습니다. 기다리는 메시아는 오시지 않고 역사의 종말은 다가오는 것 같습니다. 그래서 '우리가 잘못 생각한 것은 아닐까?' 하는 자각이 그들 중에 팽배해질 것입니다. 그렇게 되면 2천 년 전부터 예수님을 메시아로 믿은 이방 사람들을 따라서 "우리도 예수 믿자" 하고 돌아오는 놀라운 사건이 일어날 것입니다.

여기서 우리가 잠시 생각해야 할 중요한 문제가 하나 있습니다. 믿는 우리 이방인이 이스라엘 사람들에게 질투의 대상이 되고 있다는 사실을 우리의 형편에 좀 더 실감 나게 적용할 수 있어야 합니다. 비록 이스라엘은 아니지만, 오늘날 믿지 않는 사람들에게 예수님을 믿는 우리가 질투의 대상이 될 만한 무엇을 가지고 있습니까? 안 믿는 주변 사람들이 "네가 믿는 예수 나도 좀 믿어보자" 하고 찾아올 만큼 우리는 그들에게 무엇인가를 보여주고 있습니까? 우리에게는 그들보다 좋아 보이는 것, 행복해 보이는 것, 무언가 앞서가는 것들이 있습니까?

이런 의미에서 저는 예수 믿는 사람이 복을 많이 받아야 한다고 생각합니다. 부부 사이의 금실도 안 믿는 사람보다 훨씬 더 좋아야 하고, 믿는 가정의 자녀는 더 아름답게 자라야 된다고 생각합니다. 세상에서는 하나님이 주시는 복을 받아 성공하고, 지도자로 세워진 사람은 자신의 영역에서 돋보여야 한다고 생각합니다. 믿지 않는 사람들의 발밑에 밟히고 남의 꼬리가 되어서 끌려다니는 신세가 되면 그 사람들이 우리를 보고 질투할 리가 만무하지 않습니까? 우리는 "주님, 저를 통해서 예수 안 믿는 사람들이 질투가 생겨서라도 믿게 해주시옵소서" 하고 기도할 필요가 있습니다.

가령 다섯 형제가 있는데, 그 가운데 한 명이 예수님을 믿었다면 그의 가정은 특별히 하나님의 사랑을 받을 필요가 있습니다. 그가 얼마나 잘되느냐에 따라서 나머지 형제들이 질투를 하게도 되고 멸시를 하게도 되기 때문입니다. 물론 때로는 정반대의 경우도 있습니다. 예수 믿는 형제가 제일 가난하고 고생을 많이 하기도 합니다. 인간적으로 보면 퍽 답답하지만 이런 형제에 대해서는 하나님께서 특별한 뜻을 가지고 다루신다고 믿어야 할 것입니다.

40대의 젊은 나이로 세상을 떠난 오윤수 집사님이라는 분이 계셨습니다. 그분은 형제가 여럿 있었는데 그 가운데서 오 집사님 혼자만 예수님을 믿었습니다. 믿어도 유달리 잘 믿었습니다. 안 믿는 형제들이 볼 때는 예수를 저렇게 잘 믿는데 왜 먼저 죽느냐고 말하지 않겠습니까? 그래서 장례식 때 보니까 형제들이 비판적인 눈초리로 쳐다보면서 마음을 열지 않았습니다. 더 심하게 말하면 '예수 믿어서 그 꼴을 당했다'는 식입니다.

저는 장례 예배를 인도하면서 비록 슬픈 일이긴 하지만 그 형제를 하나님이 그렇게 빨리 부르신 이면에는 분명히 아름답고 선하신 뜻이 숨어 있다고 생각했습니다. 지금은 형제들이 질투는커녕 빈정거리며 멸시하고 있지만 하나님은 반드시 그 죽음이 헛되지 않게 하실 것이라 믿고 있습니다. 하나님은 선하신 아버지십니다. 그러니 진짜 인생은 지금부터 시작된다고 보아야 합니다. 혼자 남은 미망인이 얼마나 행복하게 사는지를 하나님이 형제들에게 보여주실 것입니다. 그의 자녀를 안 믿는 형제들의 자녀보다 훨씬 탁월하게 키워주실 것을 저는 믿습니다.

우리가 잘 아는 안이숙 사모님의 이야기입니다. 그는 30대 초반 처녀의 몸으로 평양형무소에 갇히게 되었습니다. 그는 경찰서에서 오랫동안 심문을 받았습니다. 그런데 그를 심문한 사람이나 그를 한

번 만나본 사람들은 그가 가진 매력, 신앙인으로서 돋보이는 고매한 인격에 전부 넋을 잃었던 것 같습니다. 그의 소문이 세간에 퍼지자 놀라운 일이 일어났습니다. 당시는 제2차 세계대전 때입니다. 도청의 연료 담당 주임이라고 하면 세도가 보통 당당한 사람이 아니었습니다. 그런데 그 주임의 부인인 히가시라는 여인이 안이숙 여사가 보고 싶어서 일부러 평양형무소 간수로 취직했습니다. 우리가 알다시피 간수는 그다지 환영받는 직업이 아닙니다. 그런데 젊은 부인이 갓난아기를 시어머니에게 맡기고는 간수 자격으로 이틀에 한 번씩 평양형무소에 들어와서 하루 종일 안이숙 사모님 옆을 떠나지 않았습니다. 무엇이 그를 그토록 매료시켰을까요? 안이숙 사모님에게는 분명히 돋보이는 매력이 있었던 것입니다.

우리도 그래야 된다고 믿습니다. 당신에게 안 믿는 사람들을 매료시킬 만한 것이 있습니까? 질투가 생길 정도로 그들을 사로잡을 수 있는 매력이 돋보입니까? 이것을 놓고 우리는 주님 앞에 기도해야 합니다. "하나님, 제 주변의 믿지 않는 식구들에게 저는 얼마만큼 매력 있는 사람입니까? 그렇지 않다면 제가 매력을 갖게 해주십시오. 저희 가정이 많은 사람들에게 부러움을 살 수 있도록 복을 주십시오. 제 자녀들의 장래를 주변의 모든 사람들이 보고 하나님이 계신다고 말할 수 있도록 복을 내려주십시오." 우리는 이런 기도를 반드시 해야 합니다.

동족을 위한 비전을 품어라

끝으로, 바울은 언젠가 이스라엘 사람들이 믿고 돌아오는 날, 눈앞에 전 세계가 복을 받는 영광스러운 장면이 나타날 것이라고 말합니다.

그들의 넘어짐이 세상의 풍성함이 되며 그들의 실패가 이방인의 풍성함이 되거든 하물며 그들의 충만함이리요(12절).

이스라엘 사람들이 믿지 않고 거역했기 때문에 이방인들이 예수 믿고 복을 받았다고 한다면, 그들이 예수 믿고 돌아오는 것을 통해서는 세상이 얼마나 놀라운 복을 더 받겠느냐는 이야기입니다.

그들을 버리는 것이 세상의 화목이 되거든 그 받아들이는 것이 죽은 자 가운데서 살아나는 것이 아니면 무엇이리요(15절).

"그들을 버리는 것"은 '그들이 예수를 배척한 것'으로 번역하는 편이 낫다고 봅니다. 이스라엘이 버림받은 결과가 세상 사람들이 하나님과 화목하게 되는 계기가 되었다면, 그들이 예수님을 믿고 돌아오는 날에는 세상이 얼마나 더 기막힌 복을 누리게 되겠습니까? 마치 죽은 아들이 살아난 것 같은 큰 기쁨을 온 세상이 누리게 될 것입니다.

사도 바울은 아직도 믿지 않는 자기 동족을 향해서 아름다운 꿈을 가지고 있습니다. 비록 지금은 완악해서 복음을 받아들이지 않지만 그들이 예수님을 믿고 돌아오는 날, 온 세계가 새로 부활하는 것 같은 찬란한 영광을 누릴 것이라는 비전을 그는 한시도 버리지 않았습니다. 바울은 그 꿈을 가지고 항상 자기 동족을 바라보는 사람이었습니다. 그러니 그가 어떻게 절망하거나 부정적인 시각을 가질 수 있었겠습니까?

우리는 동족을 향해서 어떤 눈을 가지고 있습니까? 우리에게도 바울의 눈이 필요하다고 생각합니다. 비록 우리 민족이 이스라엘은 아니지만, 그래도 꿈을 가지고 봐야 합니다. 우리 한민족에게 하나님이 복을 주시면 우리는 21세기에 세계를 위해서 아름답게 사용되는 도구가 될 것입니다. 지금 우리 사회는 부정부패가 심하고 말로다 할 수 없는 진통을 겪고 있습니다. 그렇다고 미래를 비관적으로 보면 안 됩니다. 바울처럼 긍정적인 눈으로 우리 민족을 바라보아야 합니다. 우리도 바울처럼, 우리 동족으로 인하여 세계가 큰 복을 누리게 될 날이 오리라는 꿈을 안고 기도해야 합니다.

35

이 신비

로마서 11장 25-36절

25 형제들아 너희가 스스로 지혜 있다 하면서 이 신비를 너희가 모르기를 내가 원하지 아니하노니 이 신비는 이방인의 충만한 수가 들어오기까지 이스라엘의 더러는 우둔하게 된 것이라 26 그리하여 온 이스라엘이 구원을 받으리라 기록된 바 구원자가 시온에서 오사 야곱에게서 경건하지 않은 것을 돌이키시겠고 27 내가 그들의 죄를 없이할 때에 그들에게 이루어질 내 언약이 이것이라 함과 같으니라 28 복음으로 하면 그들이 너희로 말미암아 원수 된 자요 택하심으로 하면 조상들로 말미암아 사랑을 입은 자라 29 하나님의 은사와 부르심에는 후회하심이 없느니라 30 너희가 전에는 하나님께 순종하지 아니하더니 이스라엘이 순종하지 아니함으로 이제 긍휼을 입었는지라 31 이와 같이 이 사람들이 순종하지 아니하니 이는 너희에게 베푸시는 긍휼로 이제 그들도 긍휼을 얻게 하려 하심이라 32 하나님이 모든 사람을 순종하지 아니하는 가운데 가두어두심은 모든 사람에게 긍휼을 베풀려 하심이로다 33 깊도다 하나님의 지혜와 지식의 풍성함이여, 그의 판단은 헤아리지 못할 것이며 그의 길은 찾지 못할 것이로다 34 누가 주의 마음을 알았느냐 누가 그의 모사가 되었느냐 35 누가 주께 먼저 드려서 갚으심을 받겠느냐 36 이는 만물이 주에게서 나오고 주로 말미암고 주에게로 돌아감이라 그에게 영광이 세세에 있을지어다 아멘

가끔 저에게 이런 질문을 하는 분들이 있습니다. "목사님은 성경 가운데서 모르시는 것이 하나도 없지요?" 그러고는 부럽다는 눈빛으로 저를 쳐다봅니다. "아니요, 모르는 말씀이 너무 많아요. 배우면 배울수록 모르는 것이 더 많아지는 듯해요" 하고 대답하면 뜻밖이라는 듯이 의아한 시선을 보냅니다. 아마 목사가 성경을 다 아는 것처럼 보이는 것은 자기가 설명할 수 있는 본문만 들고 나와서 가르치기 때문일 것입니다.

성경은 하나님께서 우리에게 자신을 알려주시기 위한 수단으로 허락하신 책입니다. 그래서 성경을 가리켜 '계시'라고 하는데, 이 말의 뜻은 '하나님이 뚜껑을 열어 들여다보게 만드신 진리'입니다. 그렇다고 해서 기록된 성경 말씀을 우리가 완전하게 이해하고 깨달을 수 있다고 생각하는 것은 대단히 위험합니다.

기록된 말씀 중에도 수천 년이 지난 오늘날까지 우리에게 감추어진 진리는 한두 가지가 아닙니다. 지금 우리가 살펴보고 있는 로마서를 비롯해서 바울이 쓴 서신 중에도 우리의 지혜로는 이해할 수 없고 풀 수 없는 어려운 내용들이 꽤 많습니다. 이 사실을 놓고 사도 베드로는 이렇게 경고합니다.

> 또 우리 주의 오래 참으심이 구원이 될 줄로 여기라 우리가 사랑하는 형제 바울도 그 받은 지혜대로 너희에게 이같이 썼고 또 그 모든 편지에도 이런 일에 관하여 말하였으되 그중에 알기 어려운 것이 더러 있으니 무식한 자들과 굳세지 못한 자들이 다른 성경과 같이 그것도 억지로 풀다가 스스로 멸망에 이르느니라(벧후 3:15-16).

우리도 다 아는 것처럼 우쭐대면 망합니다. 이단이 따로 있는 것이 아닙니다. 모르는 것을 안다고 떠들면 이단이 됩니다. 그러므로 성경을 펼 때마다 겸손해야 합니다. 모르는 것이 있다고 해서 이상하게 생각하면 안 됩니다.

본문 25-26절은 우리가 알기 어려운 말씀 중 하나라고 할 수 있습니다. 이 같은 난해한 구절을 만나면 설교자는 "이것만이 옳은 해석이다"라는 독선적인 주장을 하거나, 적당히 얼버무리면서 넘어가려는 태도를 취하게 됩니다. 두 가지 다 바람직하지 않다고 생각합니다. 아는 것은 안다, 모르는 것은 모른다고 겸손하게 인정하는 것이 좋습니다. 그리고 성령께서 알려주시는 것으로 만족해야 합니다. 그 지식이 보잘것없다 할지라도 말입니다. 이런 의미에서 저는 이 본문을 가지고 저 자신이 옳다고 믿는 입장보다는 좀 더 객관적으로 이야기하도록 하겠습니다.

사도 바울은 이방인인 우리에게 유대인을 향해 잘난 척하면서 자만하지 말라고 경고합니다.

> 형제들아 너희가 스스로 지혜 있다 하면서(25절).

이 말은 "스스로 지혜 있다는 말을 하지 않도록 하기 위해서"라고 바꿀 수 있습니다. '스스로 지혜 있다'는 다 아는 척하며 자랑한다는 뜻입니다.

당시 믿음이 좋은 이방인들 중에는 이스라엘에 대해 잘못된 생각을 가진 자들이 있었던 것 같습니다. 이스라엘 사람들이 예수님을 안 믿으니까 "이스라엘의 희망은 사라졌다. 이방인인 우리가 너희들 대신 하나님의 자녀로 부름받았기 때문에 너희들은 이제 영원히 멸망받는다"라는 식으로 거만하게 행동하는 사람들이 있었나 봅니다. 사도 바울은 이 같은 오만한 태도를 지적하고 있습니다. 그는 이스라엘 사람들의 구원이 이방 사람들과는 좀 다른 독특한 성격을 가졌다고 보았습니다. 이스라엘을 향한 하나님의 구원 계획은 아직도 완전히 계시가 안 된 비밀일 수 있다는 것입니다. 그래서 본문은 "이 신비"라는 말을 쓰고 있습니다.

신비 또는 비밀이라는 말은 완전히 공개가 안 된, 아직도 알지 못하는 부분이 남아 있는 것을 말합니다. 인간의 지혜와 연구를 통해서도 알아내기 어려울 만큼 은밀한 무엇이 숨어 있다는 것입니다. 그러므로 이 본문은 이스라엘 사람들의 구원 여부를 놓고 함부로 떠들거나 교만하게 굴지 말라고 경고합니다.

로마서 11장 25절의 "이 신비"

그러면 이 신비가 무엇일까요? 25-26절을 보면서 살펴보겠습니다. 첫째로, 이스라엘 사람들이 우둔해서 믿지 않는 것은 특정한 기간까지의 일입니다. 영원히 믿지 않는 것이 아니라 시한부 현상이라고 말합니다. 바울은 이것을 먼저 지적합니다.

형제들아 너희가 스스로 지혜 있다 하면서 이 신비를 너희가 모르기를 내가 원하지 아니하노니 이 신비는 이방인의 충만한 수가 들어오기까지 이스라엘의 더러는 우둔하게 된 것이라(25절).

이 말씀을 주의해서 읽어봅시다. 이방인의 충만한 수가 들어오는 기간이 있다는 것을 알 수 있습니다. 하나님께서 우리 이방인들을 구원하시되 무한정으로 구원하시는 것이 아닙니다. 하나님이 택하신 자만 구원하십니다. 하나님께서 마음에 두고 계시는 숫자가 있다는 것입니다. 하나님은 이 수가 다 찰 때까지 이방 사람들에게 구원의 문을 열어두십니다.

예수님이 하신 비유를 들어 말하자면, '잔치 자리가 다 찰 때까지 기다리는 기간'이라 할 수 있습니다. 잔칫집의 주인이 "이제 자리가 다 찼소. 더 이상 데려오지 마시오"라고 소리치는 날이 올 것입니다. 이렇게 되면 이방인의 숫자가 다 차는 것입니다. 여기서 우리가 한 가지를 꼭 명심해야 합니다. 예수 믿을 기회가 마냥 남아 있다고 착각해서는 안 됩니다. 언젠가 하나님이 "이제 되었다" 하시면 문이 닫혀버리고 말 것입니다. 그때는 믿고 싶어도 믿을 수 없다는 것을 기억하기 바랍니다.

하나님께서 구원하기로 작정하신 이방인의 정원이 있습니다. 그 숫자를 채울 동안 이스라엘은 계속 예수님을 믿지 않을 것입니다. 그러므로 이스라엘의 우둔은 일시적인 현상이라고 할 수 있습니다. 물론 그동안 개인적으로 회개하고 돌아오는 자들이 더러 있습니다. 그러나 민족적으로는 여전히 우둔하여 예수님을 믿지 않을 것입니다. 우리는 이스라엘이 언제까지 우둔할지 모릅니다. 다시 말해 이방인의 수가 언제쯤 다 차게 될지를 정확하게 모릅니다.

그러나 추측할 수는 있습니다. 그때는 아마 주님의 재림 직전이 아닐까 생각합니다. 이방인 중에서 구원받을 자의 총수가 얼마인지도 우리는 모릅니다. 충만한 수, 이것은 하나님의 마음속에만 있는 수입니다. 성경 어디에도 그것을 가리키는 본문이 없습니다. 그러므로 이것 역시 하나님의 신비라 할 수 있습니다. 우리는 겸허해야 합니다. 조심해야 합니다. 함부로 이스라엘 사람들의 우둔한 태도를 멸시하면서 우쭐거리지 말아야 합니다. 그들을 정죄하지 말아야 합니다. 그들의 우둔은 일시적인 현상입니다. 그들이 영원히 버림받은 것이 아니라는 사실을 우리는 꼭 기억해야 합니다.

**로마서 11장 26절에 대한
몇 가지 신학적인 견해들**

둘째로, 또 하나의 비밀이자 문제가 있습니다. 26절 앞부분을 읽어봅시다.

그리하여 온 이스라엘이 구원을 받으리라….

이방인 중에서 구원 얻을 자가 다 돌아오면 오랫동안 마음이 완악했던 이스라엘 백성이 회개하고 돌아온다는 것입니다. 그러면 '온 이스라엘이 구원을 얻는다'는 것은 무엇을 의미합니까? 전 국가적으로 개종 사건이 일어난다는 말입니까? 아니면 개인적으로 구원받는 것을 말합니까? 이것은 굉장히 어려운 문제입니다. 하나님은 이 난제에 대해 확실한 언질을 주지 않으셨습니다. 그래서 성경학자들은 여러 가지 견해를 내놓고 있습니다. 간추려보면 대략 일곱 가지로 나눌 수 있습니다. 그 가운데 가장 중요하다고 생각되는 세 가지 견해만 다루겠습니다.

먼저 '온 이스라엘이 구원받는다'는 것을 영적으로 해석하는 견해입니다. 신약시대에 들어와 '이스라엘'은 아브라함의 혈통을 타고난 사람들만을 의미하지 않습니다. 유대인이나 이방인이나, 한국인이나 미국인이나 이제는 혈통에 구애받지 않고 예수님을 믿는 사람은 모두 다 영적으로 이스라엘이 되었습니다. 이에 따라 '온 이스라엘'은 모든 민족 중에서 구원받게 될 사람들의 총수를 가리킨다고 보는 것입니다.

그러나 이 견해에는 분명한 문제점이 있습니다. 로마서 9장부터 시작하여 바울은 이스라엘 백성의 구원 문제에 대해 자세히 언급하고 있습니다. 그가 말하는 '이스라엘'은 아브라함의 혈통을 타고난 사람들을 통칭하는 민족적 용어로 사용되고 있습니다. 바울은 이 말을 영적인 의미로 사용하지 않았습니다. 그런데 26절에 와서 갑자기 '이스라엘'을 영적인 의미로 해석한다는 것은 어딘가 모르게 부자연스러운 데가 있습니다.

그리고 또 하나 문제가 있는데 '신비'라는 말에 어울리지 않는다는 것입니다. 이방인 가운데서 하나님이 택하신 자들이 구원을 얻는 것은 이제 더 이상 비밀이 될 수 없습니다. 유대인이든 이방인이든, 예수님을 믿으면 구원받는다는 것은 천하에 알려진 복음입니다. 비밀이 아닙니다. 그러나 사도 바울은 분명히 '온 이스라엘의 구원'은 비밀이라고 단서를 붙였습니다. 만일 온 이스라엘이 신약시대에 전 세계를 통해 구원받을 모든 그리스도인들을 가리킨다면 갑자기 '이 신비'라고 말할 필요가 없습니다. 이런 이유 때문에 '온 이스라엘'을 영적인 이스라엘로 해석하는 것은 무리가 있다고 봅니다.

또 하나의 견해는 '온 이스라엘'을 이스라엘 가운데 개인적으로 예수님을 믿고 돌아오는 '남은 자'의 총수를 가리킨다고 해석하는 것입니다. 이스라엘 사람 가운데서도 하나님이 택하신 '남은 자'가 있다는 사실은 앞에서 이미 배웠습니다. 그 남은 자들이 예수님을 믿고 돌아올 때 그들을 전부 묶어서 '온 이스라엘이 구원받는다'고 해석합니다. 대단히 멋있는 해석입니다. 또 바람직한 해석이라고도 할 수 있습니다.

일부 학자들은 26절의 '그리하여'를 '이와 같이' 혹은 '이런 식으로'라고 번역합니다. 26절 바로 앞의 말씀이 무엇입니까? 이스라엘 중에서도 어떤 사람은 끝까지 우둔하게 되고 어떤 사람은 더러 믿고 돌아오게 됩니다. 개인적으로 믿을 사람은 믿고 안 믿을 사람은 안 믿는다는 것입니다. 이것은 이방인이 구원받는 방법과 같습니다. 이스라엘은 '이런 식으로' 돌아오게 될 것이고 돌아온 그들의 총수를 일컬어 '온 이스라엘'이라 부른다고 보는 견해입니다.

그러나 여기에도 다소 문제가 있습니다. 역시 신비라는 말에 어울리지 않기 때문입니다. 개인이 택함을 받아서 돌아오는 자들의 구원 문제를 두고 하나님께서는 신비라는 말을 쓰시지 않습니다. 특별히 이 본문에서는 그렇습니다. 그러므로 '온 이스라엘'을 개인적으로 믿고 구원 얻은 자의 총수로 결론을 내리기는 대단히 어색해 보인다는 것이 솔직한 평가입니다.

한 가지 견해를 더 소개하겠습니다. '온 이스라엘'이 글자 그대로 이스라엘 민족 전체를 가리킨다고 보는 것입니다. 개개인을 초월하여 이스라엘이 전 국가적으로 회개하고 돌아오는 사건으로 해석합니다. 이방인을 위한 구원의 기회가 끝나면 하나님이 이스라엘을 국가적으로 구원하는 새로운 장이 열립니다. 이스라엘은 하나님이 특별히 선택하신 민족이기 때문에 마지막 때에 하나님이 그들을 특별한 방법으로 구원하신다고 보는 것입니다. 26절 이하를 보십시오.

> … 기록된 바 구원자가 시온에서 오사 야곱에게서 경건하지 않은 것을 돌이키시겠고 내가 그들의 죄를 없이할 때에 그들에게 이루어질 내 언약이 이것이라 함과 같으니라(26-27절).

이사야서에 나오는 예언의 말씀입니다. 시온은 예루살렘이라고도 할 수 있습니다. 이 예언은 어느 날 예수 그리스도께서 예루살렘에 등장하셔서 그동안 우둔하여 믿지 않던 이스라엘 백성의 마음을 부드럽게 하시고, 그들의 죄를 다 씻어주시며, 그들 모두를 돌아오게 하실 찬란한 역사적 사건을 약속한다고 봅니다. 그 언약대로라면 반드시 이스라엘 전 민족이 구원을 받는다는 것입니다.

> 복음으로 하면 그들이 너희로 말미암아 원수 된 자요 택하심으로 하면 조상들로 말미암아 사랑을 입은 자라(28절).

지금은 이스라엘 사람들이 복음에 대해서 원수가 되었습니다. 그렇지만 하나님께서 이스라엘을 사랑하시는 마음은 변함이 없습니다. 그들은 조상 아브라함 때부터 하나님의 특별한 사랑을 받고 언약을 맺은 백성입니다.

> 하나님의 은사와 부르심에는 후회하심이 없느니라(29절).

하나님은 자기가 사랑하고 선택하여 자녀로 삼으신 자를 도중에 후회하셔서 버린다든지 포기하시는 법이 절대 없습니다. 그러므로 아브라함 때부터 이스라엘을 선택하신 하나님께서 그들을 어떻게 포기할 수 있겠습니까. 결국은 구원하실 것입니다.

30-32절을 보십시오. 내용을 요약하면, 이스라엘 백성이 지금은 순종하지 않고 있지만 그것이 구원받지 못하는 결정적인 이유가 되지는 못한다는 것입니다. 이방인인 우리가 순종하지 않고 살다가 긍휼을 입은 것처럼, 이스라엘 역시 반드시 긍휼을 입을 날이 옵니다. 그리고 이스라엘은 하나님의 특별한 사랑을 받은 백성이므로 하나님께서 전 민족이 구원 얻을 수 있도록 해주실 것입니다. 이 견해를 지지하는 사람들 중에는 전천년설을 믿는 세대주의 계통의 성도들이 많습니다.

세대주의자들은 하나의 아름다운 각본을 가지고 있습니다. 예수님이 재림하시는 날, 지상 교회는 휴거되며 그와 동시에 이스라엘 백성이 국가적으로 회개하고 돌아온다는 내용입니다. 우리가 이 주장을 그대로 다 받아들여야 할지 아직은 분명하지 않습니다. 이스라엘 민족의 구원을 전제하고 성경을 꿰맞춘 듯한 인상이 여기저기 남아 있는 학설이라 우리가 맹종하는 것은 무리입니다. 바울 자신이 신비라는 단서를 붙여 남겨놓은 진리를 어느 개인이나 학파에서 다 깨달은 것처럼 주장하기는 어려운 일입니다.

바울은 9장부터 시작해서 11장에 이르기까지 이스라엘의 구원이 은혜로 택하심을 받은 '남은 자'에 한한다고 설명해왔습니다.

> 그런즉 이와 같이 지금도 은혜로 택하심을 따라 남은 자가 있느니라 (롬 11:5).

> 그런즉 어떠하냐 이스라엘이 구하는 그것을 얻지 못하고 오직 택하심

을 입은 자가 얻었고 그 남은 자들은 우둔하여졌느니라(롬 11:7).

이스라엘 사람이라 할지라도 하나님이 택하신 자만이 구원받을 수 있다고 말합니다. 그동안 바울은 자기 민족이 국가적으로 구원받을 수 있다고 말한 적이 없습니다. 그런데 갑자기 말을 바꾸어 국가 전체가 예수님을 믿고 돌아온다는 의미로 '온 이스라엘'이라는 말을 사용했다고 주장하는 것은 논리상 모순이 아닐 수 없습니다.

그리고 만일 예수님 재림 직전에 이스라엘 백성이 전 국가적으로 개종하는 사건이 일어난다면 재림 직전에 살고 있던 제일 마지막 세대만 구원받는다는 이야기가 될 것입니다. 그러면 이전 세대는 어떻게 되겠습니까? 개인적으로 믿고 돌아온 사람 외에는 다 버림을 당했다고 해야 할 것입니다. 주님이 왜 하필이면 마지막 세대만 사랑하셔서 구원하실까요? 그렇다면 그 이전 세대 이스라엘은 사랑받을 만한 아브라함의 자손이 아니었단 말입니까? 그렇게 말할 수는 없다고 생각합니다.

그리고 이 학설은 예수님의 말씀과도 일치하지 않는 점이 있습니다. 예수님은 마태복음 8장 11-12절에서 이렇게 말씀하셨습니다.

> 또 너희에게 이르노니 동서로부터 많은 사람이 이르러 아브라함과 이삭과 야곱과 함께 천국에 앉으려니와 그 나라의 본 자손들은 바깥 어두운 데 쫓겨나 거기서 울며 이를 갈게 되리라.

이 말씀에서 주님은 국가적으로 이스라엘이 구원받는다는 언질을 주지 않으셨습니다. 오히려 그들 중에 상당수가 버림을 당한다고 경고하십니다.

이상과 같이 분명히 풀 수 없는 난제가 남아 있음에도 오랫동안 많은 교회가 세 번째 견해를 지지해왔습니다. 그들은 온 이스라엘의 구원이 곧 국가적인 개종 사건이 될 것으로 믿고 있습니다. 그래서 1948년 5월에 팔레스타인 지역에서 기적적으로 이스라엘 국가가 세워지자 그들은 굉장히 흥분했습니다. 그도 그럴 것이, 이스라엘 민족이 약 2천 년 만에 자기 땅을 찾아 나라를 세웠으니 이는 불가사의한 기적이 일어난 것이나 다름없었습니다. 세계 역사상 2천여 년 동안 지구 도처에 흩어져 있으면서 혈통과 언어를 고스란히 간직하고 있다가 나라까지 되찾은 민족은 이스라엘을 빼놓고는 전무할 것입니다.

　많은 교회가 이때부터 성경에서 이야기하는 이스라엘의 구원 문제를 개인적으로 보기보다 국가적으로 보는 입장으로 돌아서기 시작했습니다. 하나님이 이스라엘에 대해 특별한 계획을 가지신 것이라고 느꼈기 때문입니다. 즉, 이스라엘 국가 건설은 하나님이 그 백성을 국가적으로 구원하시기 위해서 준비 작업을 하시는 것이라 믿었습니다. 지금 구소련을 비롯해서 에티오피아 등지에 살던 이스라엘 사람들이 팔레스타인으로 모여들고 있다고 합니다. 그들은 이것 역시 보통 사건이 아닌 것으로 보고 있습니다. 지구 저 끝에서부터 이스라엘 사람들이 가나안으로 몰려드는 것을 하나님의 약속이 이루어지는 예비 조치 중의 하나로 보고 있습니다. 이런 신념을 가진 자들을 일컬어 '시온주의자'라고 합니다.

　시온주의자들은 이스라엘이 국가적으로 회개하고 돌아오며 팔레스타인에 하나님의 지상왕국이 건설될 것을 기대하고 있습니다. 그들은 이스라엘 망명자들이 팔레스타인으로 집결하는 현상을 성경의 예언이 이루어지는 증거로 보고, 망명자들을 도와주어야 한다고 주장합니다. 1992년 1월 27일자 〈워싱턴 타임즈〉에 "미국의 7천만 그리스도인이 부시에게 이스라엘 난민촌 건립을 위한 100억 달러 차관을 허락하도록 촉구하다"라는 머리기사가 실린 적이 있습니다. 미국 교회가 정부를 향해 이스라엘 난민들을 도와주라고 압력을 가한 것입니다. 왜 그랬을까요? 그곳에서 국가적인 구원 드라마가 일어나고 있다고 믿기 때문입니다. 그러므로 우리는 시온주의자들의 견해를 앞으로 계속 주목할 필요가 있습니다.

그렇지만 점점 시온주의자들에게 변화가 일어나고 있습니다. 최근에 조사한 자료를 보면 그들 중 40퍼센트가 마음이 변했다고 합니다. 이스라엘이 주변 아랍 국가 사람들을 너무나 비인도적으로 대하는 것을 보고 회의가 생겼기 때문이라고 합니다. 이스라엘이 중동에 자리를 잡고 나서부터 주변의 아랍인들이 얼마나 고초를 당하고 있는지 모릅니다. 구약성경을 보면 여호수아가 가나안으로 진격해 들어갔을 때 하나님께서는 그곳에 남아 있는 일곱 족속을 씨도 남기지 말고 다 진멸하라고 명령하셨습니다. 이것을 근거하여 오늘날 이스라엘이 "가나안은 하나님이 우리에게 주신 땅이다. 주변에 있는 족속들을 다 몰아내야 한다"라는 철저한 종교적 신앙을 가지고 행동하기 때문에 자연스럽게 가나안의 후손들을 비정하고 난폭하게 다룬다고 볼 수 있습니다.

과연 그들의 태도를 성경적이라고 말할 수 있을까요? 팔레스타인 사람이나 아랍 사람들 중에는 성도가 적지 않습니다. 오늘날에도 하나님이 가나안의 피가 흐른다는 한 가지 이유만으로 믿든 안 믿든 상관없이 가나안 사람들을 씨를 말려야 할 대상으로 보고 계실까요? 이스라엘 사람만 끝까지 우대해서 구원하려고 하실까요? 대단히 의심스럽게 보지 않을 수 없습니다. 시온주의자들 중에서도 똑같은 회의를 갖기 시작한 사람들이 점점 늘어나고 있는 것 같습니다. 그들이 최근 들어 이스라엘에 대해 노골적으로 비판적인 태도를 보이는 것은 조금도 이상한 일이 아닙니다.

그러나 이와 같은 여러 모순을 가지고 있음에도 이스라엘은 그들의 특별한 위치 때문에, 마지막 때에 특별한 방법으로 구원받게 될 것이라고 보는 견해가 우세합니다. 독특한 '그 무엇'이 없다면 바울이 '이 신비를 알기 원한다'는 말을 할 리가 없습니다. 9장부터 시작하여 바울이 이스라엘 백성이 구원받고 돌아올 날의 아름다운 꿈을 여기저기서 이야기하는 것만 참고해보아도 틀림없이 무언가 있는 것같이 보입니다. 그러므로 우리가 그들을 향해 자랑하거나 교만해서는 안 됩니다.

지난 2천 년 동안에는 이스라엘 사람들 중에서 개인적으로 믿고 돌아오는 사람들만 구원받았습니다. 그러나 마지막 때에는 무언가 우리가 모르는 방법을 통해 그들을 구원하실 계획이 있는 것처럼 느껴지는 것이 사실입니다.

어떻게 보면 이스라엘의 구원 문제는 마치 사진은 찍었지만 아직 현상을 하지 않아서 정확하게 형상을 보지 못하는 것과 비슷한 진리라고 생각합니다. 아직도 완전히 드러나지 않은 무엇이 남아 있는 것 같습니다. 언제까지 이스라엘이 우둔해질 것인지 우리는 알지 못합니다. 이방인의 충만한 수가 몇 명인지도 모릅니다. 그리고 이스라엘이 돌아오는 것이 국가적이냐, 개인적이냐 하는 문제도 정확하게 선을 그을 수 없는 어려움이 있습니다. 아직 현상을 하지 않아서 정확한 형상을 알 수 없는 사진과 흡사합니다. 이것은 충분히 신비가 될 수 있습니다. 우리는 이 정도로 만족해야 합니다. 바울도 더 이상 자세한 언급은 하지 않았습니다. 우리는 하나님께서 알려주실 때까지 이 정도로 만족하며 기다려야 할 것입니다.

측량할 수 없는 하나님의 지혜

우리가 이 문제에 대해 완전한 해답을 얻지 못한다고 해서 잘못되었다거나 불행하다거나 부끄러워할 필요는 전혀 없습니다. 그 이유를 33절 이하에서 찾아볼 수 있습니다. 바울은 하나님을 찬양하고 있습니다. 그가 어려운 문제를 완벽하게 풀어서 하나님을 찬양하는 것이 아닙니다. 그는 위대한 지성의 소유자였으나 이스라엘의 구원 문제에 대해서는 시원하게 대답하지 못했습니다. 수학 문제처럼 명확하게 답할 수 있는 문제가 아니기 때문입니다. 이스라엘의 구원 문제는 아직도 베일에 가려진 신비로 남아 있습니다. 약간의 대답을 했을 뿐입니다. 바울은 속시원하게 말하지 못했지만 그럼에도 하나님을 찬양하고 있습니다. 바울의 신학이 찬양으로 바뀌는 것을 봅니다.

바울이 왜 찬양합니까? 그가 완전한 답을 모르면서도 하나님을 찬양하는 이유가 있습니다.

> 이는 만물이 주에게서 나오고 주로 말미암고 주에게로 돌아감이라 그에게 영광이 세세에 있을지어다 아멘(36절).

하나님은 만물의 창조자요, 보존자요, 목적 그 자체이십니다. 바울은 이것을 알았기 때문에 소리 높여 하나님을 찬양하는 것입니다. 모든 것이 하나님으로부터 시작되었고, 하나님을 통해 존재하며, 하나님 안에서 끝나게 되어 있습니다. 얼마나 대단합니까?

하나님이야말로 알파와 오메가입니다. 하나님 안에 우주가 들어 있고 하나님 안에 세계 역사의 모든 문자가 들어 있습니다. 광대하시고 놀라우시며 지혜로우신 하나님을 묵상할 때 아직 밝혀지지 않은 비밀이 있다 해도 문제가 되지 않았습니다. 붓을 던지고 하나님 앞에 무릎을 꿇고 찬양하고 싶은 심령이 그의 가슴속에서 끓어올랐던 것입니다. 바울의 찬양을 다시 들어봅시다.

> 깊도다 하나님의 지혜와 지식의 풍성함이여, 그의 판단은 헤아리지 못할 것이며 그의 길은 찾지 못할 것이로다(33절).

할렐루야! 하나님의 지혜와 지식은 풍성하고 그 풍성함의 깊이는 아무도 들여다볼 수 없습니다. 그 깊은 지혜로부터 나온 판단을 누가 헤아리며 누가 그분의 길을 끝까지 추적할 수 있겠습니까? 아무도 못 합니다. 그러므로 우리가 모르는 것이 당연합니다. 하나님의 마음에서 나온 진리일진대 하나님이 선명하게 보여주시기 전에는 우리가 어찌 알 수 있겠습니까? 그 진리 안에 신비로움이 있는 이상 우리가 모르는 것이 당연합니다. 아직 하나님의 광대하신 품속에 간직된 진리는 때가 되면 밝혀질 것입니다. 그러므로 바울은 이렇게 이야기합니다.

> 누가 주의 마음을 알았느냐 누가 그의 모사가 되었느냐(34절).

누가 감히 하나님의 마음을 안다고 떠벌릴 수 있겠습니까? 누가 하나님의 의논 상대가 될 수 있겠습니까? 누가 하나님과 마주 앉아 토론할 수 있겠습니까? 아무도 없습니다.

누가 주께 먼저 드려서 갚으심을 받겠느냐(35절).

누가 하나님의 마음이 충족할 만큼 무엇인가를 드려서 인정받을 수 있겠습니까? 아무리 지혜로운 사람이 있다 한들 그의 지혜를 가지고 하나님께 인정을 받을 수 있겠습니까? 그런 사람은 절대로 없습니다.

바울이 찬양으로 마무리하는 것은 하나님이 누구이며 그분의 계획이 얼마나 장엄하고 신비한가를 조금이나마 알았기 때문입니다. 그는 다 알지 못하는 것을 감사하고 있습니다. 그가 모르는 것이 있어도 찬양할 수 있는 이유는 그 비밀이 만물의 시작이요 끝이신 하나님의 손안에 있음을 믿기 때문입니다. 우리도 바울처럼 되어야 합니다. 내가 알지 못하는 비밀이 만유의 주가 되시고 만유의 목적이 되시는 하나님의 손안에 있다는 것을 믿을 때 하나님을 찬양하지 않을 수 없습니다.

하나님의 지혜를 찬양하라

신앙생활을 하다 보면 가끔씩 큰 위험을 만나곤 합니다. 그중 하나는 더 알고 싶다는 호기심을 절제하지 못하는 것입니다. 어려운 성경 구절을 억지로 풀려고 덤비다가는 잘못된 길에 빠져들 수도 있습니다. 또 경계해야 할 위험이 있습니다. '다 안다'고 하는 교만입니다. 이단의 특징 중 하나가 "다 안다" 혹은 "나만 안다"라고 주장하는 것입니다. 우리가 이런 사실을 주의하고 있으면 쉽게 넘어가지 않을 것입니다.

한 가지 예를 들겠습니다. 우리 주변에서 신유의 은사를 받았다는 분을 가끔 볼 수 있습니다. 사실 병 고치는 은사가 존재하지 않는 것은 아닙니다. 그러나 분별을 잘해야 합니다. 성령의 은사인지 마귀의 장난인지를 잘 살펴야 한다는 말입니다. 그들을 분별할 수 있는 방법을 하나 소개하겠습니다.

먼저 그에게 몇 가지 질문을 해보십시오. "이 병이 나을 수 있을까요? 낫는다면 언제쯤 나을까요?" 만약 "예, 꼭 낫습니다. 2주면 완쾌됩니다"라고 시원하게 대답하는 사람은 가짜라고 해도 거의 틀림없습니다. 자기가 무엇이기에 다 안단 말입니까? 그는 하나님의 손에 쓰임받는 도구일 뿐입니다. 병을 고쳐주시는 분은 하나님입니다. 그러므로 그 사람을 꼭 낫게 하실지, 언제까지 고쳐주실지는 오직 하나님만 알고 계십니다.

똑같은 질문을 던졌을 때 "하나님이 고쳐주셔야 나을 수 있지요. 열심히 기도하면서 기다려봅시다"라고 대답하는 사람은 진짜입니다. 그러나 그 사람도 가짜일 가능성이 있다는 것을 염두에 두어야 합니다. 다 안다고 하면 안 속을 것 같으니까 그렇게 연막전술을 쓸 수도 있기 때문입니다. 그러므로 우리는 믿음의 눈을 가지고 잘 살펴보아야 합니다.

1992년 10월 28일 24시에 예수님이 재림하신다고 하던 '다미선교회' 추종자들은 재림에 관한 한 다 안다고 떠벌리던 사람들입니다. 그 단체에 소속된 어느 목사의 설교 중 일부를 인용하겠습니다. "요즘 목사들 몰라도 너무 몰라요. 환란 전에 휴거가 있다느니 후에 있다느니 하면서 야단들인데, 그게 다 말씀 연구를 하지 않아서 그런 거예요. 주님이 언제 오실지 모른다고 하니 얼마나 웃기는 일입니까? 10월에 예수님이 재림하고 휴거하는 것은 성경적임을 믿어야 합니다. 내가 잠실 성회에 참석했을 때 하늘로부터 음성이 들렸습니다. 10월 28일 24시에 주님이 재림하신다는 것을 분명히 들려주셨습니다. 이 복음을 모든 사람에게 전하라고 나에게 명령하셨습니다. 그러므로 이것은 진리입니다." 이런 식으로 마구 떠들어댑니다. 얼마나 허무맹랑합니까?

칼빈은 본문 33절을 가지고 참 의미 깊은 말을 했습니다. "'깊도다' 하는 이 구절은 인간의 거만을 단번에 때려눕히는 말이다. 우리의 이성이 미칠 수 없을 만큼 깊은 진리를 말할 때는 항상 생각과 혀에 재갈을 물려야 한다. 그래서 하나님이 가르쳐주신 만큼만 알고 그 나머지에 대해서는 찬양으로 끝을 맺어야 한다."

바울이 어려운 문제를 다루다가 갑자기 붓을 던지고, "깊도다 하나님의 지혜와 지식의 풍성함이여, 그의 판단은 헤아리지 못할 것이며 그의 길은 찾지 못할 것이로다" 하면서 찬양하는 모습을 주목해야 합니다. 그는 삼층천에 올라가서 신비로운 하나님의 음성을 들었던 사람입니다. 그런 바울도 자기가 모르는 부분에 대해서는 억지로 풀려고 하지 않았습니다. 바울이 그토록 겸손했다면 우리는 말해 무엇하겠습니까?

사랑하는 형제자매들이여, 건방진 호기심은 마귀의 화살입니다. 겸손한 찬양은 성령의 선물입니다. 하나님의 말씀과 그 안에 기록된 구원의 도리가 만물의 시작이요 끝이신 하나님으로부터 나온 것이 사실이라면, 우리 피조물에게는 모든 것이 신비롭게 여겨질 뿐입니다. 비록 잘 모르는 것이 있다 할지라도 찬양하십시오. 아직 드러나지 아니한 진리에 대해서도 감사하십시오. 그리고 믿음으로 받아들이고 기다리십시오. 이스라엘의 구원 문제도 우리는 그저 지켜보아야 합니다. 하나님이 직접 베일을 벗겨주시는 그날까지 우리는 믿고 기다려야 합니다.

로마서를 강해하면서 많이 놀랄 수밖에 없었습니다. 강해하면 할

수록 모르는 것이 더 많아졌기 때문입니다. 제가 설명할 수 없는 진리가 너무 많습니다. 그럼에도 저는 감사합니다. 하나님을 찬양합니다. 우리도 바울처럼 36절 말씀으로 하나님을 찬양합시다.

> 이는 만물이 주에게서 나오고 주로 말미암고 주에게로 돌아감이라 그에게 영광이 세세에 있을지어다 아멘.

Index of Scripture Passages 성경구절 색인

○ 창세기
2:17   122
6:5-6   250
12:3   329

○ 출애굽기
4:21   250

○ 민수기
11:29   120
15:19   330

○ 신명기
14:1   225
30:12-14   271
30:12-13   272
30:12   272
30:14   272

○ 욥기
31:1   130

○ 시편
1:2   78
106:15   173, 174
119:9, 11   132
119:105   128

○ 잠언
4:25   130-131

○ 전도서
8:12   187-188

○ 이사야
6:5   89
6:8   300
11:6   154
53:10   206

○ 예레미야
31:3   207

○ 마태복음
8:11-12   354
10:6   287-288
15:2   268
16:18   328
20:21   173
20:22   173
20:23   173
22:29   66
23:23   268
24:38-39   314
27:43   143
27:46   15
28:19   292-293

○ 마가복음
7:3, 5   268

○ 누가복음
10:40   164
11:42   66
15:19   86
18:20   69-70
18:22   70
22:40   50

○ 요한복음
8:44   43
14:21   79
15:20   144

16:2   269
17:5   16
20:21   291-292

○ 사도행전
1:8   235, 288
2:24   16
9:4   144
10:47   20
13:46   327
24:5   288
28:28   327

○ 로마서
1:15   201
3:4   43
3:24   98
4:25   206
5:1   84, 98
5:20   12
6:1-11   9, 34
6:1   13
6:2   13
6:3-9   18
6:3   19
6:4   15, 19, 24
6:5   19
6:6-7   23
6:6   21, 106
6:8   24
6:9   16
6:10   14
6:11-12   134
6:11   14, 15, 18, 25, 29
6:12-23   31
6:12-13   34, 36

6:12	34			106		189, 195
6:13	37, 38, 39, 44		8:3	105	8:29-30	180, 182, 185
6:14	45, 48, 51, 56		8:4	104, 105, 109	8:29	180
			8:5-8	109	8:30	201
6:15	49		8:6	113, 114	8:31-39	199, 201, 219
6:16	39		8:7-8	112		
6:17-18	39		8:9-11	103	8:31	202, 203
6:19	40		8:9	100, 103	8:32	204, 207
6:20	40		8:10	101, 102	8:33	208
6:21	40		8:11	102, 152-153	8:34	211
6:22	22, 40, 41				8:35-36	215
6:23	12		8:12-17	117	8:37	216, 218-219
7:1-12	53		8:12	121, 138		
7:1-3	56, 59		8:13	122, 125, 138	8:38-39	219
7:4	59, 60, 61, 62		8:14	124, 127, 138	9	230
7:5	62				9:1-5	221
7:6	63, 84		8:15	135, 138	9:1-2	223
7:7	66		8:16	127	9:1	230, 232
7:8	67		8:17-18	142	9:3	227, 234
7:9	69, 77		8:17	143, 152, 182	9:4-5	224
7:11	67, 68				9:4	224
7:12	59		8:18-25	139	9:6-33	239
7:13-25	73		8:18	145, 152, 155	9:6	243, 244
7:13	75, 77				9:11	247
7:14	85, 87		8:19	150, 151	9:13	245
7:15	80		8:20	150	9:14	248
7:17	81		8:21	150, 151, 152	9:15-16	248, 249
7:18	80-81, 81				9:17-18	249
7:19	77, 81		8:22	150, 169	9:20-21	251
7:21	78		8:23	147, 152, 182	9:22-23	252
7:22	78				9:25	252
7:23	81, 83, 86		8:24-25	157	9:27	247
7:24-25	91		8:26-27	155	9:32	253
7:24	81, 87		8:26	161, 162-163, 168, 195	10	20
7:25	82				10:1-13	261
8	98, 230				10:1	228, 265
8:1-11	95		8:27	172	10:2-3	266
8:1	98, 99, 116, 122		8:28-30	177	10:2	265
			8:28-29	195	10:3	270
8:2	104, 105,		8:28	180, 187,	10:4	270
					10:5	267

10:6	271		13:10	113		4:5	169
10:8	273					4:7	50
10:9-10	273		○고린도전서				
10:10	274		12:13	21		○베드로전서	
10:11-13	275		15:10	335		2:9	292
10:12	285		15:31	14		4:13	145
10:14-21	281						
10:14	286, 298		○고린도후서			○베드로후서	
10:15	287, 291		4:17	155		3:15-16	346
10:17	286		5:2	148			
10:18	287		5:15	44		○요한일서	
10:19-20	289		5:21	206		3:2-3	128-129
10:19	289		12:9	166		4:12	264
10:20	289						
10:21	290		○갈라디아서			○요한계시록	
11:1-10	303		1:13	269		1:18	17
11:9-10	312		2:16	68		22:5	153
11:11-24	323		3:13	207			
11:11	325		5:16	45			
11:12	341		5:17	83			
11:14	336						
11:15	341		○에베소서				
11:16	330		1:4	183			
11:19-21	332		1:5	248			
11:20-21	123		2:3	111			
11:21	335		2:6	212			
11:22	335		2:20	292			
11:25-36	343		4:25, 28	37			
11:25-26	346, 347		4:25	37			
11:25	346, 347, 348		4:28	37, 46			
11:26-27	352		6:17	132			
11:26	349, 350, 351, 352		○빌립보서				
11:28	352		2:9	181			
11:29	352						
11:30-32	353		○데살로니가전서				
11:33	358, 359, 362		4:3	41			
11:34	359		○야고보서				
11:35	360		1:14	125			
11:36	358, 363		2:19	190			

▌국제제자훈련원은 건강한 교회를 꿈꾸는 목회의 동반자로서 제자 삼는 사역을 중심으로
성경적 목회 모델을 제시함으로 세계 교회를 섬기는 전문 사역 기관입니다.

옥한흠 전집 강해 02
로마서 2 아무도 흔들 수 없는 나의 구원

초판 1쇄 발행 1993년 5월 29일
개정4판 5쇄(38쇄) 발행 2024년 3월 4일

지은이 옥한흠

펴낸이 오정현
펴낸곳 국제제자훈련원
등록번호 제2013-000170호(2013년 9월 25일)
주소 서울시 서초구 효령로68길 98(서초동)
전화 02)3489-4300 **팩스** 02)3489-4329
이메일 dmipress@sarang.org

저작권자 ⓒ 옥한흠, 1993, Printed in Korea.
이 책은 저작권법에 의해 보호를 받는 저작물이므로 저자와 출판사의 허락 없이
내용의 일부를 인용하거나 발췌하는 것을 금합니다.

ISBN 978-89-5731-794-5 04230
ISBN 978-89-5731-785-3 04230(세트)

※ 책값은 뒤표지에 있습니다. 잘못된 책은 구입하신 곳에서 교환해드립니다.